UN

BON ENFANT

PAR

CH. PAUL DE KOCK

ÉDITION ILLUSTRÉE DE 25 VIGNETTES PAR BERTALL.

PRIX : 95 CENTIMES.

I0167039

PARIS

GEORGES BARBA, LIBRAIRE-ÉDITEUR

Jules ROUFF, successeur

7, RUE CHRISTINE, 7

ROMANS POPULAIRES ILLUSTRÉS

BERTALL

Gve BARBA
ÉDITEUR
31 RUE DE SEINE

A. LACROIX   E. GRANGE   P. DE KOCK
A. AMARD   PICAULT LEBRUN

20 C.
LA LIVRAISON

Paul de Kock

UN BON ENFANT

CHAPITRE I. — Un Omnibus.

Connaissez-vous rien de plus drôle qu'une personne courant après un omnibus qui a déjà trois ou quatre cents pas d'avance, et qui s'éloigne de plus en plus, parce que le conducteur, occupé à regarder à droite, à gauche, ou à compter sa monnaie, ne dirige pas ses regards du côté du voyageur retardataire?

Si c'est un homme, il court, puis s'arrête, lève la main en l'air, lève sa canne, lève son parapluie s'il en a un, agite son bras, comme s'il voulait faire le tambour-major; pousse des eh! eh!... oh!... conducteur!... hum!... hum!... puis court encore un peu, et marche dans la crotte pour rattraper la maudite voiture, qu'il prend afin d'arriver propre à son rendes-vous.

Si c'est une femme qui veut rejoindre l'omnibus, alors elle ne courra pas du tout ou courra toujours : les dames ne savent point faire les choses à demi, elles sont plus promptes à se décider que nous, et d'ailleurs elles courent avec plus de grâce, elles ont encore l'adresse de choisir la voiture, tout en faisant des signes au conducteur; elles se retroussent un peu haut, il est vrai, mais quel mal après tout de mon-

Mongérand, ami du bon enfant.

trer sa jambe, surtout quand elle est bien faite, et en général ce ne sont guère que celles-là que l'on fait voir.

C'était un jeune homme qui courait après la voiture à six sous. Un assez beau garçon, de taille moyenne mais bien fait; d'une physionomie franche et assez douce, bien mis et de bonne tournure : il venait enfin d'atteindre l'omnibus qui se dirigeait vers la Madeleine en suivant les boulevards, il y avait déjà beaucoup de monde dans la voiture.

— Avez-vous de la place, conducteur? — Oui, monsieur, à droite... au fond... Messieurs de droite! serrez un peu, s'il vous plaît.

Le jeune homme entre, tâche de se faufiler à travers des jambes qu'on ne dérange pas, des genoux qu'on avance, des parapluies mouillés, des pieds crottés et des figures de mauvaise humeur; car, si vous avez jamais été en omnibus, lectrice ou lecteur (ce qui est probable si vous habitez Paris), vous avez dû remarquer, lorsque la voiture est déjà un peu garnie, que l'arrivée d'un nouveau voyageur fait toujours faire la moue à tout le monde : d'abord cela va être gêné, ensuite on pense qu'on va être gêné, pressé; le nouveau venu est donc fort mal reçu, et personne se fait un mouvement pour lui faire place. Je suis étonné que les entrepreneurs de ces voitures n'aient point encore songé à les diviser en stalles, comme l'orchestre de nos théâtres; alors du moins les places seraient visibles, et l'on n'aurait pas parfois son voisin sur ses genoux... Quand c'est une voisine gentille, passe encore.

Le jeune homme est cependant parvenu jusqu'au milieu de la voiture, et, grâce à la courroie, il n'a pas eu besoin de s'appuyer sur les genoux de chacun pour ne point tomber. Il s'assied entre un gros homme, qui semble fort mécontent qu'on s'asseye tout près de lui, et une dame sur le retour, qui se recule et se retourne, comme si le frôlement de sa robe contre l'habit du jeune homme lui eût paru peu décent.

— Ils vont nous serrer comme des harengs! murmure l'énorme monsieur en écartant les jambes et les bras de manière à être fort à son aise.

La dame ne dit rien; mais comme un pli de sa robe se trouvait sous son nouveau voisin, elle la retire vivement en prenant un air de dignité, de ces airs qui ne prouvent rien sinon qu'on n'a point d'aménité dans le caractère.

Le jeune homme tâche de se mettre aussi loin que possible, sans faire attention aux murmures du voisin et aux airs de la voisine. Quand il est à peu près casé, il jette les yeux autour de lui pour connaître ses compagnons de voyage. Cette revue est ce qu'il y a de plus piquant dans une course d'omnibus. Il est rare qu'une voiture dans laquelle on entasse quinze et quelquefois dix-huit personnes ne renferme pas au moins deux ou trois de ces personnages originaux qui amusent un observateur. Je plains ces gens moroses qui ne lèvent point les yeux, et se blottissent à leur place sans tourner la tête une seule fois. Ceux-là s'éprouvent tous les ennuis d'une voiture publique sans en connaître les agréments.

Après la dame aux grands airs était une bonne grosse maman en bonnet, en tablier, espèce de campagnarde tenant le milieu entre la femme du peuple et la paysanne, de ces gens qui habitent le haut des faubourgs, et qui ont l'air tout dépaysé quand ils sont dans le cœur de Paris.

Après le voisin qui trouvait très-mauvais qu'on s'approchât de lui était un vieux monsieur en habit noir, mais fort râpé, qui, depuis qu'il était entré dans la voiture, fouillait dans toutes ses poches, et semblait avoir une peine infinie à rassembler six sous. Ensuite était une dame, ni bien ni mal, ni jeune ni vieille, de ces personnes qui n'ont rien de ridicule, et qui ne prêtent point à la critique; car il y en a aussi comme cela.

Après avoir examiné son banc, notre nouveau venu regarde celui d'en face. D'abord une espèce d'ouvrière entre deux âges, qui tient un enfant de cinq à six ans sur ses genoux, a un panier entre les jambes et un gros paquet à son côté. Puis un homme en blouse, en casquette de loutre, guêtres de cuir, souliers ferrés; ledit homme sentant l'ail, l'oignon et le vin, comme une matelote à la marinière, et se laissant aller sur ses voisins ou voisines, qu'il a l'air de prendre pour des oreillers.

Ensuite une jeune fille assez gentille, l'air décent, ne sachant que faire de ses yeux pour ne point rencontrer ceux de ses vis-à-vis, et prenant le parti de les tenir baissés, quoique ce soit fort ennuyeux.

Après cette jeune personne est une espèce de petit-maître à besicles, à gants beurre-frais, qui fait tout ce qu'il peut pour sa jolie voisine la regarde, semble s'être étonné de n'en pas être remarqué, et, de dépit, jette les yeux sur une autre femme qui est à sa droite, laquelle paraît avoir l'habitude des voitures publiques, et n'est nullement embarrassée de ses yeux, qu'elle repose, en toute façon à demi, sur tous les personnages mâles de l'omnibus, mais qu'elle arrête de préférence sur le gros homme dont je viens de parler, parce que, si ce monsieur n'a pas l'air aimable, il a de fort beau linge, et porte à sa chemise des boutons en diamants : c'est un de ces dames qui cela séduit tout de suite.

Un homme sans tournure, sans physionomie, puis le conducteur complétaient l'omnibus. Mais cela ne faisait que douze voyageurs, et, quoique la voiture parût être bien remplie, ce n'était point assez pour le conducteur, qui voulait avoir ses quinze places en comptant celle qu'on a ajoutée au fond; et comme la pluie venait de gâter une belle journée du mois de juin, il était plus que probable que l'omnibus ne tarderait pas à être au complet.

— Vos places, s'il vous plaît! dit le conducteur en se retournant du côté des voyageurs mais sans cesser de regarder sur la route pour faire ses recrues.

La première dame paye. Le vieux monsieur qui retournait toutes ses poches a mis enfin de gros sous dans la main du conducteur, qui, après les avoir comptés, lui dit : — C'est encore un sou, monsieur.

— Comment encore un sou?... Je suis sûr de vous avoir donné votre compte.

— Non, monsieur, vous ne m'avez donné que cinq sous, les voilà...

— Eh bien, cinq sous!.. est-ce que ce n'est pas assez? — Non, monsieur, c'est six sous la course — Comment six sous... et depuis quand donc cela? — Depuis très-longtemps, monsieur. — Mais autrefois ce n'était que cinq sous, pourquoi donc a-t-on augmenté?.. c'est ridicule ça... — Autrefois on ne vous voiturait pas depuis la Bastille jusqu'à la Madeleine... il fallait payer à la Porte-Saint-Martin. —

Qu'est-ce que cela me fait, moi, qu'on aille jusqu'à la Madeleine... je m'arrête à la porte Saint-Denis... je ne devrais à la rigueur payer que demi-course... on prévient quand on augmente... — Monsieur, c'est écrit là-haut... trente centimes. — Je ne connais rien aux centimes, moi, c'est un calcul de la Révolution... il fallait mettre six sous, j'aurais su à quoi m'en tenir. Encore autrefois pour cinq sous le cocher jouait de la trompette avec son pied; à présent c'est plus cher, et je n'entends jamais la musique... Allons, faites votre tournée... je vous donnerai ma course tout à l'heure.

— Pour un! crie le gros monsieur qui a des boutons de diamants en présentant une pièce de vingt sous. En vérité, il a bien fait d'avertir qu'il y était pour un; le conducteur aurait pu s'y tromper et réclamer double place.

Notre jeune voyageur a payé. Sa voisine tient son argent à la main, elle allonge le bras et attend qu'on passe le prix de sa place au conducteur; son voisin est occupé à regarder la jeune personne en face, et le gros homme ne semble pas disposé à être utile à qui que ce soit. C'est le personnage en blouse qui tend sa main calleuse et noire pour passer l'argent de la dame, qui est presque obligée de faire un remerciement de tête à un homme du commun; c'est bien désagréable; mais aussi, si vous êtes si fière, pourquoi allez-vous en omnibus? Le nom seul de cette voiture devrait vous apprendre que l'on n'y connaît ni rang ni naissance; que tout le monde y est pêle-mêle; que toutes les classes, tous les états y sont confondus; c'est une voiture tout à fait libérale, et pourtant elle fut établie avant la révolution de juillet.

— Tenez, conducteur... et vous m'arrêterez au passage de l'Opéra, dit la dame qui ne baisse pas les yeux.

— Tout à l'heure, madame, vous payerez à votre tour... Eh! là-bas au fond, à droite... votre place, s'il vous plaît?

C'est la grosse maman à laquelle on s'adresse. Elle fouille aussitôt à la poche de son tablier en disant : — Ah! c'est juste... tiens... moi qui n'y pensais plus qu'on payait... je me serais pourtant en allée comme ça... ce serait commode... Allons, je n'ai pas de monnaie à c't'heure... tenez, monsieur le postillon... v'là cent sous... rendez-moi.

Et la bonne femme tend sa pièce de cent sous à sa voisine rechignée; celle-ci ne bouge pas, et ne veut pas se donner la peine d'allonger le bras pour être agréable à quelqu'un, quoiqu'elle ait quelques instants auparavant réclamé et reçu le même service. Mais il y a des gens qui croient que tout leur est dû, égards, prévenances, complaisances; mais eux ne doivent rien à personne. Pauvres gens!... comme vous faites pitié!... De quel limon vous croyez-vous donc pétris pour exiger, de personnes que vous voyez pour la première fois, du respect, des politesses, des attentions que vous leur refuserez?... Est-ce parce que vous êtes mieux mis? Mais il y a des escrocs, des filles publiques qui sont vêtus avec la dernière élégance, cela ne prouverait donc rien. Est-ce parce que vous avez de l'or dans vos poches? Mais la fortune n'a jamais été une preuve de mérite; d'ailleurs la source en est quelquefois si méprisable! Est-ce parce que vous avez un grand talent, un grand génie?... Oh! non, les gens qui ont vraiment du talent ne sont pas impertinents; il faut laisser cela à ceux qui veulent être remarqués, ne fût-ce que par leur sottise; à ces écrivassiers invorà Minerva, à ces êtres que l'envie dévore, que la jalousie dessèche, et qui tournent en ridicule tout ce que font les autres pour se venger de ne pouvoir rien faire eux-mêmes.

C'est donc parce que vous êtes des sots que vous agissez ainsi... Oh! alors je comprends, je me rends à la raison, et je conviens que vous ne pouvez pas vous conduire autrement.

Notre jeune voyageur a pris la pièce de cent sous des mains de la grosse maman et l'a passée au conducteur; puis il met entre ses dents, puis se retourne, tire le cordon, et la voiture s'arrête.

— Est-ce qu'il veut nous mettre encore quelqu'un? dit le gros monsieur.

— C'est désagréable d'arrêter si souvent! dit le personnage à besicles en ayant l'air de s'adresser à la jeune personne qui tient ses yeux baissés; moi... j'ai justement affaire, je suis pressé... Vous êtes peut-être pressée aussi, mademoiselle?

On répond : — Non, monsieur, bien bas, presque entre ses dents, puis on se retourne pour ne pas prolonger la conversation.

Un nouveau venu paraît à la portière : c'est un petit homme à figure joviale, nez rouge, yeux à fleur de tête, quelque chose qui sent l'homme de comptoir. Il tient un parapluie tout imbibé d'eau et le frotte le long des jambes et des genoux des voyageurs en se faufilant vers le fond, s'inclinant d'un air aimable, saluant à droite, à gauche, et marchant sur les pieds de tout le monde.

— A gauche, au fond... il y a de la place... Madame, prenez donc votre paquet sur vos genoux... — J'ai déjà mon petit... — Ça ne me regarde pas; il fallait prendre deux places alors; vous ne pouvez pas payer pour un et mettre sur la banquette votre enfant et votre panier; alors votre voyageurs ma voiture serait remplie!... Ça ne se peut pas... — Oh! il y a des conducteurs qui ne sont pas si désagréables que vous!... — J'en suis fâché, mais il me faut mes quinze places...

— Monsieur de la porte, vous ne m'avez pas rendu la monnaie de mes cent sous, dit la grosse maman d'un air inquiet. — Tout à l'heure, madame... Allons... serrez donc un peu là-bas.

— Donnez-moi vot' gas, la petite mère, dit l'homme en blouse à sa voisine, comme ça vous pourrez tenir votre paquet. — Ah! monsieur... vous êtes bien bon... au fait, si ça ne vous gêne pas, ça m'obligera beaucoup... Veux-tu aller sur monsieur, Lolo? — Oh! non... il est trop laid... répond l'enfant en faisant la grimace.

L'homme en blouse rit de la réponse de l'enfant et le prend sur ses genoux en disant : — Viens toujours, va, mon gros, je ne te mangerai pas!...

Et l'enfant change de siége; ce qui prouve que l'on peut être fort obligeant tout en sentant l'ognon et l'ail, ce qui n'empêche pas que ce ne soit une odeur fort désagréable.

Pendant ce temps, le monsieur qui a l'air jovial a gagné le coin du fond, après avoir essuyé son parapluie sur tout le monde.

— Comme c'est gentil... venez donc propre dans un omnibus! dit le monsieur aux besicles. Tenez, mademoiselle, votre robe est toute mouillée aussi...

La demoiselle ne répond rien et se contente d'essuyer avec son mouchoir les traces du parapluie.

— Conducteur, vous me mettrez devant la rue Caumartin, dit le nouveau venu.

— Oui, monsieur... Qui est-ce qui n'a pas payé?...

— Monsieur le voiturier, dit la grosse maman en tendant le cou, vous ne m'avez pas rendu mon argent... je vous ai donné une pièce de cent sous...

— Dans un instant, madame... je n'ai pas encore assez de monnaie. Il y a quelqu'un qui me redoit un sou...

Le monsieur à l'habit râpé se penche alors vers le conducteur et lui parle à l'oreille; le conducteur ne répond rien, mais il ne réclame plus son sou. J'ai vu plusieurs fois des conducteurs faire crédit à des personnes qui avaient oublié de prendre de l'argent, et cela de fort bonne grâce; leur rend-on plus tard ce qu'on leur doit?... j'aime à le croire : probablement que le vieux monsieur demandait crédit pour un sou. Pauvre homme!... Était-ce vraiment parce qu'il ne voulait pas changer?

Le conducteur a tiré le cordon, la voiture s'arrête; nouveaux murmures des voyageurs.

— Comment! encore du monde... mais nous sommes complets, à moins qu'on n'ait sur nos genoux...

— Oh! que non, messieurs, il y a encore deux places... une à droite et celle du fond. Serrez donc à droite... là-bas...

C'est une dame fort gentille, d'une jolie tournure, qui paraît sur le marchepied. C'eût été dommage de la laisser se mouiller. Elle s'arrête, regarde dans la voiture en disant : — Mais je ne vois pas de place... — Si, madame, si! il y a en a encore deux.

Et le conducteur fait entrer la dame, qui cherche où elle pourra se placer, au milieu de tout ce monde. Heureusement pour cette voyageuse, le jeune homme dont nous avons fait le portrait n'est nullement insensible aux charmes d'une femme; il n'était pas non plus fâché de s'éloigner de sa maussade voisine; il se serre donc contre son gros voisin, sans faire attention aux murmures, aux plaintes, à l'humeur de ce monsieur, et la jeune dame, apercevant une petite place, s'y laisse aller; car c'est presque toujours ainsi qu'on s'assied dans un omnibus.

— Ah, madame, vous m'étouffez!... s'écrie la vieille en robe de soie. — Madame, je suis désolée, mais on prétend qu'il y a de la place... — Approchez-vous de mon côté, madame, dit notre jeune homme.

Il était difficile que cette dame fût plus près, elle se trouvait collée contre lui; et comme cette position ne lui semblait pas très-confortable, elle aurait au contraire désiré se reculer un peu, mais du moins ce jeune homme était poli, il avait l'air honnête. La jolie femme se décide à prendre sa position en patience. Le jeune homme ne bouge plus, et ses joues deviennent très-rouges; cela n'a rien d'étonnant, nous savons que le frottement de deux corps les échauffe, et finirait par les brûler.

— J'espère que c'est fini, et qu'on ne nous mettra plus personne, dit le gros monsieur en regardant le conducteur, qui regarde toujours sur les boulevards.

— Ah çà, pourquoi donc qu'il ne me rend pas ma monnaie? dit la grosse maman en s'adressant à son vis-à-vis, l'homme aux besicles. — Il l'a peut-être oublié... — Ah! ben, c'te plaisanterie... Dites donc... monsieur à la casquette... ma monnaie, s'il vous plaît?

— Voilà... voilà, madame... Faites passer, s'il vous plaît.... Votre place... là-bas, à gauche...

La grosse femme a reçu sa monnaie, elle est plus tranquille. La voiture roule quelques minutes, on se regarde; les uns examinent leurs voisins, d'autres regardent par les carreaux; quelques-uns songent qu'ils sont à leurs affaires. L'homme en blouse est le seul qui parle; il cause avec l'enfant, qui s'est habitué à lui; il le fait sauter sur ses genoux et lui donne sa tabatière pour jouer; l'enfant parvient à ouvrir la tabatière et jette à terre tout ce qu'elle contenait, ce qui semble l'amuser beaucoup. Sa mère se confond en excuses; l'homme aux boutons de diamants hausse les épaules en murmurant : — Que c'est aimable les enfants!... le petit drôle l'a fait exprès.

Dans ce moment, la voiture éprouve une assez forte secousse; c'est quelqu'un qui vient de sauter sur le marchepied sans vouloir que le

conducteur arrête. Celui-ci s'est rangé de côté ... fond, monsieur, il y a encore une place.

Le dernier venu est un militaire, sous-officier, uniforme de hussard, jeune, grand, portant de grosses moustaches noires, ce qui, joint à des yeux et des sourcils de la même couleur, à des traits fortement prononcés et à un teint très-brun, donne à toute sa physionomie quelque chose de dur et de réfractaire.

— Où diable va donc se mettre ce monsieur? dit le gros homme mais à demi-voix et d'un ton moins impertinent cette fois.

Le militaire ne semble aucunement embarrassé : il s'avance, recule les genoux, repousse les jambes, regarde à droite, à gauche, comme pour choisir où il se placera; puis, après avoir lorgné la jeune personne modeste, se laisse brusquement tomber entre elle et le beau monsieur à besicles.

— Eh bien, monsieur, qu'est-ce que vous faites donc... il n'y a pas de place là... vous êtes sur nous!... s'écrie le petit-maître, sur qui le militaire est tombé.

— Bah!... bah!... serrez les rangs... Ça se fera, puisqu'on m'a dit qu'il y avait encore une place.

— Mais ce n'est pas là, monsieur, c'est au fond. Conducteur, dites donc à monsieur que c'est au fond..., faites donc ôter monsieur...

— Ôter... ah! il sera malin celui qui me fera ôter de là... Mademoiselle, je vais tâcher de vous gêner le moins possible... Je vais me faire mince... pas pour monsieur, mais pour vous-là.

La jeune personne ne dit rien, elle ∗ ecule le plus qu'elle peut; on était déjà sept sur la banquette, à l'arrivée du militaire mettait tout le monde dans un état.

— Mais, monsieur, reprend l'homme aux besicles, puisqu'on vous dit qu'il y a une place au fond... où vous serez bien mieux... — Eh bien! allez-y, vous, au fond, si ça vous arrange; moi je me trouve bien là, et j'y reste.

— Je vais m'y mettre, moi, dit le petit monsieur au parapluie, ça m'est égal d'être au fond... pourvu que je sois dans la voiture.

Grâce à ce revirement de places, les voyageurs du côté gauche retrouvent leur respiration, et le militaire se met à dire : — Je savais bien qu'il y avait de la place, et que ça se ferait.

— Complet! crie le conducteur au cocher.

— C'est bien heureux!... dit le gros homme, il faut espérer que nous n'arrêterons plus!

— Quel sacré fichu temps! dit le militaire en ôtant son schako et le secouant devant lui; heureusement que je ne vais pas à la parade! Tenez, conducteur... voilà votre quibus. Poussez donc un peu à droite, monsieur, pour que nous ne gênions pas mademoiselle. Excusez, monsieur, mais il faut que je place mes jambes aussi, et vous avez deux colonnes que vous ne bougez pas plus que l'arc de triomphe!...

Ceci s'adressait au monsieur aux boutons de diamants, qui se trouvait être précisément en face du militaire, lequel venait de lui mettre un genou de côté pour s'étendre plus aisément. Le gros homme se gonfle encore, sa figure se boursoufle, il respire comme un cheval en répondant : — Mais, monsieur, je ne vois pas pourquoi je me gênerais... Qu'avez-vous besoin d'allonger vos jambes?... — Je ne peux pas me tenir en voiture sans ça... Je vous demande qu'est-ce que vous fait... on se prête un peu, voilà tout!... Mademoiselle, ne craignez pas de vous appuyer sur moi, laissez-vous aller au contraire, ça m'obligera... Tonnerre de temps! en voilà pour toute la journée.

— Cocher! conducteur! arrêtez donc! je veux monter...

Ces cris partaient de la chaussée et étaient prononcés par une voix féminine. Le conducteur tire le cordon pour qu'on arrête la voiture, aussitôt éclate dans l'omnibus un murmure de révolte.

— Il n'y a pas de place, conducteur... Est-ce que vous voulez nous mettre de nous, où donc voulez-vous placer quelqu'un encore?

— A ma place, répond tranquillement le conducteur, et moi je resterai debout.

— Allons, sacrebleu! laissez venir la petite femme; si elle est jolie, je la prends sur mes genoux, moi! on est libre d'être galant, j'espère.

La petite femme qui grimpe alors sur le marchepied est une énorme boule de quarante à cinquante ans, dont les appas sont tellement volumineux qu'on ne distingue ni sa taille, ni aucune de ses formes, tout son individu semble n'avoir qu'une seule, qui est celle d'un tonneau. Le conducteur la pousse dans la voiture et rabaisse le strapontin, tandis que le militaire s'écrie :

— Ah! nom d'une bombe!... le plus souvent que je prendrai une fortification comme ça sur mes genoux!

Cependant la dame ne s'est point arrêtée à la place du conducteur, elle croit qu'elle peut s'asseoir plus loin, elle enjambe par-dessus les pieds qu'on lui oppose, en ce moment la voiture repart; alors l'énorme voyageuse perd l'équilibre, et tombe d'abord sur le gros monsieur, qui la rejette sur le militaire, lequel la repousse sur le petit vieux maigre. On allait jouer au ballon avec cette dame, l'homme en noir eût eu la force de rejeter la masse qui venait de tomber sur lui; mais il se contente de pousser un gémissement étouffé.

La dame arrangeait déjà sa robe pour rester à cette place, ne s'apercevant pas apparemment qu'elle avait un petit monsieur sous son énorme postérieur; mais le militaire lui crie :

— Madame, vous venez de tuer quelqu'un... Il n'est pas possible satrement... vous êtes sur un petit monsieur sec, qui ne dit rien, parce qu'il étouffe.

Le conducteur montre alors sa place à la dame et lui fait comprendre que c'est là qu'elle doit se mettre. La voyageuse se relève, et ne parvient au strapontin qu'en tombant encore sur trois ou quatre genoux ; mais l'homme râpé revient à lui, et la paix se rétablit dans la voiture publique.

Il y avait peut-être cinq minutes qu'on roulait sans s'être arrêté, chose fort rare pour une voiture à six sous. Une chaleur de trente degrés régnait dans l'omnibus, parce que la petite boule qui avait pris la place du conducteur masquait entièrement la portière et empêchait l'air de circuler.

Le militaire, qui semblait remuant et bavard, lâchait de temps à autre des jurons sur le temps, puis essayait une conversation avec sa jeune voisine. Mais comme celle-ci ne répondait rien, le hussard, ennuyé de faire des galanteries en pure perte, commence à chercher autre chose dans la voiture. En passant chacun en revue, ses yeux s'arrêtent sur le jeune homme qui a fait place à la jolie femme ; il le fixe, le considère quelques instants, puis s'écrie :

— Eh sacredié ! je ne me trompe pas !... C'est Charles, Charles Darvillé... un camarade de pension que je vois là-bas...

Le jeune homme auquel ces mots s'adressaient lève à son tour les yeux sur le militaire en répondant : — Oui, monsieur, oui, je suis bien celui que vous venez de nommer... mais je ne me rappelle pas...

— Comment ! tu ne reconnais pas Mongérand... Emile Mongérand !
— Se pourrait-il... quoi ce serait toi... Mongérand ?... je ne t'aurais jamais reconnu... ces moustaches... cet uniforme... — Ah ! oui, ça change un peu ; et puis la tournure martiale... D'ailleurs, voilà au moins sept ans que nous ne nous sommes vus... j'en avais dix-neuf, et toi aussi, je crois... Ah ! te rappelles-tu toutes nos farces, nos bamboches au collège ?...—Oui, oui, je m'en souviens !

— Il paraît que ces messieurs vont faire la conversation comme s'ils étaient chez eux, dit d'un air moqueur le monsieur à besicles en souriant à la demoiselle délurée, laquelle sourit à l'homme aux boutons, lequel ne sourit jamais, mais crie bientôt au cocher d'une voix impérative : — Vous m'arrêterez rue de Richelieu... on étouffe dans cette voiture.

— Cocher... ne sommes-nous pas encore à la porte Saint-Denis ? dit le militaire. — Oh ! nous l'avons passée, monsieur, nous voilà au boulevard Poissonnière. — Ah ! mon Dieu !... et moi qui vais faubourg Saint-Denis... Je vous avais dit de m'y descendre... — Non, monsieur, vous ne m'avez pas dit d'arrêter.—Comme c'est agréable... Il faut que je refasse deux boulevards à pied... et il pleut à verse... Mais arrêtez donc au moins... — Vous pouvez descendre, monsieur. — Non, je ne descendrai pas tant que la voiture fera un mouvement. Je n'ai pas envie de rouler sur tout le monde comme madame.

Enfin la voiture ne bouge plus, la grosse dame qui masque la portière se lève pour un moment debout, le vieux monsieur descend en grommelant, cherche vainement un endroit balayé pour gagner le boulevard, et retourne en trottinant du côté de la porte Saint-Denis.

— Ah ! mon pauvre Charles !... est-ce drôle, après sept ans, de se retrouver chez nous sur les chiens joués ? et pourtant la pluie est cause de ça ; sans elle, je filais à pied jusqu'au faubourg Saint-Honoré.— Je ne te reconnaissais pas d'abord... ce n'est pas que tu sois changé, mais tu étais caché par cette dame... je ne voyais que le bout de ton... — Es-tu toujours bon enfant, comme autrefois ?...

— Je n'ai pas changé de caractère, je suis toujours le même. — A la bonne heure ! je n'aime que les bons enfants, moi, et pas les capons et les pleurards !...

— Il est certain, dit le petit monsieur au parapluie en souriant au militaire, qu'un homme doit être aimable en société... C'est bien plus agréable.

Le militaire regarde le monsieur d'un air goguenard en murmurant : — Tiens... qui est-ce qui lui parle, à celui-là ?... Puis il s'adresse à son ami de collège sans faire attention aux personnes qui les séparent.

— Dis donc, Charles, te rappelles-tu nos pédants de collège... les tours que nous leur avons joués ? Ils me donnaient des pensums parce que je ne mordais pas au latin... Sacré latin ! je n'ai jamais pu en retenir dix mots... eh ! je m'en moque bien !... est-ce qu'un homme a besoin de ça pour s'expliquer... Quand un particulier me déplaît ou me regarde de travers, est-ce que je lui donne une paire de soufflets en latin ?... quand je trouve une femme à mon goût, est-ce que j'irai lui dire en latin que je l'adore... elle me prendrait pour un curé ou un serpent de cathédrale...

— Ah ! ah ! ah !... C'est comme moi, reprend l'homme au parapluie en riant, je n'ai jamais su un mot de latin... et pourtant...

Le militaire regarde encore ce monsieur d'un air surpris, et lui dit : — Permettez, monsieur, je n'ai pas l'honneur de vous parler... c'est à mon ami ; vous répondrez à votre tour, si l'on juge à propos de vous mêler à la conversation.

Le petit monsieur ne répond rien ; il se contente de s'incliner, et regarde s'il pleut encore.

— Voilà la rue Montmartre... Qui a demandé la rue Montmartre ! crie le conducteur.

— Moi, dit la femme au paquet, à l'enfant et au panier ; et elle tâche d'opérer son déménagement, ce qui arrête la voiture pendant près de trois minutes. La jeune personne à l'air modeste est descendue aussi. Un peu plus loin, le gros monsieur s'en va, et la demoiselle qui voulait aller au passage de l'Opéra descend cependant en même temps que ce monsieur.

La voiture commence à être moins chargée, les camarades de collège peuvent se rapprocher. A chaque instant, quelqu'un fait signe au conducteur ; ce qui impatiente le militaire, qui s'écrie : — Aura-t-on bientôt fini de descendre et d'arrêter !... Qu'est-ce que c'est donc que cette manière de voyager !... on ferait bien une lieue en six heures.

Enfin la voiture est à sa destination ; il ne restait plus que l'homme en blouse et la paysanne, avec les deux amis, lorsque l'on s'arrête à la station du boulevard de la Madeleine.

Chapitre II. — Une Politesse.

Le sous-officier de hussards a passé son bras sous celui du jeune homme qu'il vient de retrouver dans l'omnibus, et il le fait avancer à grands pas vers un café qui fait le coin de la rue Saint-Honoré.

— Ce brave Charles !... Eh bien, je t'assure que ça me fait grand plaisir de te revoir... Tu sais que je suis franc, moi : quand je n'aime pas les gens, je ne leur fais pas bonne mine ; mais j'ai toujours eu de l'amitié pour toi.

— J'en suis persuadé, et je te prie de croire que je suis aussi fort content de me retrouver avec un camarade de pension. Mais où donc me mènes-tu par là ?

— Parbleu, au café : nous n'allons pas nous quitter tout de suite, j'espère... nous allons boire un verre de punch pour célébrer cette rencontre.

— Mon ami, c'est que j'ai bien peu de temps, on m'attend pour dîner chez ma mère... rue Verte... On dîne de bonne heure chez elle, et je me suis déjà un peu attardé.

— Eh bien, tu t'attarderas encore !... Pardieu ! moi aussi, j'ai affaire, je suis attendu !... mais on m'attendra, et voilà tout, je m'en moque pas mal !... D'ailleurs, j'espère que tu n'as plus besoin de la permission de ta mère pour boire un verre de punch ; il me semble que tu es assez grand pour aller tout seul à présent... — Oh ! certainement, je fais ce que je veux ; mais... — Va donc, alors, et ne fais plus l'enfant !... et quand on veut te faire une politesse, n'aie pas l'air de vouloir te sauver comme si on allait te manger.

On était devant le café, Mongérand ouvre la porte, et Charles entre pour ne point désobliger son ami, qu'il connaît capable de se fâcher si on refusait d'accepter le punch qu'il vient d'offrir. Il y a beaucoup de ces gens-là dans le monde : lorsqu'ils offrent quelque chose il ne faut pas les refuser, sous peine de les mettre de fort mauvaise humeur, de les fâcher sérieusement même. Vous avez beau refuser de déjeuner, vous n'avez ni faim, ni soif, souvent aussi cela vous fait mal de prendre quelque chose entre vos repas, c'est égal ; si vous avez le malheur de rencontrer un de ces individus, il ne vous laissera pas aller : — Mon cher, nous allons prendre quelque chose ?... — Merci, je suis de déjeuner, je n'ai besoin de rien. — Oh ! belle raison !... j'ai déjeuné aussi ; mais un verre de vin chaud, ça ne fait jamais de mal. — Pardonnez-moi ; le matin, ça me dérange !... — Ah ! vous me faites rire... Venez donc ! — Je ne puis pas... — Allons, venez donc !... qu'est-ce que c'est que ces façons-là ?...

Et on vous pousse bon gré mal gré dans un café, et l'on vous fait prendre ou du punch, ou de la bière, ou des petits verres. Bienheureux si l'on ne vous contraint pas à manger la côtelette ! Vous avez perdu deux heures de votre temps, manqué vos rendez-vous, et vous êtes indisposé toute la journée, parce que vous avez rencontré de ces gens qui voulaient à toute force vous régaler, et qui croient vous avoir fait une politesse et s'être montrés fort aimables avec vous. Que Dieu vous garde, lecteur, de ces amis-là ! ou bien faites comme moi : refusez positivement, refusez ferme ; quittez-les quand ils ouvriront la porte d'un café. A la vérité, vous ne passerez pas pour un bon enfant, on vous traitera peut-être de bégueule, d'original, d'ours, d'homme insociable ; mais vous vous porterez mieux, et voilà l'essentiel.

— Garçon, du punch ! dit Mongérand en s'asseyant à une table devant Charles Darvillé. En attendant le punch, la conversation s'engage :

— Tu es donc dans le militaire maintenant ? — Mon ami, j'y suis encore ; mais je ne suis pas y rester longtemps. Pour le moment je suis en congé à Paris, mais je veux en avoir un définitif : j'en ai assez de l'état militaire. Je me suis engagé à dix-neuf ans, parce que je croyais que j'allais devenir tout de suite colonel ; mais ça ne va pas comme ça !... Au bout de sept ans à n'être que sous-officier, ça m'ennuie. Ensuite on ne se bat pas ; et moi, je m'étais fait militaire pour me battre. Il est vrai que je me suis battu plus de vingt fois avec mes camarades, qui me cherchaient dispute, mais ce n'est plus la même chose... on vous met à la salle de police, aux arrêts... sur sept ans que j'ai faits, je réponds que j'en ai bien passé la moitié en prison. Aussi

Je leur fais tant de farces, depuis quelque temps, que je suis sûr qu'on ne me refusera pas mon congé. Et puis je viens d'hériter... une quarantaine de mille francs d'un oncle paternel, mon dernier parent. Avec ça on peut s'amuser, flâner ou faire quelque chose... et vivre en paix ; car, tu sais que j'aime la paix, moi, je déteste les querelles... Eh bien, sacredié ! ce punch, garçon, est-ce qu'on se fiche de nous ? — Voilà, voilà, monsieur ! — Allons donc, je n'aime pas attendre. Et toi, Charles, conte-moi un peu ce que tu as fait depuis que je t'ai perdu de vue ; car j'aime à croire que tu n'es pas resté continuellement sous les jupons de ta mère, que tu as eu des aventures, des maîtresses, il faut bien que monsieur ait un homme...—Oh ! je me suis amusé, mais je n'ai pas eu d'aventures bien piquantes. Mon père, qui faisait le commerce de soieries en gros, comme tu sais, est mort il y a cinq ans ; alors ma mère a voulu se retirer des affaires, et ce me trouvait encore trop jeune pour les continuer. Maintenant on songe à m'établir : j'aurai bientôt vingt-six ans ; et il est probable que je reprendrai une maison de commerce, parce qu'il faut bien faire quelque chose. Ma foi, quand on a de la fortune, je ne vois pas trop pourquoi on se tourmenterait à travailler... Bois donc. — Merci, je viens de boire.— C'est égal, bois toujours : nous prendrons bien un autre quart. — Oh ! non, ça m'étourdirait. — Ah ! ah ! ne fais donc pas la femmelette. Garçon ! un autre quart, et plus fort que celui-là... vous nous faites du punch trop sucré ; du punch de dames. Fi donc ! j'aime que ce soit un peu rude, moi. Tiens, Charles, je suis ton ami... je l'ai toujours été, parce que tu es un bon enfant. Au collège, tu te rappelais pas, tu ne te sauvais pas quand il y avait des coups à donner et à recevoir ; eh bien ! à présent une, que tu veux t'établir, si j'ai un conseil à te donner, c'est d'épouser une femme riche : parce que l'amour, nous connaissons ça, c'est bon pour une demi-journée ; mais la fortune, voilà l'essentiel. — On peut épouser une femme riche et l'aimer... A la bonne heure ! A cette femme, je n'y vois aucun inconvénient... D'abord je ne te donnerai jamais de mauvais conseils, j'en suis incapable ! Sors, va, viens, sois le maître chez toi !... ménage ira tout seul... A ta santé ! Tiens, moi, il est très-probable que je me marierai aussi, dès que j'aurai quitté l'uniforme, et certainement je rendrai ma femme heureuse, parce que j'ai des principes ; mais il faudra qu'elle fasse toutes mes volontés... Qu'est-ce que tu me regardes donc à me montre ? — Mon ami, je vois qu'il est bientôt cinq heures, et il faut... — Eh ! qu'est-ce que cela nous fait qu'il soit quatre ou cinq heures ? Est-ce que tu n'es pas ton maître, hein ? — Si fait : mais... — Eh bien alors, reste bien tranquille... Et moi aussi je suis mon maître, mais je le serai encore plus quand je serai rentré dans le civil. Je voudrais bien voir que tu me quittasses déjà !... Pour toi, j'ai abandonné la petite voisine de l'omnibus... tu sais, celle qui baissait toujours les yeux... elle était ferme comme un gland... je m'en suis assuré. — Mais elle avait l'air honnête... — Eh bien ! après ? raison de plus pour être ferme ; aussi je n'aime que les femmes honnêtes, moi. Et toi, fripon, tu étais toujours sous la voisine, qui était jolie aussi, et tu n'avais pas tes mains dans tes poches, à ce que j'ai pu voir. — Oh ! je te jure que j'étais bien tranquille : c'est le monde qui me forçait à la gêner un peu... mais je ne me serais pas permis.—Oh ! oh ! pas permis !... ne fais donc pas la bête. A ta santé, Charles ! — Vraiment, on m'attend chez ma mère : l'heure de son dîner est passée, et elle m'avait fait promettre de ne pas manquer d'y aller aujourd'hui. Je crois qu'elle avait invité du monde. — Lorsqu'on invite du monde, on dîne toujours plus tard... Quand tu manquerais la soupe et le bouilli, voyez le grand malheur !... est-ce que je ne veux pas bien une tranche de bœuf ? Moi, on m'attend chez Rozat... Eh parbleu ! tu le connais, Rozat ?... c'est aussi un ancien ami de pension... Te rappelles-tu Jules Rozat ?... un grand blond, figure fade... un peu sournois. Je me suis battu plus d'une fois avec lui pour ça... il taquinait toujours les autres.

— Ah ! oui, je me le rappelle fort bien... Comment ! vous êtes amis maintenant ? Et à la pension il me semble que vous ne pouviez pas vous souffrir. — Que veux-tu, je l'ai rencontré, il est venu à moi, m'a tendu la main... tu sais que je n'ai pas de rancune : d'ailleurs les querelles d'écolier, ça ne signifie rien ; il m'a engagé à aller le voir, j'y suis allé ; il demeure à deux pas d'ici, rue Saint-Florentin ; il est marié, il a une petite femme gentille et qu'il a l'air de rendre heureuse, car il est toujours à l'embrasser, à la caresser... Et qu'est-ce qu'il fait, Rozat ? — D'abord tu sais qu'il avait de la fortune, il aura épousé une femme riche ; il s'occupe un peu d'affaires, mais le plus fort de ses occupations, je crois que c'est la littérature. — Ah ! il est poète, auteur ? — Quelque chose comme ça, à ce qu'il dit ; je sais qu'il parle toujours de ce qu'il fait, et je n'ai jamais rien vu de lui... mais il prétend avoir une foule de chefs-d'œuvre dans son portefeuille. — Ah ! il m'a lu de ses vers pourtant, ça ne m'a pas amusé du tout. En fait de vers, je n'aime que les gaudrioles. Tu vas venir avec moi chez Rozat, il sera enchanté de te revoir ; et puis trois amis de collège ensemble, c'est gentil, on est content de se retrouver... Je n'irai pas avec toi aujourd'hui, puisqu'on m'attend chez ma mère... Tu iras chez ta mère après. Pardieu ! Rozat m'attendait aussi pour dîner ; je me rappelle même qu'il m'avait fait promettre d'être chez lui de bonne heure, parce que, comme c'est aujourd'hui dimanche et que nous de-

vons aller au spectacle ensuite, il fallait se presser. Viens chez Rozat, nous n'y resterons que cinq minutes, et je te conduis ensuite jusqu'à la porte de ta mère ; j'espère que c'est aimable ça, et que tu n'as plus rien à dire? — Non, si tu me promets... — C'est convenu... partons.

Chapitre III. — Le Ménage de M. Rozat.

Mongérand, qui est très-grand, fait des enjambées qui forcent presque son ami à sauter pour le suivre. Charles Darvillé n'allait qu'à contre-cœur chez leur ancien camarade ; il pensait toujours qu'on l'attendait chez sa mère, cela le contrariait ; d'un autre côté, il était sensible à l'amitié que lui témoignait Mongérand, il aurait été fâché de ne pas répondre à ses avances ; ensuite il y avait ce petit amour-propre de jeune homme qui ne veut pas avoir l'air d'avoir besoin de la permission de ses parents pour faire ce qu'il veut. Sot amour-propre que celui-là ! ce n'est sont guère que les mauvais sujets qui se moquent des jeunes gens soumis à leurs parents ; on ferait bien moins de sottises dans le cours de sa vie si on pouvait toujours demander la permission à sa mère.

La rue Saint-Florentin n'était pas éloignée, on arrive chez M. Jules Rozat, que l'on trouve à table avec sa femme et son petit garçon, enfant de trois à quatre ans.

Ce M. Rozat, qui peut avoir quelques années de plus que ses deux amis de pension, est un grand blond, bouclé, figure longue, blafarde, mais sur laquelle est presque constamment dessiné un sourire qui vise à la malice et qui ressemble à une grimace ; des yeux très-couverts, une voix mielleuse, un ton de bonhomie affecté : voilà l'ancien camarade de ces messieurs.

Sa femme est jeune, un peu pâle, les joues creuses, mais jolie, quoique d'un air peu agréable.

Les époux étaient à table, lorsque Mongérand, sans laisser le temps à la domestique de l'annoncer, entre en tirant Charles après lui ; car ce dernier, n'ayant pas l'habitude d'agir aussi militairement, hésitait à se présenter pour la première fois chez des gens qui ne le connaissaient pas, et surtout au moment de leur dîner.

— Me voilà !... un peu en retard, n'est-ce pas ? ah ! c'est que j'ai fait une recrue en route, et je vous l'amène... Ah çà, veux-tu avancer, Charles ?... il se fait tirer comme s'il s'agissait d'embrasser une vieille femme.

Le mari et la femme se sont levés spontanément. Celle-ci salue Charles, et lui présente une chaise, tandis que M. Rozat s'écrie :

— Vraiment, Mongérand, tu es bien aimable ! on t'attend à quatre heures précises, c'était convenu, puisque ma femme veut aller au spectacle, et tu sais que j'ai assez l'habitude de faire ce qui peut lui être agréable ; et il est maintenant cinq heures et demie... Monsieur, donnez-vous donc la peine de vous asseoir.

— Ah ! tu crois, Rozat, qu'on marche comme on veut dans Paris, je trouve à chaque instant quelque chose qui m'arrête... Au reste, vous ne m'avez pas attendu et vous avez bien dîné...

— C'est que ma femme avait besoin, le petit aussi ; j'ai craint que cela ne leur fît mal d'attendre trop tard... Tu n'as pas dîné ? — Non certainement. — Manette, rapportez le couvert que vous avez enlevé... — Un moment !... un moment !... regarde donc d'abord la personne que j'amène... Est-ce que tu ne reconnais pas ce bon garçon-là ?

M. Rozat regarde attentivement Charles, qui n'avait encore rien dit et se contentait de saluer.

— Et mon Dieu !... oui... j'y suis maintenant... C'est notre ami de pension... Charles Darvillé !... — Lui-même, monsieur. — Ah ! monsieur, je suis enchanté de vous revoir.

— Est-ce que vous vous moquez de moi avec vos monsieur, dit Mongérand en poussant Charles et Rozat l'un sur l'autre de manière que pour les faire s'embrasser il manque de les jeter sur la table, est-ce que des camarades de collège, de bons enfants comme nous, doivent se parler avec cette cérémonie ; on s'embrasse, on se tutoie... Ça va tout seul.

Cependant, malgré l'invitation du militaire, la reconnaissance se borne à un serrement de mains entre Charles Darvillé et M. Rozat, le tutoiement ne s'ensuit pas.

— Ma foi, vous n'êtes pas changé ; et si ce n'eût été que je ne m'attendais pas du tout à vous voir, je vous aurais reconnu au premier coup d'œil. — Vous êtes aussi toujours le même, répond Charles. — Oh ! moi, je suis vieux cependant... de quatre ans, je crois...

— C'est égal, nous sommes tous les trois bien gentils, dit Mongérand en se mettant à table, n'est-il pas vrai, madame Rozat, que les trois amis ne sont pas mal ?

Madame Rozat se contente de s'incliner et de sourire ; mais ce sourire n'allait pas bien avec ses yeux, qui étaient très-rouges.

— Allons, vite, Manette, un autre couvert ; mon ancien camarade voudra bien accepter sans façon notre dîner de ménage... Nous serons peut-être un peu serrés... mais on se gêne volontiers pour ses amis... Nous avons déjà mangé le potage et le bœuf, mais cela doit être encore chaud... N'est-ce pas, ma bonne amie?

— Oui, j'avais dit qu'on les tînt près du feu.

— Je suis très sensible à votre invitation, dit Charles, mais il m'est impossible d'accepter... — Pourquoi donc? — Mongérand sait que je suis attendu chez ma mère, et qu'il y a même longtemps que je devrais y être. — Ah! que je suis fâché... il ne faut pas de second couvert, Manette.

M. Rozat n'insistait pas, et madame avait fait signe à sa bonne que le couvert était inutile, lorsque Mongérand, qui vient de s'installer à table, pousse son assiette contre celle du petit garçon en criant:

— Donnez donc, la bonne, donnez donc le second couvert... mettes ça là à côté de moi... il y a de la place. Est-ce que tu écoutes Charles, toi, Rozat! je te dis qu'il va dîner avec nous... et que nous allons rire... Madame Rozat ne défend pas qu'on rie... Voyons, Charles, tu m'avais engagé à dîner, mais probablement tu dînes souvent chez ta mère. — Oui, presque tous les dimanches. — Ah, vous l'entendez! il convient qu'il y dîne tous les dimanches, et pour une fois qu'il retrouve deux anciens camarades, deux amis qu'il n'a pas vus depuis près de huit ans, il ne leur ferait pas le sacrifice d'un dîner de famille!... Avec ça, que c'est amusant un dîner de famille!... J'aimerais mieux dîner chez moi, rien qu'avec une flûte!... — Mongérand, ce n'est pas que je ne me plaise beaucoup avec vous; mais je t'ai dit que ma mère a aujourd'hui du monde, et que... — Ah! oui... il y a de l'extraordinaire... de l'extra... On aura fait le plat d'œufs à la neige... et tu les aimes.

— Ah! ah! ah! dit Mongérand en ricanant, c'est très-méchant ce que tu dis là, tu ferais croire que notre ancien camarade est friand!

Charles hésite, il regarde sa montre: il est cinq heures et demie passées; depuis longtemps on doit être à table chez sa mère, où peut-être on ne l'attend plus. Il se laisse aller aux sollicitations de Mongérand, et se place à côté de lui; ce qui me semble faire un bien vif plaisir à madame Rozat, qui cependant crie à sa bonne: — Rapportez le potage.

— Ah, vivat! dit Mongérand en frappant sur les genoux de Charles; allons! je vois que tu es toujours un bon enfant, comme au collége! Te rappelles-tu, Rozat, que Charles avait ce surnom? — Oui, oui... je m'en souviens. — Manette, vous rapporterez le bœuf... — Oh! merci, madame, pour le bœuf, je n'y tiens pas... je trouve qu'on devrait supprimer ce plat-là des repas, c'est rococo en diable... Tu n'en veux pas non plus, n'est-ce pas, Charles?

— Mais, messieurs, dit la maîtresse du logis, je dois vous prévenir que vous n'avez pas un grand dîner... je ne m'attendais... à ce que nous serions cinq... Comme nous devons aller au spectacle, je ne voulais pas m'occuper beaucoup de cuisine... et ma bonne est si gauche! Un rôti et un plat de légumes, voilà tout ce que vous aurez avec cela.

— C'est délicieux, madame, c'est toujours bien... Est-ce qu'un militaire est difficile!... Avez-vous de l'eau de Seltz, par hasard?... — Non, nous n'en prenons pas. — Tant pis, ça fait manger deux fois plus... Serre-toi donc un peu, Coco; quel âge a ce gaillard-là? — Bientôt quatre ans. — Il est fort, il a un vilain nez, en grandissant ça se fera peut-être. Qui est-ce qui verse à boire?

Rozat verse à boire en souriant à ses convives; tandis que sa femme, qui n'est probablement pas contente que l'on ait dit que son fils avait un vilain nez, répète à Manette de rapporter le bœuf, dont elle persiste à servir à ces messieurs.

— Ma foi, s'écrie Mongérand en repoussant le bouilli, on a beau dire, il n'y a rien de telle que des amis de pension... c'est une amitié franche, constante; toute la vie on se retrouve avec plaisir.

— Oui, certainement, dit M. Rozat en coupant un rôti de veau, dont il fait des tranches aussi minces que possible... oui, l'amitié de collége... oh c'est charmant... Le petit Saint-Alfort, qui s'était engagé en même temps que toi, Mongérand, qu'est-il devenu?...

— Pas grand chose!... il n'était pas taillé pour faire un bon militaire... c'était un fat, un suffisant... — Oh! il était pétri de prétentions... ne parlait que de ses conquêtes, des femmes qu'il avait séduites... Le pauvre garçon! je crois que sa liste n'était pas longue... il était fort laid, fort bête, fort ennuyeux... — Et Desmoulins, que j'ai vu quelquefois se promener avec toi... Le vois-tu toujours? — Non Dieu merci, car ce qu'il n'a pas la prétention d'être auteur parce qu'il a fait quelques quarts ou cinquièmes de vaudevilles... Ah! il a vu des pièces jouées!... Tu est bien bon d'appeler cela des pièces, des rapsodies, des vieilleries... c'est misérable! — Ah çà, mais il toi, tu ne fais donc rien pour un théâtre? — Eh mon Dieu! ce n'est pas faute qu'on m'assomme de demandes! tous les directeurs me harcèlent... Donnez-nous donc quelque chose... vous serez joué sur-le-champ! Quand j'aurai le temps, je leur enverrai quelque ouvrage... Mais ce Desmoulins! il n'avait que ses pièces... ses répétitions à la bouche; je lui ai fait dire deux ou trois fois que j'étais sorti, et, grâce au ciel, nous ne le voyons plus.

— Et Bonneval, dit Charles, qu'est-il devenu? c'était un bien aimable garçon...

— Oui, aimable... à table... mais bien sot, bien gauche en affaires... Ses parents lui avaient laissé quelque fortune, il a tout mangé, tout dissipé, tout perdu... Entre nous, je crois qu'il courait les filles...

— Eh, sacrebleu! messieurs, il y des filles bien jolies et... Ah! pardon, madame Rozat, je ne pensais pas que vous étiez là... Je plaisantais, au reste; soyez tranquille, je ne débaucherai pas votre mari, c'est un homme trop sage, trop rangé...

— Oh! ma femme est tranquille, elle sait combien je l'aime d'ailleurs... n'est-ce pas, ma choute?

En disant ces mots, M. Rozat prend la main de sa femme, qu'il baise tendrement, et celle-ci le laisse faire en regardant l'heure à la pendule.

— Allons, messieurs, au plaisir de retrouver des amis de collége! dit Mongérand en versant lui-même à boire.

— Oh, monsieur! qu'est-ce que vous faites donc?... vous verrez ce vin de mon fils... — Bah! pourquoi donc?... un garçon, il faut que cela s'habitue à boire du vin... — Je ne vois pas que ce soit bien nécessaire. Auguste, vous n'allez pas boire cela, j'espère... du vin pur... — Laisse-le donc... ça le fera grandir. — Auguste, ça vous fera du mal.

L'enfant boit toujours, il prend goût au vin pur. M. Rozat passe son rôti, dont Mongérand prend sur-le-champ trois tranches en disant: — Peste!... Rozat... tu coupes ça fin comme du plaqué... Tu te souviens donc de la manière dont on nous servait du rôti au collége! — Ah! c'est que plus c'est mince, plus c'est tendre.

— Je veux un cornichon, moi! dit le petit Auguste.

— Non, monsieur, vous en avez déjà mangé, répond la maman. — J'en veux encore, moi!

— Tiens, mon ami, tiens, voilà un cornichon! dit Mongérand en choisissant le plus gros, qu'il met sur l'assiette de l'enfant.

— Mais, monsieur, je vous assure qu'il en avait assez... c'est mauvais pour la poitrine, et... — Allons donc, madame, est-ce que vous voulez élever votre fils à la becquée?... Est-ce qu'il faut qu'il craigne un cornichon?... son estomac se fera au contraire... C'est en mangeant de tout qu'on devient robuste... Tiens, mon garçon, veux-tu du veau? — Je vais lui en donner, monsieur... — Pourquoi donc vous déranger?... Je suis à côté de lui... je vais le soigner... manger, mon homme, mange... et laisse-toi faire... Oh! tu t'arrangeras bien avec moi!

Madame Rozat ne dit plus rien, mais à chaque instant elle regarde la pendule. Son mari fait les honneurs de chez lui avec cette politesse froide, roide, qui ne provoque ni la gaieté, ni l'appétit, semble vouloir seulement montrer à ses camarades de collége qu'il est à son aise et que son ménage est bien monté, aussi a-t-il soin de dire de temps à autre à sa bonne: — Donnez donc d'autres couverts pour servir... Il me semble que vous en manquez pas... Pourquoi n'avez-vous pas apporté des assiettes à filets d'or... Vous donnerez des verres à patte... pas à champagne... ceux à pied taillés à facettes.

Mongérand boit et mange comme quatre; il fait arrêter le rôti au moment où madame le faisait enlever pour en prendre encore deux tranches, et il continue de bourrer le petit garçon qui est à côté de lui sans écouter ce que dit sa mère.

Charles, qui s'aperçoit que madame Rozat regarde souvent l'heure et ne semble pas de fort bonne humeur, dit bientôt: — Mais madame a le désir d'aller au spectacle... nous devrions nous hâter de quitter la table...

— Il est vrai, monsieur, répond madame Rozat; mon mari m'a promis de me mener au Vaudeville; il y a fort longtemps que je n'y suis allée, et je...

— Comment peut-on aimer le spectacle! s'écrie Mongérand; moi je ne peux pas supporter d'être trois heures enfermé à la même place, et le dimanche, il y a tant de monde qu'on y étouffe: avec ça que la pluie qui est survenue empêche qu'on ne se promène... Il est déjà six heures et demie, vous n'aurez plus de place.

— Mongérand a raison, dit M. Rozat; je crois, ma chère amie, qu'il vaut beaucoup mieux remettre la partie à un autre jour... avant que nous ne soyons au spectacle il serait sept heures... tu ne serais pas bien placée, et tu sais que je ne m'amuse pas quand tu es mal.

— Oui, oh! je sais que vous êtes très-complaisant! répond madame avec dépit: je me faisais une fête d'aller au Vaudeville, et voilà encore mon espoir trompé!...

— Allons, ma bonne... sois gentille... tu ferais croire à ces messieurs que tu es méchante... Allons... qu'on s'embrasse... voyons, tout de suite...

Et M. Rozat penche vers sa femme, qui tend sa joue à son mari comme elle lui présentait du fromage à ses convives.

— Je te l'avais dit, Charles, s'écrie Mongérand, c'est un charmant ménage que celui de Rozat!... ce sont des tourtereaux... toujours amoureux... toujours se caressant... ça donne envie de se marier, et, puisque tu vas t'établir, je te conseille de les prendre pour modèles... Tiens, petit... des cerises... — Il en a déjà eu, monsieur. — Eh bien, ça fera passer les autres... avale toujours, mon gros... tiens et du biscuit... va ton train!... et ne dis rien.

— Ah! vous allez vous marier, monsieur Charles? dit M. Rozat en souriant.

— Dans quelque temps... ma mère le désira... — Vous avez sans doute fait un choix... vous êtes bien amoureux peut-être? — Non, je vous assure que je n'ai pas encore de préférence; je connais des demoiselles fort aimable, mais je ne suis pas décidé... — Épouse des écus, Charles, ça vaut bien les yeux fendus en amande; d'ailleurs avec des écus on a tous les yeux possibles... C'est pour rire que je dis cela, madame Rozat, c'est pour vous faire enrager, car personne n'est plus sensible que moi aux douceurs de l'amour conjugal.

— Quand il en serait autrement, monsieur, je n'en serais nullement offensée, répond sèchement la maîtresse de la maison.

On a servi le dessert. Madame Rozat ne dit plus un mot; son mari est très-occupé d'un plateau chinois sur lequel on apporte les verres à patte, il fait ce qu'il peut pour que ses convives remarquent la beauté de son plateau. Charles se laisse verser à boire par Mongérand, qui agit comme s'il était chez lui, et tâche d'animer la conversation; mais, voyant ce qu'on ne s'échauffe pas et que son amphitryon ne paraît pas tenir à ce qu'on vide toutes les bouteilles, dès qu'on a pris le café et la liqueur, Mongérand se lève de table en disant : — Si nous allions faire une petite partie de billard... hein... messieurs? il me semble que ce ne serait pas désagréable. Rozat est fort au billard, mais j'y joue bien aussi, moi. Et toi, Charles? — Moi, je n'y joue pas mal.

— Pardieu! je suis curieux de voir ton talent... Allons, messieurs, trois parties de billard... mais pas plus; madame, je vous le promets, et je vous renvoie votre mari dans une demi-heure.

— Oh, monsieur, vous pouvez le garder tant que vous voudrez...

— Ah! vous ne dites pas là ce que vous pensez, madame; eh bien, messieurs, ma proposition vous va-t-elle?

— Mais oui... allons jouer au billard, dit M. Rozat; d'ailleurs il pleut, on ne peut pas se promener; et si cela amuse notre ancien camarade... Moi, je fais tout ce qu'on veut, répond Charles... — Tout ce qu'on veut! ah! je te reconnais là... toujours bon enfant, ce sacré Charles!... Ah! madame, pardon... habitudes de garnison, mais je m'en déferai. En route, messieurs.

— Je veux aller avec papa, dit le petit garçon en courant après son père. — Mais, Auguste, je vais revenir tout de suite... — Je veux sortir!... c'est dimanche! je ne sors jamais, moi!... — Voulez-vous vous taire, monsieur!... qu'est-ce que c'est que cela !... — Allons, morbleu, emmenons l'enfant, je me charge du gamin, j'en aurai soin... Viens avec moi, petit, oh! nous nous accordons très-bien.

Mongérand prend l'enfant dans ses bras. Madame Rozat regarde son mari en lui disant : — Je vous engage à veiller aussi sur votre fils. — Oui, oui, ma chère amie, je te le ramènerai bientôt... Au revoir ma bonne... Eh bien, est-ce qu'on me laisse aller ainsi... on ne m'embrasse pas?...

— Absolument Psyché et l'Amour! dit Mongérand en regardant Rozat embrasser sa femme. Madame, nous vous présentons nos hommages.

Charles s'incline profondément devant la maîtresse de la maison, qui salue très-froidement ses convives. Ces messieurs descendent l'escalier, retenus par la main le petit Auguste. Arrivé à la porte de la rue, M. Rozat s'aperçoit qu'il a oublié son mouchoir, il remonte pour le chercher en disant à ses amis : — Allez tout doucement... je vais vous rejoindre.... — D'ailleurs, nous allons au café du coin, dit Mongérand.

— Mon mouchoir... où donc est mon mouchoir? dit M. Rozat en entrant dans la salle où sa femme est assise.

— Est-ce que j'en sais rien, moi?... est-ce qu'il faut que j'aie sans cesse l'œil sur votre mouchoir? répond madame Rozat sans se déranger.

— Comme vous avez toujours une façon de répondre malhonnête et aigre!... — Je vous conseille de dire cela! vous avez des manières si aimables, vous!... quand il n'y a personne! — J'ai... j'ai... N'allez-vous pas m'apprendre à me conduire à présent... lorsque c'est moi qui ai sujet de me plaindre? Croyez-vous, madame, que je n'ai pas remarqué la froideur et presque l'impolitesse avec laquelle vous avez traité mes amis de collège? — Il sont gentils, vos amis!... Ce Mongérand, qui se conduit comme s'il était dans une caserne; cet autre qu'on a jamais vu ne vous accepte tout de suite à dîner; puis à peine ont-ils mangé que ces messieurs s'en vont, comme s'ils étaient à l'auberge... et pour que ça ne m'empêche de rester chez moi, on me laisse la passer ma soirée toute seule... amuse-toi si tu peux!... Ah! c'est aussi par trop fort!... j'espère bien qu'ils ne dîneront plus ici !... — Ils y dîneront, si je le veux... entendez-vous, madame!... parce que je suis le maître de recevoir et d'inviter qui bon me semble... — Et moi la maîtresse de leur faire mauvaise mine... — Avisez-vous de cela... et vous verrez... — Qu'est-ce que je verrai, s'il vous plaît?... — Vous verrez enfin... — Oh! ne croyez pas me faire peur... me faire trembler !... Je sais bien que si vous l'osiez vous seriez capable de me battre. — Hum! quel enfer de maison!... — Oui, quand vous y êtes!...

En ce moment la bonne entre dans le salon. M. Rozat prend son mouchoir, qu'il retrouve sur un fauteuil, et sort en murmurant quelques mots entre ses dents.

CHAPITRE IV. — Une Scène au Billard.

M. Rozat a rejoint ses amis; il a repris son sourire et sa voix mielleuse.

— Madame votre épouse est peut-être fâchée que nous vous ayons emmené au billard? dit Charles.

— Non... oh! non... D'ailleurs ma femme veut tout ce que je veux; nous sommes constamment d'accord, jamais nous n'avons eu un mot plus haut que l'autre.

— Vois-tu, Charles, dit Mongérand, c'est que Rozat a mis sa femme sur un bon pied; il n'est pas comme un niais... n'osant pas sortir de peur que madame fasse la moue. Fi donc! qu'un homme ait des égards pour sa femme, bon; mais il ne doit jamais se gêner. Le tout est de se montrer dès les commencements de son mariage, ensuite ça va tout seul... Et tu as vu Rozat et sa moitié... un ménage de moutons! c'est à peindre sur une bonbonnière !

On entre au café, on passe à la salle de billard, qui est au fond, et en contient deux : l'un est occupé par trois jeunes gens; les nouveaux venus s'emparent de l'autre, et Mongérand commence par demander du punch. Rozat jette un coup d'œil sur les journaux, regarde ce qu'on dit d'une pièce nouvelle et s'écrie : — Encore un sujet qu'on m'a volé!... c'est le sixième!... Ah! les misérables! ils m'en font pas d'autres! — Tu les contes donc à tout le monde, tes sujets, pour qu'on te les vole? — Eh! mon cher ami il suffit d'en causer un peu dans le monde... dans un salon... et crac! ils bâclent une pièce là-dessus... Ça devient réellement épouvantable ! — Que ne bâcles-tu toi-même la pièce? — Et le temps donc !... je suis si affairé!... — Allons, au billard. Je vais te bâcler des carambolages, moi. Garçon ! des macarons avec le punch et des biscuits... Il faut occuper ce petit gaillard-là... — Mongérand, je t'en prie, ménage mon fils; il est déjà très-gourmand. — Ne vas-tu pas avoir peur comme ta femme?... Tant mieux, s'il est gourmand... tu l'étais terriblement aussi, toi, au collège, quand tu chippais les déjeuners aux autres... Allons, messieurs, montrez votre talent. Nous jouons le punch.

Mongérand a pris une queue à procédés; ces messieurs s'escriment au billard. M. Rozat met de l'amour-propre à bien jouer; Charles, qui a décidément fait le sacrifice de sa journée et ne songe plus à aller chez sa mère, joue avec plaisir, parce qu'il aime le billard; Mongérand a soin d'arroser la partie avec des verres de punch; il en fait boire au petit garçon, qui est déjà à son douzième macaron, et commence à éprouver de la difficulté pour avaler les biscuits.

Les jeunes gens qui jouent sur le billard voisin sont des commis marchands; ils prennent aussi du punch et se livrent à une gaieté fort bruyante. Déjà plus d'une fois Mongérand les a regardés en murmurant:

— Ce sont apparemment de ces messieurs qui ne s'amusent que le dimanche, et ils s'en donnent pour toute la semaine!... Il faut leur pardonner leur train... mais si je lisais un journal, je les aurais déjà priés de se taire.

— Nous nous amusons, ils peuvent nous plaire, dit Charles. — C'est juste... d'ailleurs je ne suis pas querelleur, moi... j'aime la paix... c'est pour ça que cela m'ennuie d'entendre tant de bruit.

Les amis de collège jouent depuis plus d'une heure. M. Rozat ne songe pas à retourner près de sa femme, il perd et ne veut pas quitter. Cependant le petit Auguste, qui ne cesse de godailler avec les carafes, le punch et les gâteaux, a déjà dit plusieurs fois : — Papa, je veux m'en aller... j'ai mal au ventre...

Mais le papa n'a pas répondu à son fils, et Mongérand dit au petit :

— Frotte-toi le ventre, mon gros, et ça se passera.

Tout à coup le bruit redouble à la partie voisine; ce ne sont plus des éclats de rire, on se querelle, on se dispute.

— J'avais gagné deux parties... en gagnant celle-ci, je ne perds plus rien; dit un petit jeune homme qui n'est guère plus haut que le billard, mais qui a des yeux qui lui sortent de la tête.

— Non, non, tu n'en gagnais qu'une; c'est Frédéric qui a marqué... — Ce n'est pas vrai... tu es un tricheur. — Toi, tu embrouilles toujours les comptes quand il s'agit de payer. — Je ne dois pas le punch. — Si, si.

La discussion continuait, mais sans devenir plus sérieuse; le plus petit des jeunes gens était seul en colère; les deux autres semblaient rire et ne chercher qu'à le taquiner. Mongérand dit à ses amis : — Vous voyez bien que, si je ne m'en mêle pas, ils ne s'accorderont jamais; il faut absolument que j'aille mettre la paix chez eux.

Et Mongérand s'avance vers les trois commis marchands en disant : — Qu'est-ce qu'il y a, messieurs, voyons, je vais arranger cela, moi.

— Papa, je veux m'en aller, j'ai mal au ventre à présent, dit le petit Rozat en pleurant.

— C'est bien, Auguste, tout à l'heure... il fallait rester avec ta mère!... Voyons, monsieur Darville... une partie à nous deux pendant que Mongérand pérore là-bas; je vous joue ce que je perds. — Volontiers.

Les jeunes gens tâchent d'expliquer au militaire le motif de leur querelle, qui n'est pas bien sérieuse.

— Je suis sûr d'avoir gagné trois parties, dit le plus petit, et Frédéric me dit que ce n'est pas vrai.

— Si monsieur vous dit que ça n'est pas vrai, c'est comme s'il vous disait que vous en avez menti; il vous insulte, c'est clair; vous ne devez pas souffrir ça, je comprends.

— Non, monsieur, je ne l'insulte pas; mais il prétend que j'ai mal marqué la partie... — Votre ami croit donc que vous voulez lui faire du tort, le voler, pour que vous prend-il ? — Il me dit bien je pense que je triche, à moi... — Que vous trichez!... Sacredié! dire à un homme qu'il triche !... et vous ne lui avez pas sauté à la figure... autant vous dire que vous êtes un filou... C'est une paire de soufflets et un coup d'épée que vous devez à monsieur. — Ah ! tu l'entends, Frédéric, tu m'as offensé... Je veux me venger.

Et le petit jeune homme veut sauter sur son ami, il veut se battre, il crie, il ne se possède plus ; un des jeunes gens, plus calme, parvient cependant à le retenir en lui disant :

— Veux-tu te taire, Bénard ? est-ce qu'on se bat entre amis... est-ce que tu écoutes monsieur... qu'a-t-il besoin de venir se mêler de nos affaires... de te monter la tête... lui avons-nous demandé des conseils... qu'il nous laisse tranquilles.

— Qu'est-ce que c'est que ce ton-là, jeune imberbe ? dit Mongérand en relevant ses moustaches ; est-ce que vous croyez que vous me parlerez ici comme à vos poules mouillées de camarades... Qui est-ce qui m'a fichu des pékins comme cela !

Sur le mot *pékin*, les jeunes gens courent prendre des queues de billard et veulent tomber sur le militaire. Celui-ci, qui a sa queue à la main, lui fais faire le moulinet, et, tout en se défendant, continue d'en crier :

* — Oui, vous êtes des calicots, des pékins, et je vous donnerai votre affaire à tous les trois.

Charles le Bon Enfant.

— Nous vous prouverons qu'il n'est pas besoin d'être dans le militaire pour savoir se battre... Appelez donc vos amis, nous ne voulons pas être trois contre un... — Volontiers, nous sommes trois aussi... et, puisque je ne vous suffis pas, mes amis compléteront la partie... Allons, Charles, Rozat, il s'agit de balles à échanger avec ces messieurs, le tout pour voir s'ils savent viser.

Depuis que la querelle est devenue sérieuse, M. Rozat s'est beaucoup occupé de son fils ; il va le prendre dans ses bras, le tâte, le questionne en s'écriant : — Ah ! mon Dieu... il est malade, cet enfant ; il est très-malade... il a une indigestion... il aura trop de punch... il est étourdi... il faut que je le reporte bien vite chez moi... Pauvre enfant, qu'est-ce que sa mère va dire !...

Et M. Rozat se hâte de prendre son chapeau et disparaît avec son petit garçon au moment où le maître du café, attiré par le bruit, entre dans la salle de billard.

Charles s'est approché de Mongérand, il demande ce dont il s'agit, et, pour toute réponse, Mongérand lui dit : — Nous nous battons demain avec ces messieurs... c'est convenu... c'est arrangé... Je vais fixer l'heure du rendez-vous... Quant aux armes, c'est le pistolet ; ne t'en inquiète pas, j'en aurai et j'irai te prendre chez toi.

Charles n'est nullement satisfait de cette explication ; il ne voit pas pourquoi il se battrait avec des gens qui ne lui ont rien dit : il voudrait qu'on s'expliquât. Mais le petit commis que les autres nomment Bénard fait un bruit d'enfer ; il tient quatre queues dans ses mains, il court autour des billards, il veut se battre tout de suite, n'importe avec qui, et, en attendant qu'il puisse terrasser son adversaire, il a déjà brisé deux quinquets.

— Messieurs, je n'entends pas qu'on se batte chez moi, dit le maître du café d'un ton ferme, vous allez sortir sur-le-champ : vous vous expliquerez dehors, ou j'envoie chercher la garde et je vous fais arrêter...

— Vous nous faites arrêter, vous ! dit Mongérand en toisant le limonadier. Ah ! par exemple, je voudrais voir ça ; et depuis quand est-il défendu de se disputer dans un café ?... Si ça me convient de tirer le pistolet avec ces messieurs, je vous trouve plaisant de vous mêler de nos affaires.

— Moi, je veux me battre tout de suite... je veux me battre pendant que je suis en colère, crie le petit Bénard, j'apprendrai à ce grand escogriffe à m'appeler calicot. — C'est bien, petit homme, je vous donnerai votre compte demain matin.

— Je vais te le donner tout de suite, moi.

Et le jeune homme saisit un tabouret et le jette à la tête de Mongérand ; mais celui-ci, voyant venir le meuble sur son front, se penche de côté, et le tabouret va frapper Charles au visage.

— Attends, Charles, je vais te venger ! s'écrie Mongérand. Aussitôt le bol, les verres à punch volent sur la tête des commis, qui ont riposter également lorsque les garçons du café, appelés par leur maître, arrivent et poussent les combattants dehors. Bon gré, mal gré, les jeunes gens sont mis dans la rue. Mongérand les suit en s'écriant :

— Un instant, messieurs ! attendez-moi : je ne vous perds pas de vue... nous allons prendre rendez-vous pour demain... Viens, Charles... suis-moi... ensuite nous reviendrons nous expliquer avec M. le limonadier, qui le prend sur un ton beaucoup trop haut.

Mongérand est sorti ; Charles va le suivre, tout étourdi encore de la scène qui vient d'avoir lieu et du tabouret qui lui a écorché le visage, mais le maître du café le retient en lui disant : — Un instant, monsieur, s'il vous plaît. Si j'ai laissé partir ces trois jeunes gens, c'est que je les connais ; ils travaillent dans un magasin ici près, et je sais où les trouver pour être payé de ce qu'ils ont pris et brisé... Mais vous, monsieur, je ne vous connais pas, et... — C'est juste, monsieur. Oh ! je vais payer... Pardon... je n'y pensais pas... j'ai été tellement surpris de cette scène. — Vous avez un ami qui est terriblement querelleur... Je ne lui conseille pas de revenir faire du train chez moi, car je ne le souffrirais pas. — Je vous assure qu'il n'est pas méchant... c'est peut-être le punch qui lui aura monté la tête. — Vous êtes blessé au visage, monsieur. Voulez-vous de l'eau... des compresses ?... — Merci, ce n'est rien... quelques contusions... au nez... c'est désagréable, parce que ça se voit.

Charles paye le punch, les verres cassés, les frais de billard, et sort du café croyant trouver Mongérand dans la rue ; mais il n'y a personne. Charles ne voit pas plus son ami que ses adversaires ; il appelle Mongérand, on ne répond pas.

Le jeune homme hésite, se consulte ; il n'a pas très-envie de courir après Mongérand, qui veut qu'il se batte le lendemain.

— Il a dit qu'il viendrait me prendre chez moi, se dit Charles en suivant la rue, ma foi ! je l'en dispenserais bien... Après tout... pourquoi me battrais-je avec ces jeunes gens ?... J'ai reçu un tabouret à la figure, c'est vrai ; mais c'est à lui qu'on l'avait jeté... Diable de Mongérand !... c'est un bon garçon... un ancien camarade. J'ai été content de le revoir ; mais il a toujours été tapageur. Rozat est parti, lui... il n'a pas attendu la fin. Voilà une journée que je ne m'attendais guère à passer ainsi... C'est pourtant l'*omnibus* qui est cause de tout cela... ou plutôt c'est la pluie ; car, s'il n'avait pas plu, je serais allé à pied chez ma mère... j'y aurais dîné... et je n'aurais pas un duel pour demain !...

L'idée de ce duel contrariait beaucoup Charles. Tout à coup une pensée le frappe, le soulage : Mongérand ne sait pas son adresse, il ne la lui avait pas encore donnée ; comment donc pourra-t-il aller le chercher le lendemain ?

— Ma foi ! je ne courrai pas après lui dans les rues pour la lui donner... se dit Charles. Je ne courrai pas après lui dans les rues pour la lui donner... se dit Charles. Il n'est encore que neuf heures et demie ; si j'allais chez ma mère ?... Oui... On me grondera... je dirai qu'il m'est arrivé un accident... que je suis tombé en allant dîner, et mon écorchure au nez me servira de preuve. C'est cela. Courons rue Verte.

CHAPITRE V. — Une Société qui attend.

Pendant que Mongérand, après s'être emparé de Charles Darvillé à la descente de l'*omnibus*, l'avait entraîné au café, puis chez M. Rozat, puis au billard, il y avait, dans une antique maison de la petite rue Verte, une société respectable réunie dans un appartement fort grand et fort triste, comme presque tous ceux de ladite rue. Cette société s'était rendue à l'invitation de madame veuve Darvillé, mère de Charles, laquelle dame, après avoir passé plus de vingt ans de sa vie dans un comptoir, avait quitté le commerce en perdant son époux, et était venue se loger dans la rue Verte pour jouir d'une honnête aisance et d'un doux repos.

Madame Darvillé avait passé la cinquantaine ; elle aimait beaucoup son fils, mais elle avait toujours eu l'air et le ton sévères, et sa figure perdait rarement de sa gravité. Aussi son fils avait-il l'habitude de lui obéir sans murmurer, chose qu'il ne faisait guère avec son père, parce qu'il ne le craignait pas. Tant il est vrai que les enfants ainsi que les hommes ont besoin de craindre pour céder, ce qui ne prouve pas du tout en faveur de notre bon naturel.

Madame Darvillé, qui ce jour-là formait de grands projets, avait dit à sa cuisinière Babet de faire un beau dîner. Elle avait invité M. Formerey, vieux négociant, tenant une maison de commission en tous genres, homme qui de sa vie n'avait manqué à un de ses payements, et qui portait en toute chose l'exactitude rigoureuse qu'il mettait dans son commerce.

M. Formerey avait été très-spécialement prié d'amener sa nièce, jeune personne de dix-neuf ans, qu'il venait de retirer de son pensionnat et de placer à la tête de sa maison, qu'elle dirigeait déjà fort bien.

M. Rozat, qui embrasse tant sa femme quand il y a du monde.

Ensuite on avait engagé M. et madame Benjoin, anciens amis, retirés aussi du commerce, et qui, pour charmer leurs loisirs, s'occupaient, la femme à élever des vers à soie, le mari à apprendre la guitare.

Puis un ménage de jeunes gens qui demeuraient dans la maison, voisins avec lesquels on était bien aise de conserver des relations amicales. Le mari était gai quand l'occasion se présentait; il est vrai qu'elle se présentait rarement chez madame Darvillé : mais enfin cela pouvait arriver, et il était bon d'avoir là quelqu'un qui eût la complaisance de rire et de tâcher d'être communicatif.

De plus M. Boudinette, vieux garçon faisant encore le galant près des dames, meublant sa mémoire de tout ce qu'il peut recueillir le matin dans les journaux et les brochures pour aller le débiter le soir, et croyant que sa perruque blonde cache ses favoris gris.

Enfin M. et madame Bringuet, parents éloignés de feu M. Darvillé. M. Bringuet était un ancien militaire retiré récemment du service, et son épouse, l'ayant constamment suivi dans ses garnisons, y avait contracté l'habitude de dire notre colonel, notre major, notre régiment.

Tout le monde avait été convoqué pour quatre heures, et Babet avait promis qu'une demi-heure après le potage serait sur la table. Madame Darvillé était persuadée que son fils serait arrivé avant l'heure, parce que, quoique passablement musard et flâneur, il ne se faisait jamais attendre chez sa mère.

M. Formerey, l'homme exact, était arrivé avec sa nièce comme quatre heures sonnaient.

— C'est bien aimable, vous ne vous faites pas attendre, dit madame Darvillé en apercevant l'oncle et la nièce. — Moi, me faire attendre, jamais, madame, jamais; un négociant doit être fidèle à sa parole... ou alors ce n'est pas la peine de la donner. Je ne connais que ça, moi. Léonie, saluez donc madame.

— Comme elle est grandie, embellie, depuis que je ne l'avais vue!... il y a bien sept ans... Vous étiez encore une enfant, ma chère Léonie, vous ne devez plus vous souvenir de moi?

— Oh! pardonnez-moi, madame, je ne vous trouve pas changée.

— Elle est fort aimable... et déjà bonne ménagère, dit-on, il faut lui donner un mari qui la rende bien heureuse et qui sache apprécier ses excellentes qualités.

M. Formerey sourit d'un air d'intelligence à madame Darvillé. La jeune personne baisse les yeux : c'est toujours ce que fait une demoiselle quand on lui parle d'un mari; mais de plus Léonie rougit et son cœur bat avec force, car depuis quelques jours son oncle lui a si souvent parlé du fils de madame Darvillé que diverses pensées ont occupé l'esprit de la jeune fille : elle devine les projets que l'on a formés.

Léonie est jolie; et, sans que sa beauté soit remarquable, tout plaît en elle, parce qu'il y a un accord de douceur et d'amabilité dans ses traits, que sa modestie n'est point outrée, que sa grâce est naturelle et que cela n'ôte rien au charme de son sourire.

Et, comme la modestie n'empêche pas qu'on n'éprouve certaine curiosité, Léonie avait déjà promené doucement ses grands yeux bruns dans l'appartement pour voir si le jeune homme en question était là.

— Mon fils n'est pas encore arrivé; cela m'étonne, dit madame Darvillé. — Vous ne lui aurez peut-être pas dit à quatre heures, reprend le négociant. — Pardonnez-moi. — Alors c'est que probablement sa montre retarde.

M. et madame Benjoin suivent de près l'oncle et la nièce. Saluts de rigueur, compliments d'usage; on s'assied, on cause. Madame Benjoin fait le détail de ses boîtes à vers à soie, et, pendant que sa femme parle, M. Benjoin fait des mouvements continuels avec les doigts de sa main droite pour ne pas oublier une batterie qu'il étudie sur sa guitare.

Viennent ensuite M. et madame Dupré, c'est le jeune voisin et sa femme. Nouveaux saluts, nouvelles informations prises sur les santés respectives, nouveaux sièges offerts et acceptés. On sait qu'à chaque personne nouvelle qui entre dans un salon, c'est toujours la même cérémonie; et vraiment on devrait bien varier un peu dans ces usages, car ce n'est pas amusant de faire constamment la même chose.

La querelle et cela.

— Et M. Charles, où donc est-il? demande M. Dupré. — Comment, vrai, où est donc M. votre fils? dit madame Benjoin. — J'allais vous demander de ses nouvelles, s'écrie M. Benjoin. — Mais je l'attends... Je suis surprise qu'il ne soit pas encore ici... Il n'a pas l'habitude d'être en retard... Ah! en bonne, c'est lui sans doute.

La porte du salon ne tarde pas à s'ouvrir, mais c'est M. Boudinette qui paraît; et mademoiselle Léonie, qui a éprouvé un mouvement de frayeur à l'aspect de la perruque blonde et des favoris gris, se remet

bientôt et se dit . Que j'étais sotte... est-ce que le fils de madame Darvillé peut déjà porter perruque !

M. Boudinette change quelque chose à la marche qu'ont suivie les
autres convives : après avoir salué, il reste debout dans le milieu du
cercle ; et, même en été, va se placer le dos contre la cheminée, tenant écartés les pans de son habit, comme pour sentir la chaleur du
paravent.

— Quelle nouvelle aujourd'hui, monsieur Boudinette, demande madame Darvillé, car vous savez toujours ce qui est arrivé d'un peu intéressant par la ville ?

— Mais, madame, je sais... comme tout le monde... il e₋ vrai que
je vais et viens beaucoup, et j'aime à observer... je suis très-observa-
teur... aussi je crois que vous retardez... vous n'avez que le quart
et il est vingt minutes ; j'ai observé l'heure en passant aux Tuileries.

— Déjà quatre heures vingt minutes, et mon fils n'est pas ici... c'est
bien singulier ! Ah ! j'entends sonner !

Mademoiselle Léonie attend encore avec impatience que l'on ouvre
la porte du salon, ce qui ne tarde pas ; mais ce n'est point le fils
de la maison. Un monsieur et une dame d'un âge mûr font les saluts
d'usage : à la tenue du mari, on reconnaît un ancien militaire ; à la
figure de sa femme, on juge qu'elle doit avoir été fort bien.

— Ah ! c'est ma cousine Bringuet et son mari, dit madame Darvillé
en allant au-devant des nouveaux venus. Allons, c'est très-bien, tout
le monde est exact... il ne nous manque plus que mon fils, mais certainement il ne peut pas tarder !... il faut que quelque chose l'ait
arrêté.

Tout le monde s'assied excepté M. Boudinette, qui continue à
écarter son habit devant le paravent.

— J'ai commandé le dîner pour quatre heures et demie, dit madame
Darvillé ; j'ai pensé que cela conviendrait à tout le monde... Vous,
monsieur Formerey, vous dînez un peu plus tard habituellement ?

— A cinq heures précises, madame, mais je puis avancer mon
estomac.

— Moi, je suis habituée à tout, dit madame Bringuet, nous avons si
souvent changé l'heure de nos repas !... quand j'étais en garnison à
Lille, nous dînions à deux heures ; au Mans, nous ne dînions qu'à quatre ;
ensuite notre colonel, quand il nous donnait à dîner, nous faisait quelquefois attendre jusqu'à six heures ; n'est-ce pas, Bringuet ? — Oui,
quelquefois.

— Mon Dieu ! ai-je fermé l'armoire où sont mes vers à soie ? dit tout
à coup madame Benjoin en regardant son mari. Mais celui-ci vient
d'apercevoir un vieux sistre pendu dans un coin du salon, il se lève
et s'en approche en disant : — Ah ! diable... est-ce que vous pincez de
cet instrument, madame Darvillé ?... — Ah ! jadis !... mais depuis
bien des années je n'y ai pas touché ! — Eh bien ! moi , je me suis
mis à la guitare depuis que j'ai quitté le commerce et ça m'amuse
beaucoup. — Vraiment, monsieur Benjoin, dit la dame aux vers à
soie, comment osez-vous dire qu'à soixante ans vous apprenez la
guitare !... — Pourquoi donc pas, ma femme ? on apprend à tout âge.

— Certainement, dit M. Boudinette, et j'ai lu quelque part que
Caton apprenait à danser à quatre-vingts ans ! — Ah, monsieur !...
c'était donc par ordonnance de médecin ? — Non, madame, c'était
pour son plaisir.

— Il est la demie passée, dit M. Formerey en fronçant le sourcil,
il faut que M. Charles ait perdu sa montre !

— Dans le Nord , dit M. Bringuet, nous avons des hommes déjà
âgés qui dansent encore fort bien, et ils dansent beaucoup plus gracieusement qu'ici. J'ai vu qu'on s'y porte mieux que de ces côtés.

— Etes-vous musicien, monsieur Boudinette ? dit le vieux Benjoin
en décrochant le sistre et en faisant résonner une corde avec son
pouce.

— Moi, oui... je l'ai été. J'ai pincé beaucoup de choses... mais j'ai
tout laissé là... autre temps, autres soins !... comme dit l'Ermite de la
Chaussée-d'Antin.

— C'est dommage qu'il n'y ait plus qu'une corde à cet instrument...
il devait avoir beaucoup de son.

— Monsieur Benjoin, allez-vous finir de faire bourdonner cette corde !
Jolie musique !... on croirait qu'il y a douze guêpes dans la chambre.

— Nous avons eu un sous-lieutenant qui pinçait de la guitare comme
un ange ! dit madame Bringuet, et avec cela une voix délicieuse !...
aussi toutes les femmes en étaient folles. Te rappelles-tu , Bringuet ?
— Oui, oui.

— Mademoiselle est-elle musicienne ? demande madame Dupré à
Léonie. — Madame , je chante un peu.

— C'est dans le Nord qu'il y a d'excellents musiciens ! dit M. Bringuet, de bons instrumentistes ! et des compositeurs ! Grétry, Méhul
sont venus de là ! et ils en valaient bien d'autres.

— Mon Dieu ! qu'est-il arrivé à mon fils !... cinq heures moins un
quart... Je n'y conçois rien... Je suis désolée qu'il fasse attendre la
société. A la vérité, je ne lui avais pas dit que j'aurais du monde ; je
voulais lui causer une agréable surprise.

— Et il se sera laissé entraîner ailleurs, dit M. Dupré, un jeune
homme !... c'est excusable... on a des amis qui viennent vous chercher , on a... tout plein d'occasions de s'amuser... eh! eh!...

— Oh ! non, monsieur, mon fils ne cherche point tout cela ,... Cependant, s'il n'est pas ici dans dix minutes, certainement nous dîne-
rons...

— Il faut au moins lui donner un quart d'heure, dit madame
Dupré. — C'est que le dîner est prêt, j'en suis sûre... Babet, Babet...
votre dîner est-il prêt ?

— Oui, madame, dit la cuisinière en arrivant, je suis prête depuis longtemps... faut-il servir ? — Dans dix minutes... je vous son-
nerai. — Comme c'est amusant de tenir un dîner comme ça chaud!..

— « Un dîner réchauffé ne valut jamais rien ! »

murmure M. Boudinette en se retournant et en montrant ses fonds
de culotte à la société. Mais ce que j'en dis... ce n'est pas que je sois
pressé.... j'attends aussi longtemps que l'on veut... D'ailleurs maintenant on a d'excellents procédés pour conserver les mets chauds... Ce
sont des lampes cachées sous les plats... ou des briques rougies, ou de
l'eau bouillante... Nous sommes dans le siècle des perfectionnements.

— Oh! non , monsieur, non, monsieur, dit M. Bringuet; on n'a
rien perfectionné ! on connaissait tout cela autrefois, ou l'on se servait de choses qui en tenaient lieu.

— Allons, voilà Benjoin qui va encore rôder autour de ce sistre...
il deviendra fou avec sa musique... Figurez-vous, mesdames, que la
nuit il n'en dort pas ! il n'est occupé qu'à compter des pauses... Je
l'entends qui marmotte : Une noire et une blanche, ça fait des cro-
ches ! Et puis il bat la mesure avec ses pieds, avec ses mains , avec
tout son corps, et il se remue... et il m'empêche de dormir... Cette
nuit cela a duré jusqu'à je ne sais quelle heure ! — C'est que j'étudiais
une mesure en trois temps, ma femme, et ce sont les plus difficiles...
Ah ! si je n'avais pas besoin de quelqu'un pour me réchauffer les
pieds, certainement que je vous laisserais battre vos mesures tout seul
dans votre lit. — Que diable , ma femme, je ne te chicane pas pour
tes vers à soie, dont tu emplis toutes nos armoires ; laisse-moi devenir
musicien... la, si, si!... ré, mi, mi, fa, ut, ut... non, c'est do, do que je
dois faire, on ne dit plus ut ! — Eh ! mon Dieu ! mon ami, mais c'est
ce que je te répète toute la nuit ; fais dodo une fois pour toutes, et
que cela finisse !

Pendant cette petite discussion conjugale entre M. et madame Benjoin, la mère de Charles fait ce qu'elle peut pour occuper ses convives,
afin que l'on trouve le temps moins long, mais c'est surtout vers
M. Formerey qu'elle revient ; elle connaît les principes sévères du négociant ; elle voit qu'à chaque minute son front se rembrunit ; elle
craint que le manque de parole de son fils ne lui fasse manquer le mariage qu'elle a projeté, et quoique au fond elle soit très en colère
contre lui, elle cherche à l'excuser.

— Il n'est pas possible !... il faut qu'il soit arrivé quelque chose à
mon fils... jamais de sa vie il ne s'était fait attendre chez moi... Heureusement, monsieur Formerey, vous ne tenez pas à dîner de bonne
heure ?...

— Oh! sans doute, madame, je puis attendre... mais, malgré cela,
quand on m'a dit une heure, je m'arrange en conséquence... je déjeune
plus au moins.

— Et cette bonne Léonie... elle ne dit rien ?... — Ma nièce est trop
bien élevée pour dire quelque chose... Une demoiselle, d'ailleurs, doit
attendre qu'on lui parle. — Avez-vous besoin, ma chère amie ? — Non,
madame ; oh ! je vous assure que je ne pense du tout à dîner.

— Moi, je conviens que j'y pense très-fort ! dit M. Boudinette en
allant se promener dans le salon.

— Et votre neveu, le frère de Léonie, qu'en avez-vous fait, monsieur Formerey ? dit madame Darvillé pour tâcher d'entretenir toujours la conversation.

— Ah ! mon neveu Adrien, oh ! c'est une mauvaise tête !... de ces
gens qui ne veulent pas rester tranquillement assis dans un comptoir...
Il a voulu voyager pour faire fortune, il est parti pour New-York avec
une petite pacotille...

— Bringuet, as-tu fait ton second déjeuner au moins ? dit l'épouse de
l'ancien militaire. — Oui, oui. — Ah ! à la bonne heure, c'est que tu
as des jours où tu ne le fais pas... Madame, figurez-vous qu'il ne mange
plus, et au régiment il avait un appétit d'enfer...

— Oh! c'est dans le Nord qu'on mange bien ! c'est vrai qu'on chasse
par là... il ne manque pas de gibier : quand nous allions chasser avec
un camarade, nous en rapportions tant que nous pouvions en tuer.

— Et vous dites qu'il est parti avec une pacotille... reprend madame
Darvillé en réprimant un soupir d'impatience. Et en quoi consistait cette
pacotille ?

Avant que M. Formerey ait répondu, la sonnette retentit avec violence.

— Ah! le voilà ! le voilà ! s'écrie madame Darvillé en respirant avec
joie.

Cette expression de satisfaction se communique sur toutes les figures,
car les uns ont très-faim, les autres ont d'autres motifs pour désirer
que ce soit le fils de la maison.

— Il est venu un peu tard, dit M. Boudinette, mais enfin, puisque
le voilà, à tous péchés miséricorde !

— Oh ! c'est égal ! je vais bien le gronder, dit la maman en regardant toujours la porte du salon.

On ouvre enfin... c'est Babet, la cuisinière, qui paraît et qui crie :

— Madame, ce sont les petits pâtés.

Jamais petits pâtés ne produisirent une semblable sensation ; tous les visages s'allongent, l'expression du plaisir s'évanouit pour faire place au mécontentement d'être trompé dans son attente ; les fronts se rembrunissent, il échappe à plusieurs convives des mouvements de dépit ; et madame Darvillé elle-même ne peut s'empêcher de s'écrier :

— Ah ! mon Dieu !... les petits pâtés... ah !... quand je croyais si bien que c'était mon fils !... les petits pâtés... c'est fort désagréable !

— Mais non, dit Boudinette, les petits pâtés n'ont rien de désagréable, c'est fort bon au contraire ; mais il faut que ce soit mangé chaud, ça ne vaut plus rien réchauffé.

— Non, ça ne se réchauffe pas bien, dit M. Benjoin en fredonnant : La, si, la... mi, ré, mi !

Le reste de la compagnie garde le silence, mais ce silence a quelque chose d'éloquent ; il peint la mauvaise humeur qui commence à gagner tous les convives, dont l'estomac devient pressant.

— Allons, dit madame Darvillé, je vois bien qu'il ne faut plus compter sur Charles... et que nous aurions tort d'attendre davantage... Qu'en pensent ces dames ?

— Moi, je ferai ce qu'on voudra, dit madame Benjoin. — Moi, je n'ai jamais de volontés chez les autres, dit madame Bringuet.

Et ces deux réponses sont faites d'un ton qui veut dire : — Nous devrions être à table depuis longtemps.

— Et vous, monsieur Boudinette, quel est votre avis : faut-il dîner, faut-il attendre encore ?

— Madame, dit Boudinette enfin les yeux son habit, un homme de beaucoup d'esprit a répondu en pareille circonstance : Dîner n'empêche pas d'attendre, mais attendre empêche de dîner.

— Ah ! très-joli le mot ! charmante réponse ! s'écrie toute la société.

— En ce cas, messieurs, donnez la main aux dames.

Cette invitation est exécutée sur-le-champ. M. Benjoin s'éloigne du sistre pour courir offrir sa main à madame Bringuet, dont le mari conduit madame Dupré ; M. Formerey s'est fait le cavalier de la maîtresse de la maison ; et la pauvre Léonie est obligée d'accepter la main que lui présente M. Boudinette, à défaut du jeune conducteur qu'elle aurait naturellement préféré.

A table, la jeune personne devait aussi être à côté de Charles ; mais comme la maman espère toujours que son fils arrivera, elle fait baisser le couvert en disant à Léonie : — Cela ne vous gêne point, n'est-ce pas, ma chère amie ? — Non, madame, assurément. — J'espère encore que mon fils viendra... nous mangerons doucement... et il nous rattrapera.

— Oui ! dit Boudinette, qui est enchanté d'être à table. Oh ! nous pouvons manger doucement... Je n'y vois aucun inconvénient.

Et, malgré la recommandation de la maîtresse de la maison, le potage, les petits pâtés et les premières entrées ne font qu'un court séjour devant les convives, qui cèdent d'abord à leur appétit. Mais ce premier besoin calmé, on jouit mieux des plaisirs de la table ; on commence à causer, à tâcher d'être aimable. M. Bringuet, en prenant des légumes, vante les choux du Nord, qui, à l'en croire, cuisent presque tout seuls. M. Boudinette parle de tout ce qu'il mange ; et M. Dupré, qui s'aperçoit que l'absence du fils de la maison a jeté un nuage sur plusieurs visages, fait ce qu'il peut pour qu'on s'égaie : il commence par des plaisanteries sur les cornichons, sujet moins vaste que la petite rue Verte qu'aux Variétés.

— Ah ! ah !... ce monsieur Dupré est-il drôle !... dit madame Darvillé en tâchant de rire. Monsieur Formerey, du turbot ?... — Volontiers.

La mère de Charles a grand soin du négociant, elle recommande à M. Dupré, son voisin, de ne point oublier de lui verser à boire ; madame Darvillé espère qu'en dînant bien, M. Formerey déridera par son visage. Le négociant boit et mange sans interruption ; mais il conserve un flegme glacial.

— Délicieux le turbot, dit M. Boudinette, j'en accepterai une seconde fois.

— Quand nous étions en garnison à Verdun, dit madame Bringuet, nous mangions tous les jours du poisson excellent. Nous avions un quartier-maître qui était fou de la pêche. Il avait toutes sortes de filets... de lignes... te rappelles-tu, Bringuet ? — Oui, oui, oh ! dans le Nord on pêche de superbes poissons !...

— Élève-t-on beaucoup de vers à soie dans le Nord ? dit madame Benjoin en s'adressant à M. Bringuet.

— Oh ! non, madame, c'est dans le Midi, du côté de Grenoble, qu'on s'occupe particulièrement de cela... et que l'on cultive les mûriers blancs avec lesquels on les nourrit.

— Benjoin, nous achèterons une petite maison par là, et nous nous y retirerons, si tu veux ? — Je ne veux pas me retirer... je n'ai nullement envie d'aller vivre sous des mûriers blancs, répond M. Benjoin en faisant craquer ses doigts. Ma femme veut toujours que je me retire ; vivre dans un désert avec des vers à soie ! comme ce serait amusant. — Qui est-ce qui vous parle de désert ! vous devenez un homme bien cruel depuis que vous faites vos gammes, monsieur Benjoin.

— Et cependant on assure que la musique rend plus aimable, dit...

M. Boudinette, *emollit mores !*... *Je vous demanderai un peu de filet...* il est parfait. — Il est fort tendre. — Il est délicieux.

Pendant ce concert de louanges adressées au filet de bœuf, Léonie, placée entre un couvert vacant et M. Benjoin, garde le silence et se contente de remercier, lorsqu'on lui offre quelque chose. La jeune fille s'ennuie, car il n'y a là personne de son âge, de son sexe qui elle puisse dire des riens qui amènent quelquefois le sourire à ses lèvres. Madame Dupré pourrait seule s'entendre avec Léonie, mais la jeune voisine est à l'autre bout de la table ; et quoi de plus triste qu'un grand repas quand ce n'est pas avec des convives qui nous plaisent, que l'on n'a pas au moins près de soi quelqu'un d'aimable ! Comme cela semble long, éternel !... Comme on regrette le coin du feu, et sa table, moins abondamment garnie, sans doute, mais devant laquelle on peut rire, s'épancher ou être maussade en toute liberté !

Enfin le dessert arrive. M. Dupré, qui s'aperçoit que ses efforts sont impuissants pour égayer la réunion, ne prend plus la peine de chercher des bons mots ; et M. Formerey, après avoir fort bien exercé sa mâchoire, s'écrie :

— Vous voyez, madame Darvillé, que nous avons très-bien fait de ne pas attendre monsieur votre fils.

— C'est vrai, j'en conviens, répond la maman en se pinçant les lèvres, mais je vous assure que cela m'inquiète ; et s'il ne vient pas dans la soirée, demain de grand matin j'enverrai chez lui savoir s'il n'est pas malade.

— Et non ! il n'est pas malade, dit M. Boudinette, mais il y aura quelque partie fine sous jeu... et cela aura empêché de venir chez sa maman ! que diable ! nous savons ça nous autres hommes.

— Monsieur Boudinette, vos conjectures sont très-fausses, dit madame Darvillé avec un peu d'aigreur, Charles n'a point de parties fines !... c'est un jeune homme bien élevé... je vous prie de le croire.

— Eh ! mon Dieu, ma cousine, dit madame Bringuet, ne voudriez-vous pas que votre fils fût un Caton... ce serait un triste éloge à lui faire. Nous avons eu un lieutenant-colonel qui était bien le plus franc vaurien. Il faisait la cour à toutes les femmes. Je lui disais quelquefois en riant : Mon colonel, vous êtes un grand monstre !... T'en souviens-tu, Bringuet ? — Oui, oui. — Eh bien, ça ne l'a pas empêché de faire un superbe mariage. — Oui, dans le Nord. — Mais non, te parle du mariage du lieutenant-colonel. — Eh bien ! justement s'est marié dans le Nord.

Madame Darvillé, qui a paru mécontente de ce qu'on pensait de son fils, se lève de table ; c'est le signal pour qu'on retourne au salon, où le café attend les convives. C'est encore une jouissance pour les gastronomes, mais pour Léonie, ce n'est qu'un changement de décoration, sans que la pièce soit plus amusante ; et avant que le café soit pris, puis qu'on ait arrangé quelques parties de cartes, auxquelles Léonie ne prendra pas non plus part, il faudra encore se tenir bien droite sur sa chaise et dissimuler son ennui.

CHAPITRE VI. — Le Chien savant. — Partie de cartes. — Il arrive enfin.

On est encore au café, lorsque la sonnette se fait entendre. Cela fait, cette fois, peu d'impression sur la plupart des convives. Ils ont dîné, peu leur importe maintenant que le jeune Darvillé vienne ou ne vienne pas. Il n'en est que de même de madame Darvillé et de Léonie ; il y a chez l'une de la tendresse, chez l'autre une assez vive curiosité. Mais avant même que l'on ait ouvert la porte du salon, on entend les aboiements d'un chien. Alors la figure de la maman perd l'expression qui l'animait, elle sait que son fils n'a point de chien et qu'il ne s'annoncerait pas ainsi. En effet, c'est un vieux monsieur, bien long et bien maigre, qui se présente à la société, accompagné d'un gros caniche, qui aboie si fort qu'on n'entend pas les compliments de son maître.

— Eh ! c'est monsieur Clinelle ! dit madame Darvillé, ah ! vous êtes un vilain, un méchant... pourquoi ne pas être venu plus tôt ; vous auriez dîné avec nous.

Le monsieur aurait pu répondre : Pourquoi ne m'avez-vous pas invité, je serais peut être venu ; mais quand on sait vivre, on ne dit pas ce qu'on pense. M. Clinelle se confond en salutations.

— Vous êtes trop bonne, madame, mais je n'aurais pu pu... (dans ce cas-là, il est de règle qu'on était invité ailleurs). J'ai dîné avec un ancien ami... Médor, taisez-vous... Il a quitté, parce qu'il allait au spectacle... Silence donc, Médor. C'est la joie, le plaisir de vous voir qui le rendent si bruyant. Médor, baisez la main de madame Darvillé... baisez tout de suite...

Médor accourt, et, au lieu de lécher la main qu'on lui présente, saute après la robe de la maman et lui happe le genou.

— Ah ! le polisson... il est donc ses folies... Mais, c'est égal, il va vous baiser la main... Allons, Médor, ici.

Le chien revient la tête basse et lèche enfin la main de la dame ; alors son maître se retourne d'un air de triomphe, tandis que M. Dupré dit tout bas à sa femme : — Nous allons être obligés de voir encore tous les tours du chien... c'est amusant ! chaque fois que M. Clinelle va quelque part, il paraît qu'il faut subir une représentation des exercices de Médor.

En effet, M. Clinelle qui vient d'apercevoir les Benjoin, s'écrie après les avoir salués. — Médor... ici, tout de suite... allons, venez baiser la main de madame Benjoin, j'en suis sûr, car elle vous a donné du sucre, et vous aimez beaucoup le sucre...

Médor, pour prouver sans doute qu'il reconnaît la dame, s'approche d'elle, flaire sa robe, puis lève la cuisse... madame Benjoin pousse un cri, toute la société se met à rire; mais M. Clinelle saisit son carlin par l'oreille:

— Eh bien!... drôle! coquin... que vouliez-vous donc faire là!... oh! ne craignez rien, madame; certainement Médor est incapable de s'oublier en compagnie; c'est une petite plaisanterie qu'il a voulu vous faire; mais il va vous baiser la main.

— Je n'y tiens pas, dit madame Benjoin, je vous en prie, ne le forcez en rien. — Oh! il fera, et de bonne volonté... Ici, coquin, ou je te rosse!

Le carlin n'obéit qu'en grommelant et en montrant les dents, mais son maître lui donne une légère tape; et madame Benjoin a enfin la main léchée, ce qui est certainement très agréable.

Il ne faut pas croire que M. Clinelle va s'en tenir là. Après être parvenu à faire encore lécher deux mains de la société, il s'écrie : — Ce n'est pas tout... nous savons faire bien autre chose!... Allons, Médor, il s'agit de montrer ses talents à la compagnie. Faites le mort sur-le-champ !

Le chien se couche sur le dos, au milieu du salon, ce qui procure un singulier coup d'œil à la société; le carlin se frotte le dos sur le tapis, comme les ânes sur le sable, et le vieux monsieur pérore :

— Vous le voyez, mesdames, ce pauvre Médor est mort, oh! c'est fini... il ne bouge plus... ah! mon Dieu!... qu'en allons-nous faire... ma foi, nous allons le jeter à l'eau!... holà!... un commissionnaire pour emporter ce mort.

M. Clinelle frappe dans sa main, aussitôt le chien se relève et se sauve. Grande joie du maître de l'animal; applaudissement général de la société, qui espère que c'est fini.

— Est-ce qu'on ne fera pas autre chose ce soir que voir les tours du chien? dit M. Boudinette en s'approchant de Dupré. — Ne m'en parlez pas, voilà au moins quinze fois que j'assiste à ce spectacle; toutes les fois que M. Clinelle vient, il veut que son chien amuse la société; et ça ne m'amuse pas du tout, moi.

— Ah !... dit madame Bringuet, nous avions un caniche bien aimable quand nous étions au régiment! il venait à la parade, à l'exercice... à...

— L'exercice! s'écrie M. Clinelle. oh! madame, vous allez voir celui-ci faire l'exercice comme un vieux grenadier... il est extraordinaire... allons, Médor, debout... et que l'on tienne son fusil.

C'est le vieux rotin de M. Clinelle qui représente le fusil; et le carlin, après s'être adossé au mur, se tient en effet sur les pattes de derrière, et garde la canne avec celles du devant. Le maître de l'animal, qui croit que la compagnie ne peut pas se lasser d'admirer la belle pose de Médor, se tient à côté de son chien, le bras levé, ayant l'air de le menacer, afin que le chien ne bouge pas.

Il y a au moins trois minutes que cela dure. Boudinette, qui en a assez, s'avance vers madame Bringuet en lui criant : — Est-ce que nous ne ferons pas la petite partie d'écarté ce soir? — Pardonnez-moi... on va dresser la table.

M. Clinelle, fort mécontent qu'on parle de jouer aux cartes, quand on peut voir son carlin en faction, laisse retomber son bras, et aussitôt Médor lâche la canne et va se fourrer sous un canapé, probablement pour qu'on ne lui fasse plus faire l'exercice.

— Il a mis son arme à terre !... dit le vieux monsieur, vous voyez comme il exécute le commandement.

— Qui est-ce qui veut commencer l'écarté avec moi? dit Boudinette. — Ah! c'est que vous êtes trop heureux... vous gagnez toujours : n'importe, je me risque.

Et madame Benjoin va se placer à la table avec M. Boudinette; une grande partie de la société entoure alors le jeu, où l'on parie jusqu'à cinq sous à la fois. Léonie est restée isolée sur une chaise. Le vieux Clinelle s'obstine à faire déguerpir son chien de dessous le canapé.

Madame Darvillé profite de ce moment, où la société est occupée, pour aller s'asseoir près de Léonie.

— Eh bien! ma chère enfant, vous êtes-vous un peu amusée chez moi? — Oui, madame, beaucoup. — Oh! nous n'avons pas cependant été bien gais au dîner. Moi, je vous avoue que j'avais de l'humeur de l'absence de mon fils, et cela m'a empêchée de goûter tout le plaisir que je me promettais. — Je le conçois, madame. — Mon fils n'a point l'habitude de manquer à ses devoirs. C'est un brave garçon, honnête, sensible, sans seul défaut est peut-être d'être trop bon garçon, trop complaisant avec ses amis. Il fait tout ce que les autres veulent, il ne sait pas refuser. Mais une fois marié aussi!... il fera tout ce que sa femme voudra... il se laissera guider par elle.

Léonie ne dit rien; elle se contente de sourire à la maman Darvillé, qui a pris la main de la jeune fille et la caresse dans les siennes.

— Il manque deux sous... qui est-ce qui fait deux sous de notre côté? dit M. Boudinette. — Ils sont faits, dit M. Bringuet. — Mais tu en

avais déjà mis deux, dit madame Bringuet à son mari. — Eh bien, ça fera quatre. — Ah! mon ami, ne t'échauffe pas, je t'en prie, je n'aime pas qu'on joue si gros jeu!

— Vous avez vu Charles autrefois, reprend madame Darvillé en retenant toujours la main de Léonie. — Ah! madame, c'était peut-être avant d'aller en pension... mais il y a bien longtemps... je ne me souviens pas de monsieur votre fils. — C'est un joli garçon... fort bonne tournure. — Ah! drôle! polisson! je t'apprendrai à te cacher sous les canapés! — Ayï, ayï, ayï! — Oh! tu as beau crier... tu vas aller en pénitence dans le coin là-bas... je vais te mettre une pipe dans la gueule et tu fumeras.

M. Clinelle espère ramener l'attention sur Médor, qu'il fait de nouveau tenir sur ses pattes de derrière, et auquel il met un papier roulé dans la gueule, en forme de pipe; mais le jeu occupe entièrement la compagnie; on ne daigne pas regarder fumer Médor; M. Clinelle en est pour ses exercices.

— Allons, voilà que je perds à présent, dit M. Boudinette en comptant son argent, tout à l'heure je gagnais... Est-ce bête de se laisser aller à mettre plus qu'on ne veut!... je perds... c'est ma faute... pourquoi ai-je forcé mon jeu !...

Pendant que M. Boudinette s'adresse d'amers reproches parce qu'il perd une quinzaine de sous, madame Bringuet attrape une veine et renvoie tout le monde.

— Il n'y a pas moyen de résister à madame, dit M. Dupré en se levant, voilà la cinquième fois qu'elle passe. — Vraiment ! quand j'étais en garnison à Givet, j'ai passé un soir dix-neuf fois de suite... ainsi vous n'êtes pas au bout. C'est gentil... cela promet. — Mon Dieu ! que c'est bête de forcer son jeu ! reprend M. Boudinette en se promenant autour de la table d'écarté d'un air désolé.

— Quelle heure est-il, Benjoin? — La... la... si, sol... je vais te dire cela, ma chère amie... mi, mi, mi... neuf heures et demie. — Ah! mon Dieu ! finirez-vous avec vos notes?... vous feriez bien mieux de me conseiller pour que je tâche de renvoyer madame Bringuet... — Ayï... ayï... ayï!... — Ah! polisson ! tu veux lâcher la pipe !... tu la garderas et tu resteras à une heure si ça me convient. — Monsieur Clinelle, est-ce que vous ne pourriez pas faire taire votre chien? on ne s'entend pas à jouer. — Madame, il fume en ce moment, il a de l'humeur, il faut l'excuser; mais, si vous voulez, il va dire : Ma bonne maman. — Non, non, je vous remercie, j'aime mieux qu'il se taise. — Encore perdu... madame est là pour la soirée. — Ça m'apprendra à forcer mon jeu! dit de nouveau Boudinette en poussant un soupir.

M. Formerey vient de s'éloigner de la table de jeu et de se rapprocher de sa nièce. Le négociant regarde sa montre.

— Vous ne songez pas encore à nous quitter? dit la maîtresse de la maison. — Mais il est dix heures moins le quart... et nous allons bientôt penser à la retraite. — Avez-vous fait de bonnes affaires? — J'ai gagné dix sous... Eh bien! voilà la soirée passée, et monsieur votre fils n'est pas venu... je vous avoue que je le croyais plus exact dans ses projets... et que... Un jeune homme qui manque à ses engagements... hum! ce n'est pas bien. — Je gagerais qu'il est arrivé quelque chose à Charles, pour un rien j'enverrais le portier chez lui.

La sonnette se fait encore entendre, madame Darvillé cesse de parler, elle écoute, elle attend; cependant elle ne se flatte plus que ce soit son fils : quand l'espérance a été si souvent déçue, on ne veut plus même s'y livrer et c'est presque toujours alors que nos vœux sont satisfaits.

Cette fois c'est Charles qui vient d'entrer dans le salon, il s'arrête, surpris de trouver tant de monde; il est un peu en désordre, un peu échauffé par suite des événements de la soirée et du punch qu'il a bu; joignez à cela que sa figure est écorchée, ce qui donne à son entrée quelque chose de théâtral.

— Ah! vous voilà, monsieur! dit la maman en prenant un air sévère quoique au fond du cœur elle soit très contente de voir ses inquiétudes dissipées. Vous arrivez à une belle heure... Est-ce que par hasard vous venez dîner, monsieur... ce serait plus drôle!... faire attendre sa mère... et toute une société!...

— Ma mère... pardon... mais j'ignorais...

— Avancez donc, monsieur, que l'on vous voie au moins... Ah! mon Dieu !... qu'est-ce qu'il a au visage?... que t'est-il arrivé, mon ami? tu es blessé !... ah! j'étais sûre qu'il lui était arrivé un malheur!

Déjà tous les sentiments de la tendresse a remplacé celui de la sévérité; madame Darvillé tient son fils, le fait asseoir, l'interroge et ne lui laisse pas le temps de répondre. Léonie regarde et ne dit rien. Ses écorchures sont légères; loin de le défigurer, elles lui donnent au contraire quelque chose de plus intéressant; et la jeune fille se sent déjà émue de l'accident qui lui est survenu. Les personnes qui ne jouent pas, s'approchent du fils de la maison et s'informent aussi de ce qui lui est arrivé. M. Clinelle seul reste près de Médor, auquel il dit : — Vous allez tout à l'heure baiser la main de M. Charles pour prouver que vous êtes bien élevé.

Charles trouve enfin le moment de répondre ; ce qu'il fait avec un certain embarras, parce qu'il n'est pas sûr de son histoire.

— Je venais ici, ma mère, je venais dîner... il n'était pas encore quatre heures... je marchais vite... il faisait glissant... vous savez qu'il commençait alors à pleuvoir... J'aperçois devant moi un omnibus... je veux courir après... et comme je regardais toujours le conducteur, je ne vois pas une pierre... je glisse, je tombe... et je m'abîme la figure, comme vous voyez.

— Ah! mon Dieu! pauvre garçon... T'es-tu fait bien mal?...

— Oh non... ce n'est que le nez qui a le plus souffert!

— Et la tête a-t-elle porté! demande M. Benjoin en s'approchant d'un air stupide.

— Je crois que le nez tient à la tête, répond Charles en souriant.

— Ah! c'est juste!... c'est ce que je voulais dire... là si... la sol... sol, sol!

— Mais pourquoi ne pas être toujours venu après cet accident? reprend madame Darvillé.

— Ah!... j'étais tout crotté... la figure sale.. Je me doutais que vous aviez du monde... je n'ai osé me présenter ainsi... je suis retourné chez moi... et ce n'est que tout à l'heure que je me suis décidé à venir vous conter mon aventure. — Pauvre garçon!... il n'était pas dans son tort... Qu'est-ce que je vous disais tout à l'heure, monsieur Formerey!

Le front du négociant a cessé d'être sourcilleux depuis le récit de Charles; il s'approche, et lui secoue la main en lui disant : — Allons, je ne vous en tiens pas compte... Et je vous en voulais, parce que j'aime l'exactitude par-dessus tout.

— Je crois que vous ferez bien de boire du vulnéraire, dit M. Dupré. — Oh! non, monsieur, non, monsieur; dit M. Bringuet, ça ne sert absolument à rien! dans le Nord ils ont une herbe excellente pour les contusions... c'est... attendez donc...

— De l'eau de boule de Nancy peut-être? dit Benjoin en chantonnant. — Non, monsieur... c'est une plante.

— Je vois que ce ne sera pas dangereux, dit M. Dupré en frappant sur l'épaule de Charles; puis le voisin se rapproche du sa femme, à laquelle il dit à demi-voix : — Il sent terriblement le punch, le jeune homme!... C'est peut être pour en avoir trop bu qu'il est tombé...

— Certainement il y a là quelque chose.

— Médor, venez ici, et sautez pour M. Charles Darvillé. — Ah! bonsoir, monsieur Clinelle. — Bonsoir, mon cher ami; il va sauter pour vous... Une... deux!.. allons donc! c'est cela... Ah! je suis fâché que vous ne soyez pas venu plus tôt, Médor a fait tous ses tours parfaitement. — Oh! je connais ses talents.

— Mon ami, voilà mademoiselle Léonie, nièce de M. Formerey, que tu n'as pas vue depuis bien des années... elle n'avait pas dix ans quand elle est entrée dans son pensionnat.

Charles salue un peu gauchement, Léonie répond par une révérence timide, et les deux jeunes gens ne savent que se dire.

— Vous ne vous reconnaissez plus... Je le crois bien. C'est surtout Léonie qui est changée; ce n'était qu'une petite fille, et c'est maintenant une grande et belle demoiselle.

— Il y a trois sous à faire du côté qui perd, crie madame Bringuet, est-ce qu'il n'y aura pas un amateur. Monsieur Boudinette, faites donc cinq sous de plus. — Non, madame, je n'ai déjà que trop forcé mon jeu... et je perds par ma faute!...

— Je tiens les cinq sous, dit M. Formerey en se rapprochant de la table. Madame Bringuet, enchantée que le négociant ne soit plus aussi pressé de s'en aller, en tire un favorable augure; elle s'éloigne de son fils et de Léonie pour qu'ils fassent plus connaissance.

Mais il n'est pas si facile de faire connaissance quand nos parents nous y engagent que lorsque le hasard nous rapproche. Charles n'est pourtant pas de ces jeunes gens timides qui n'osent lever les yeux sur une demoiselle; il a certainement l'habitude d'en regarder. En pareil cas l'embarras ne prouve rien si ce n'est que la personne nous plaît : car avec quelqu'un qui ne nous plaît pas on n'est jamais embarrassé, on s'inquiète peu de ce qu'on dira, qu'importe que ce soit bien ou mal, on n'y attache nulle prétention; lorsqu'on nous plaît, c'est tout différent, alors on désire plaire soi-même, et on ne sait par où commencer pour y parvenir.

Charles trouve Léonie fort bien, et il pense à l'extrême envie qu'on a de la marier. Léonie s'est sentie de l'intérêt pour Charles dès qu'il est entré, d'abord parce qu'on voulait le gronder, et puis à cause de son accident. Tout cela le dispose très-favorablement l'un pour l'autre. Après quelques mots sans suite, quelques phrases insignifiantes, ils s'entendent enfin et leur conversation n'est plus sans intérêt. En causant avec Léonie, Charles regrette d'être venu si tard et maudit sa rencontre avec Mongérand; quand il s'aperçoit que la société pense à se retirer, il s'écrie :

— Mon Dieu! que je m'en veux de ne pas être venu dîner!... Pourquoi non le vouloir, répond la jeune fille avec douceur, puisque ce n'est pas de votre faute. — Oh! sans doute... mais malgré ma chute je serais toujours venu, si j'avais pensé... si j'avais deviné...

Il achève sa phrase avec ses yeux, qu'il fixe sur la jeune fille; cette manière de terminer ce que l'on n'ose comment dire est toujours bonne, et bien tient lieu d'esprit en mainte quelquefois.

La société quitte le jeu et songe au départ. — Madame Bringuet a eu une veine extraordinaire! dit M. Dupré, elle a passé douze fois!...

— Eh bien, monsieur, avec tout cela je ne gagne que seize sous. — Ah! c'est si peu fort... — Oui, monsieur, pas davantage, parce que je perdais beaucoup auparavant. — C'est bien drôle... tout le monde perd, et vous ne gagnez que seize sous... — Monsieur, je sais bien ce que je n'ai dans ma poche... Donne-moi mon châle, Bringuet,

— Il y a des gens qui ne veulent jamais dire ce qu'ils gagnent, murmure M. Dupré en se tournant vers M. Boudinette, c'est une singulière manie; et puis quand ils perdent vingt sous, ils disent : Je perds trois francs.

— Moi, je sais que je perds, répond Boudinette d'un air d'humeur, et c'est ma faute... aussi on ne m'y reprendra pas à forcer mon jeu!...

Les dames mettent leurs châles, les hommes prennent leurs cannes et leurs chapeaux. M. Benjoin entoure le cou de sa femme d'un boa, tout en fredonnant quelques notes. Léonie s'est levée; elle fait ses adieux à madame Darvillé, qui l'embrasse en lui disant : — J'espère que nous nous reverrons bientôt... mais mon fils va de votre côté... il vous tiendra compagnie...

— J'aurai l'honneur d'offrir mon bras à mademoiselle, dit Charles, si monsieur Formerey le permet. — Volontiers, mon cher ami : où demeurez-vous? — Rue Montmartre. — Et nous près de la place des Victoires, nous pouvons faire route ensemble.

— Monsieur Benjoin, avez-vous votre parapluie? — Oui, ma femme. — C'est que vous avez l'habitude de l'oublier partout où vous allez... Bonsoir, madame Darvillé. — Bonsoir, mesdames... — Médor, allez dire bonsoir à madame Darvillé... allez... sur-le-champ.

Au lieu d'aller vers la maîtresse de la maison, Médor enfile la porte de sortie, il est déjà sur l'escalier, M. Clinelle court après son chien et veut le faire remonter; heureusement pour la société, le chien y met de l'entêtement, et la séance se termine ainsi.

Charles a dit aussi adieu à sa mère, en lui promettant d'aller la voir le lendemain; il descend avec mademoiselle Léonie, à laquelle il donne la main, et ensuite le bras, puisque l'oncle le permet.

Monsieur et madame Benjoin restent en arrière, madame allant très-doucement de peur de se crotter; L'ancien militaire et sa femme remontent vers le faubourg du Roule; et M. Boudinette salue et s'en va tout seul, afin de pouvoir librement, tout le long du chemin, bougonner et se gronder d'avoir forcé son jeu.

Charles demeure seul avec la famille Formerey; on se dirige du côté de la place des Victoires. On cause de choses indifférentes; mais comme la pluie qui est tombée dans la soirée a rendu le pavé mauvais, Léonie est souvent obligée pour ne point glisser de s'appuyer sur le bras de son cavalier, et Charles éprouve un doux plaisir à soutenir sa dame; il voudrait qu'elle glissât à chaque pas, pour la sentir plus souvent; il voudrait peut-être qu'elle tombât, pour tomber avec elle, car lorsqu'on serre sous son bras celui d'une jolie femme... cela fait venir de coupables pensées.

Pour arriver à la demeure de M. Formerey, après être sorti du faubourg Saint-Honoré, on suit la rue qui est en face. Charles n'ose proposer un autre chemin, ce qui ne ferait qu'allonger la route; mais c'est avec une secrète répugnance qu'il pense qu'il lui faudra passer devant le café où il a joué au billard une partie de la soirée.

On est encore à deux cents pas du café; Charles a trouvé un prétexte pour traverser et se tenir au moins de l'autre côté de la rue. Il n'est que dix heures et demie, le café est ouvert. On en approche. Charles n'est pas tranquille; mais c'est bien pis lorsqu'il reconnaît la voix de Mongérand, qu'il aperçoit lui-même, arrêté à la porte du café, où il parle avec quelqu'un.

Charles se sent défaillir; si Mongérand l'aperçoit, sans doute qu'il lui vienne lui parler, alors tous ses mensonges de la soirée seront connus, et tout passera-t-il aux yeux de Léonie et de son oncle? Le pauvre garçon envisage en une seconde tout ce qui peut résulter de cette rencontre, et pourtant il faut avancer, il n'y a pas moyen de reculer ni de rester là.

Probablement Léonie s'aperçoit que son cavalier ne la soutient plus aussi bien, car elle lui dit : — Qu'avez-vous donc, monsieur Charles!... est-ce que en glissant tout à l'heure je vous ai marché sur le pied... — Non, mademoiselle, ce n'est pas cela... mais c'est mon pied qui a tourné!... il fait si glissant... et cela me fait un peu mal.

— Eh bien, mon cher ami, je vais vous donner le bras, dit M. Formerey, ne craignez rien, appuyez-vous, oh! je suis solide... je ne glisse pas, moi.

Charles n'est pas fâché de la proposition, il prend le bras de M. Formerey, et se trouve ainsi entre l'oncle et la nièce. Déjà on est près du café; comme Mongérand n'a pas l'habitude de parler bas, on entend tout ce qu'il dit.

— Comment, sacrebleu! il est parti comme ça? — Oui, monsieur, votre ami est sorti après vous pour vous chercher. — Eh! ce sont ces petits courtauds de boutique qui m'ont fait aller je ne sais où... et il n'est pas revenu? — Non, monsieur. — Je suis sûr qu'il me cherche partout... mais il faut que je le trouve, je me bats demain, il en doit être de la partie... Hohé! Charles!...

— On appelle Charles! dit Léonie. — Oh! ce n'est pas moi, répond le jeune homme en pressant le pas, on venait heureusement de dépasser le café.

— Je pense bien que ce n'est pas vous, dit M. Formercy, car celui qui appelle parlait d'un duel.... d'une dispute... cela m'a tout l'air de ces mauvais sujets qui passent leur vie dans les cafés.

Charles ne dit rien, mais il respire plus à son aise, parce qu'on perd de vue le café, et que les : *Hola! Charles!* commencent à s'affaiblir dans l'éloignement.

On arrive à la demeure de M. Formercy; là, le jeune homme prend congé : mais l'oncle de Léonie l'engage de la manière la plus affectueuse à venir le voir, Charles assure qu'il profitera de la permission.

Resté seul, le jeune homme réfléchit encore. Rentrera-t-il chez lui, ou retournera-t-il au café où Mongérand l'attend sans doute encore ? ses irrésolutions sont bientôt terminées. L'image de Léonie est trop récente, l'espoir de la revoir trop doux pour que Charles ait envie de se battre le lendemain; et se battre pourquoi?...

Le jeune Darvillé rentre chez lui, rue Montmartre, en se disant... — Cela me fait pourtant de la peine de laisser ce pauvre Mongérand m'appeler inutilement... mais cette affaire ne me regarde pas... après tout... s'il vient me chercher, il sera assez temps d'aller avec lui...

Charles se couche en pensant à Léonie, aux projets de mariage de sa mère, à l'air affectueux de l'oncle de la jeune personne; il s'endort en se disant : — Il me semble que c'est la femme qu'il me faut... je n'en ai pas encore rencontré qui m'ait plu autant, et si je lui plaisais aussi...

Quelque chose disait à Charles qu'il ne déplaisait pas ; ce quelque chose se voit assez vite et trompe peu chez une jeune personne novice encore , tandis qu'avec les dames, les coquettes, il ne faut pas se fier à un regard, à un sourire qui souvent ne prouve rien, tout en ayant l'air de dire beaucoup.

Charles s'éveille de bonne heure, on dort peu quand on est fortement préoccupé. Il pense à la charmante nièce de M. Formercy et se dit encore : Oui... je ferais bien de me marier... la vie de garçon n'est pas aussi délicieuse qu'on le dit... et puis il faut enfin faire quelque chose... s'établir... Mon père m'a laissé une soixantaine de mille francs... c'est assez pour me faire que flâner... mais avec une femme... des enfants, il en faut davantage... Je ne suis pas très-fou du commerce... mais, c'est égal, je m'y remettrai... Pourvu que Mongérand n'ait pas découvert mon adresse... voyons l'heure... pas encore sept heures... oh! je crois pourtant qu'il serait déjà venu... quand on se bat, ce doit être de bonne heure.

Malgré cela, Charles a toujours l'oreille au guet; au moindre bruit qui se fait entendre sur son escalier, il croit que c'est son ami le militaire qui vient le chercher : mais sept heures sonnent, puis huit , et Charles recouvre la tranquillité.

A dix heures, personne n'étant venu, il pense qu'il peut sortir. Il se rend chez sa mère : il se doute qu'elle lui parlera de mademoiselle Formercy.

Madame Darvillé est charmée de l'empressement de son fils, et bientôt c'est de Léonie qu'on s'entretient.

— Comment la trouves-tu, Charles? — Je la trouve fort jolie, fort aimable!... — Ce n'est pas tout, mon fils, elle joint à cela d'excellentes qualités, elle est douce, bonne, économe, point coquette, enfin ce sera une parfaite mère de famille... — Touche-t-elle du piano ? — Non, elle n'est pas musicienne. — C'est dommage ; comme je ne joue pas trop mal du violon, nous aurions fait de la musique ensemble. — Mon fils, si vous épousez Léonie , songez bien qu'on ne se marie pas pour faire de la musique , il faut gagner de l'argent, cela vaut beaucoup mieux. — Mon Dieu! ma mère, je sais cela, mais on ne travaille pas toujours, on reste pas constamment devant son bureau. — Oh! je sais bien, Charles, que vous êtes pas trop d'avis de vous occuper; cependant , mon fils, si vous deveniez l'époux de Léonie, il faudrait penser autrement. Je sais que M. Formercy a l'intention de se retirer du commerce en mariant sa nièce ; pour dot, il lui laissera son fonds, son magasin , qui est excellent. Il vous faudra se mettre à la tête de cet établissement et remplacer M. Formercy, qui est un grand travailleur. — Soyez persuadée, ma mère, que lorsque je serai à la tête d'une maison, je saurai la conduire ; ce n'est pas que je n'ai rien à faire. Mais une fois lancé dans les affaires... j'y serai de tout cœur. — Très-bien, mon fils; et Léonie te plait! — Oh! beaucoup, ma mère!... — Tant mieux... Eh bien... va chez M. Formerey... et te l'a permis tant mieux... fais la cour à Léonie, et si tu lui plais aussi, j'espère que bientôt votre mariage se fera. Mais, vraiment, j'ai tremblé hier au soir; ton défaut d'exactitude l'avait déjà très-indisposé contre toi! Heureusement tu as prouvé qu'il n'y avait point de ta faute.

Charles détourne les yeux , puis, au bout d'un moment, il dit : — Ah!... j'ai fait une rencontre ce matin... un ancien camarade de pension, Mongérand... vous rappelez-vous Mongérand, ma mère? je l'ai amené quelquefois chez vous. — N'était-ce pas un grand, brun , noir, assez laid ? — Laid... mais non... — Un tapageur, un querelleur, celui enfin qui faisait toujours battre le chien avec le chat, et qui voulut une fois rosser le portier?... — Ah! oui... pour rire. — C'était un fort mauvais sujet, autant qu'il m'en souvient, et que fait-il à présent ce Mongérand? — Il est militaire. — C'est ce qu'il pouvait faire de mieux. Tiens, Charles, si tu m'en crois, tu ne renouvelleras pas ton ancienne liaison avec ce jeune homme; je ne pense pas qu'il puisse

te donner ni bons exemples, ni bons conseils. — Mais, ma mère... un ami de pension. — Qu'est-ce que cela prouve? Ah! mon fils, en pension, on doit être l'ami de tous ses camarades, on est trop jeune alors pour chercher, dans les caractères, d'autre sympathie que le même amour du jeu, le même désir de bien employer ses heures de récréation. Mais les hommes ne sont plus guidés par des motifs aussi frivoles lorsqu'ils ont quitté les bancs de l'école, et les amitiés de collége, que l'on nous vante dans les comédies, s'évanouissent et se dissipent comme tous les rêves de l'adolescence, quand on arrive à l'âge mûr. Enfin , j'espère que tu ne comptes pas m'amener ton M. Mongérand.

Charles n'insiste pas, et bientôt il quitte sa mère pour se rendre chez M. Formercy. Il trouve le négociant à son grand-livre, et Léonie inscrivant des lettres de change sur le carnet d'effets à payer.

Il est assez difficile de faire la cour à une demoiselle qui tient les livres, et sert de premier commis. L'oncle a serré la main au jeune homme, et celui-ci lui a remis sur son grand-livre. Léonie cause avec Charles, sans quitter sa plume ; ce qui fait que la conversation est souvent interrompue, mais Léonie sait que son oncle se fâcherait si elle quittait son travail. Charles prend le parti de s'offrir pour faire des additions; c'était un moyen de se rendre agréable à l'oncle, et de rester près de la nièce. M. Formercy accepte la proposition, et place le jeune homme devant un compte courant. Léonie sourit souvent à Charles, en ayant l'air de tailler sa plume. Charles détourne souvent ses yeux de dessus les chiffres pour regarder Léonie : il fait de fausses additions. Léonie sourit souvent à Charles, en ayant l'air de tailler sa plume. Cette nièce dont la cour était bien peu expansive; cet amour vrai se contente de peu, surtout lorsqu'il a l'espoir d'être plus tard entièrement satisfait.

M. Formercy est fort content de Charles, dont il n'a pas encore vérifié les additions. Le jeune homme prend l'habitude d'aller tous les jours travailler aux livres du négociant ; il met sur les comptes que quatre et quatre font douze, parce qu'il regarde à chaque instant Léonie, et celle-ci fait des pâtés sur ses écritures , parce qu'elle jette les yeux sur le jeune homme en trempant sa plume dans l'écritoire.

Enfin M. Formercy vérifie les calculs de Charles, il les trouve tous faux; son front se plisse, et il dit au jeune homme :

— Vous avez de la bonne volonté, mais vous n'êtes pas fort sur les additions.

Charles rougit; cependant il ne voit pas la nécessité de dissimuler : il avoue que la présence de Léonie ne lui laisse plus la faculté de bien calculer. M. Formercy sourit, il a été jeune; il pense qu'une fois marié, Charles ne se troublera plus en additionnant. Il va voir madame Darvillé; la maman n'ignorait pas les fréquentes visites que son fils faisait au négociant.

— Votre fils a oublié son Barême et ma nièce ne fait plus que des pâtés, dit M. Formerey en abordant madame Darvillé. — C'est qu'ils sont amoureux et qu'il est temps de les marier. — Je pense comme vous; ils ne sont pas bien fort dans les écritures, mais il a la bonne volonté ; sa femme le guidera et il ira. Marions-les.

Entre gens qui sont d'accord tout est bientôt convenu : on fixe l'époque du mariage à quinze jours de là. De retour chez lui, M. Formerey apprend cette nouvelle aux jeunes amants. Charles, dans sa joie, renverse l'écritoire sur les livres; Léonie se coupe en croyant tailler sa plume, et M. Formercy répète : Oui, certes, il est temps de les marier, mais quoi je ne verrais plus rien dans mes livres.

Charles retournait chez lui pensant à Léonie, à son prochain bonheur et faisant des projets comme on en fait lorsqu'on se va marier; ce qui n'empêche pas d'en faire encore après : car ici-bas c'est presque à cela que nous passons une partie de notre vie. Que deviendrions-nous, hélas! si nous n'avions plus de projets à former, de désirs pour le lendemain, d'espérances pour l'avenir?

Tout à coup Charles s'arrête; il s'aperçoit qu'il est devant la maison où demeure M. Rozat, chez lequel il a dîné quinze jours auparavant. Il réfléchit qu'il n'y est pas retourné depuis, ce qui n'est pas honnête; il pense que son prochain mariage ne doit pas le rendre impoli, et il se décide à monter chez l'ami de collège qui lui a donné à dîner.

On fait entrer Charles dans le salon où madame Rozat travaille ayant son fils près d'elle. Elle reçoit Charles avec politesse, mais froidement; et celui-ci éprouve déjà l'envie de s'en aller, lorsque le grand homme blond arrive en robe de chambre, et des papiers à la main.

— Eh! c'est monsieur Darvillé... enchanté de vous revoir... Pardon si je vous ai fait attendre; mais je lisais des vers... un petit poëme qu'on vient de me soumettre... Oh! vraiment, c'est misérable!... cela fait de la peine... Ni esprit, ni invention , ni pensées... Je dirai à l'auteur : Soyez plutôt maçon... C'est bien aimable à vous de venir nous voir... je parlais encore de vous hier avec ma femme... — Et moi je m'excusais de ne pas être venu plus tôt vous faire ma visite... mais quand on est au moment de s'établir... de se marier... vous savez qu'on a peu de temps à soi. — Ah! vous allez donc décidément vous marier... c'est fort bien... vous avez raison... Est-il un plus grand bonheur que d'être dans son ménage... près d'une femme qu'on adore... qui nous chérit, n'est-ce pas, chère amie; que c'est là le bonheur?

M. Rozat va embrasser sa femme sur le front, puis il fait un tout dans la chambre en murmurant :

> La femme est une fleur... elle a besoin d'appui ;
> Et qui la soutiendra, si ce n'est son mari !

Ce sont des vers que j'ai faits pour ma femme... à sa fête ; je les mettrai dans un recueil, que je ferai paraître dès que j'aurai le temps. Et qui donc épousez-vous?

Charles donne quelques détails sur sa future, sur la maison de commerce qu'il va prendre. M. Rozat devient plus affectueux en apprenant que son ami de collége fait un bon mariage ; madame Rozat elle-même semble un peu moins glacée.

— J'espère que nous ferons la connaissance de madame votre épouse, dit Rozat, vous voudrez bien nous l'amener. — Oui, sans doute, il faudra nous voir....

— Ma minette, as-tu offert quelque chose à mon ancien camarade? — Vous êtes trop bon, je n'ai besoin de rien. — Sans façon... j'espère que vous agissez comme chez des amis. — Oui, et je vous remercie. Mais, à propos d'amis, donnez-moi donc des nouvelles de Mongérand, que je n'ai pas revu depuis le jour où j'ai dîné avec lui chez vous. — Comment, vous n'avez pas été le voir? — Je ne sais pas seulement son adresse. — Parbleu il a bien manqué d'être tué... il s'est battu, à ce qu'il paraît. — Oui, pour cette querelle au café... vous savez bien... — Ma foi non, moi je n'étais occupé que de mon fils, qui était indisposé, un peu. — Dans un bel état! dit madame Rozat : il a eu une indigestion horrible!... il était gris... Griser un enfant de trois ans! — Allons, chère amie, que veux-tu?... ce s'est fait... sans que nous le vissions. Enfin, Mongérand s'est battu ; il a reçu une balle dans le ventre : on le sauvera, mais il en a encore au moins pour trois semaines sans sortir. — Pauvre garçon! Ah! j'irai le voir... certainement j'irai. Où demeure-t-il? — Voici son adresse. Ça lui fera grand plaisir de vous voir ; moi j'y suis déjà allé une fois... et j'y retournerai... quand j'aurai le temps.

Charles ne tarde pas à prendre congé de M. et madame Rozat : on le reconduit jusqu'à la porte, et l'ancien camarade ne le quitte qu'après lui avoir renouvelé les assurances de son amitié.

— Pauvre Mongérand, qui a manqué d'être tué! se dit Charles en rentrant chez lui. J'aime autant qu'il ne soit pas venu me chercher... je serais peut-être mort ou blessé, et je ne pourrais dans quinze jours épouser Léonie.

Et l'idée de son mariage, le souvenir de celle qu'il aime chassent bien vite toute autre pensée ; et le lendemain il ne songe plus à aller voir le blessé, parce qu'il est plus pressé de se rendre près de Léonie : et toujours ainsi, avec Charles, le bonheur du moment faisait oublier tout le reste. Il y a beaucoup de gens comme cela.

CHAPITRE VII. — Ce qui s'est fait.

Las des pâtés de sa nièce, des fausses additions de Charles, M. Formerey n'avait pas éloigné le jour où devait unir ses deux jeunes gens ; d'ailleurs le négociant, exact observateur de sa parole, ne pouvait avoir l'intention d'y manquer dans une affaire aussi majeure. Cependant, plusieurs fois, en cherchant à mettre Charles au fait de son commerce, M. Formerey avait soupiré et rapproché ses sourcils en disant : — Ce jeune homme n'est pas fort... il ne suit pas la marche des affaires. Enfin, il a de la bonne volonté, le reste viendra avec une assiduité constante. Mais pourquoi mon père, négociant comme moi, a-t-il laissé son fils jusqu'à dix-huit ans au collége, au lieu de le prendre à quinze ans près de lui pour le mettre au fait de ses livres, puisqu'il ne voulait en faire ni un médecin ni un avocat?... mais voilà la manie des parents!... on veut qu'un jeune homme finisse ses classes, qu'il fasse sa rhétorique, ses humanités! A quoi tout cela sert-il?... L'esprit ne s'apprend pas. Celui qui, pour tourner une lettre, a besoin de prendre des leçons de goût, d'élégance, de se rappeler les cours de ses professeurs, ne saura jamais écrire et sera toujours un sot, quoiqu'il ait fait sa rhétorique et ses humanités. Si on eût mis ce jeune homme à seize ans sur un compte courant, il saurait parfaitement régler un solde, établir une balance ; au lieu de cela, il a oublié dans le monde les choses inutiles qu'il avait apprises au collége, et il faut maintenant qu'il apprenne les choses utiles qu'il ne sait pas. Mauvais système d'éducation.

Et M. Formerey vérifiait encore le travail de Charles, et il soupirait de nouveau ; mais il mettait toutes les erreurs du jeune homme sur le compte de l'amour, et se flattait qu'une fois marié il aurait moins de distractions : ce qui était raisonné suivant toutes les règles de la probabilité.

Le mariage se fit. Léonie, belle de ses charmes, de son amour, de sa pudeur et de sa toilette, fut parée du bouquet virginal qu'elle était digne de porter. Charles, ivre d'amour, de bonheur, ne pouvait se lasser de contempler sa femme ; il prononça avec chaleur le serment de rendre heureuse et de protéger celle dont il devenait l'époux. Puis

toute la noce se rendit au Cadran-Bleu, où devait avoir lieu le festin et le bal.

Une société nombreuse avait été convoquée pour le grand jour. Là figuraient M. et madame Benjoin, la cousine Bringuet et son époux, les voisins Dupré, M. Boudinette, et une foule d'autres amis ou connaissances. On n'avait cependant pas prié M. Clinelle, parce qu'on savait qu'il ne sortait pas sans son chien, et on préférait la danse aux exercices de Médor.

Le repas avait été gai... comme une noce peut l'être, quand les mariés ne sont pas des ouvriers, c'est-à-dire que l'on avait peu ri, pas trop mangé et point chanté du tout. M. Benjoin avait joué des épinettes sur la table, toujours pour entretenir l'élasticité de ses doigts ; Boudinette avait lâché quelques mots connus depuis vingt ans ; madame Bringuet avait parlé de son major, de son colonel, et son mari avait fait l'éloge des choux du Nord.

Mais le soir les sons d'un orchestre mélodieux avaient électrisé tout le monde. Doux effets de la musique, qui donne à des gens, souvent graves et moroses, le désir de sauter et de faire aller leurs jambes en mesure. La femme la plus sage, la plus prude même, ne résiste pas à la ritournelle de la contredanse ; elle abandonne sa main, et va s'élancer dans l'arène et se dandiner le plus gracieusement possible. Notez bien que ce ne sont pas toujours les dames les plus vives, les plus étourdies qui se donnent le plus de mouvement à la danse ; celles-là se feront parfois de petits pas, à peine sensibles, tandis que les personnes que vous avez toujours vues graves, posées, vont, dès qu'elles sont à la contredanse, sauter et s'en donner à cœur joie... Heureux exercice, qui chasse les soucis... du moins pendant tout le temps que dure la danse, comment s'est-il trouvé des gens assez méchants pour la défendre! N'est-ce pas par la danse que de tout temps on a célébré les événements heureux? et depuis David, qui dansait devant l'arche revêtu seulement d'une chemise de lin (costume que nous n'avons pas encore adopté au bal) ; depuis la prophétesse Marie, sœur d'Aaron, qui, pour célébrer le passage de la mer Rouge, se mit à danser avec un tambourin ; depuis les danses sacrées des Perses, des Egyptiens et des premiers Grecs, les grands événements, les glorieuses victoires furent célébrés par des danses. Que serait une fête où l'on ne danserait pas? Dieu lui-même, lorsqu'il promet à son peuple la fin de sa captivité, dit : *Je te rendrai tes tambours, vierge d'Israël, et tu retourneras danser dans tes joyeuses assemblées.*

Il y a une maxime chinoise qui dit : « On peut juger d'un souverain par l'état de la danse durant son règne. » Bien des exemples viendraient à l'appui de cette maxime. On dansait beaucoup sous Henri IV, qui lui-même était, dit-on, fameux dans la danse. Sully se délassait par la danse des fatigues de la guerre. On exécuta un grand nombre de ballets sous son règne ; et le grave Sully était acteur dans toutes ces fêtes, que le roi n'eût pas trouvées réjouissantes si son ministre n'y eût pris part.

Sous Louis XIII, de triste mémoire, on dansa peu, et les ballets ne furent que des bouffonneries, des charges de mauvais goût. Le ballet de maître Galimatias, pour le grand bal de la douairière de Billebahaut et de son Fanfan de Sotteville, c'est ainsi que se nommait un des divertissements où dansa Louis XIII. Alors on voulait s'étourdir, on s'efforçait d'être gai, mais ce n'était plus le règne de la danse.

Sous Louis XIV elle reprit sa grâce et son empire ; l'époque où ce grand roi figurait lui-même dans les ballets n'est pas la moins heureuse de son règne. Dansons donc, puisque c'est une réjouissance ; dansons, puisque cet exercice est en même temps salutaire à la santé : mais dansons surtout, si cela peut nous sauver de l'ennui d'entendre parler politique!

On avait beaucoup dansé à la noce de Charles et de Léonie : la mariée n'avait pas quitté la place, car il le faut qu'une mariée soit engagée par tous les danseurs de la société, c'est dans l'ordre, quoique ce ne soit pas toujours un plaisir. M. Benjoin avait comme un jeune homme retenu son tour ; il accompagnait l'orchestre avec ses doigts. Sa femme s'était plus d'une fois brouillée dans les figures, probablement parce qu'elle pensait toujours à ses vers à soie. M. Boudinette avait écrasé quelques petits pieds qui s'étaient trouvés sous les siens, et accroché plusieurs garnitures. Mais, sauf ces légers accidents, le bal avait été fort gai ; et M. Formerey, en voyant Charles plein d'ardeur à la danse, s'était dit plus d'une fois : « Si ce gaillard était aussi fort sur les comptes en partie double, il vaudrait trois commis. »

Elle avait fini, cette journée solennelle, cette grande époque de la vie! car tout finit dans ce monde, et tout ne se renouvelle pas, quoi qu'on dise. Charles avait tenu dans ses bras une épouse qu'il aimait, dont il était tendrement aimé, et certainement le lendemain de ses noces, il ne s'était pas occupé de compte courant.

M. Formerey, scrupuleux observateur de sa parole, avait installé les nouveaux époux dans sa maison de commerce, qu'il leur cédait ; et huit jours après la noce il était parti pour la Champagne, où il possédait une petite propriété dans laquelle il voulait finir ses jours sauf quelques petits voyages d'agrément qu'il comptait faire de temps à autre dans la capitale. Avant de partir, le cher oncle avait engagé madame Darville à veiller sur ses enfants, et il avait recommandé à Léonie d'être laborieuse et de bien mettre son mari au fait de son commerce.

Mais Léonie était sous l'influence de l'amour ; elle chérissait son mari, elle s'appliquait à lui plaire, à lui être agréable en toute chose, et Charles trouvait plus agréable de faire l'amour que de feuilleter des grands-livres. Comment résister à un mari que l'on aime, quand il nous embrasse, nous lutine, nous caresse? Léonie pensait qu'une femme doit la plus entière soumission à son époux, aussi se laissait-elle caresser de fort bonne grâce. De tems à autre, elle essayait de parler travail, caisse, calculs; alors Charles la pressait dans ses bras en lui disant : — Nous avons le temps !... j'aime mieux t'embrasser. — Mais, mon ami, voilà un compte qui est pressé. — Alors viens le faire avec moi.

Et Charles mettait sa femme sur ses genoux , mauvais moyen pour bien calculer, et qui amenait nécessairement des distractions, puis autre chose; si bien que ce n'était pas Léonie qui mettait Charles au fait.

Léonie et M. Formerey son oncle.

c'était lui qui s'appliquait à instruire sa femme : tous les maris n'ont pas ce plaisir-là.

Laissons s'écouler quelque temps, et les caresses comme les distractions deviendront moins fréquentes. C'est dommage pourtant !

CHAPITRE VIII. — Vie domestique.

Plusieurs mois s'étaient écoulés depuis le mariage de Léonie et de Charles ; celui-ci ne mettait plus sa femme sur ses genoux pour faire des additions, il tâchait de s'occuper un peu de son commerce. Léonie portait dans son sein le résultat des caresses de son époux. Elle était toujours aussi douce, aussi bonne; mais, comme son mari ne l'en empêchait plus, elle s'était remise aux écritures, et tâchait de réparer le temps qui avait été, non pas perdu, mais employé autrement.

Léonie s'apercevait bien que son mari n'apportait pas dans les affaires la même ardeur, le même zèle que son oncle ; mais elle n'avait pas osé se permettre de lui en faire l'observation. Plusieurs fois Charles avait manqué des rendez-vous importants et des affaires avantageuses ; parce qu'il avait rencontré un ami qui lui avait proposé un déjeuner ou une partie de billard ; ce qu'il n'avait jamais eu la force de refuser. Mais sa femme ne l'avait pas grondé ; elle craignait de paraître ennuyeuse. Charles avait dit une fois qu'il ne pouvait pas souffrir entendre bougonner ; et puis, comment gronder un homme qui se montre galant, amoureux, qui satisfait les moindres désirs de sa femme? A la promenade, si Léonie remarquait un châle, une robe dont l'étoffe lui plaisait , le lendemain on lui apportait la robe et le châle ; il en était de même pour les chapeaux, les bijoux. Léonie disait à son époux : — Tu ne me laisses rien désirer... tu es trop galant pour moi, mon ami. — Eh! pourquoi donc ne t'achèterais-je pas ce qui te plaît? répondait Charles. Nous sommes à notre aise, je veux te donner tout ce que tu fa-

avie, je veux que tu portes les parures les plus à la mode, je veux enfin que ma femme me fasse honneur.

Heureusement Léonie n'était point coquette , car elle eût en peu de temps rempli ses armoires de bijoux et de chiffons ; mais , loin de là , craignant d'abuser de l'extrême générosité de son mari, elle prit l'habitude, en sortant avec lui, de ne plus s'arrêter devant une boutique, de ne plus montrer la moindre préférence pour ce qui frappait sa vue. Léonie était une femme rare. Vous me direz qu'on en trouverait peut-être beaucoup comme elle, si les maris se montraient aussi galants que l'était le sien ; ce qui est très-rare aussi.

La maman Darvillé allait souvent voir ses enfants; elle demandait à Léonie si Charles la rendait heureuse. — Oh! oui, répondait la jeune femme. Comment ne serais-je pas heureuse avec votre fils?... Il est si bon... il fait tout ce qu'on veut!

La maman s'en retournait enchantée ; elle écrivait à l'oncle Formerey : Le ménage va très-bien, nos jeunes gens sont toujours d'accord ; j'en suis fort contente. L'oncle concluait de là que les nouveaux mariés étaient tout à leurs affaires, et que leur commerce prospérait.

Un jour que Charles était sorti pour une affaire importante, il revient chez lui avec un grand monsieur, mis avec élégance, qui salue Léonie avec prétention.

— Ma chère amie , dit Charles, je te présente un de mes camarades de collège, M. Rozat.

Léonie accueille avec empressement l'ami de son époux. M. Rozat s'incline profondément devant la femme de Charles , tout en disant à celui-ci :

— Mon cher, je vous fais mon compliment. On ne m'avait pas trompé en m'assurant que vous aviez épousé une des plus jolies femmes de Paris.

Léonie rougit. Charles répond : — Qui donc vous a dit cela ? — Ah! quelqu'un... dont je ne me rappelle plus le nom... Enfin je vois qu'on n'a pas été au-dessus de la vérité... Vous êtes un heureux mortel! — Mais j'espère que vous ne vous trouverez pas à plaindre non plus.

M. CLINZELLE ET MÉDOR.

— Vous le voyez, mesdames, ce pauvre Médor est mort... Oh! c'est fini, il ne bouge plus.

Madame votre épouse est fort bien.' — Oh! certainement... diable ' je suis loin de me plaindre... mais cela ne m'empêche pas d'admirer la beauté partout où je la rencontre.

— La beauté n'est qu'un avantage passager, dit Léonie ; et je pense qu'une femme qui n'aurait que cela ne ferait pas longtemps le bonheur de son époux. J'aime à croire qu'il faut quelque chose de plus pour fixer un mari.

— Supérieurement pensé, s'écrie M. Rozat, et qui prouve que madame joint à ses avantages physiques de précieuses qualités.

Léonie ne répond plus ; elle craint de s'attirer encore un compliment par ce monsieur qui les tire à bout portant, et elle est bien aise d'entendre son mari changer la conversation.

— A propos, donnez-moi donc des nouvelles de Mongérand ? Je vous avoue que j'ai été bien coupable... Je l'ai totalement oublié... Mais j'étais sur le point de me marier, voilà mon excuse.

— Et qui ne vous absoudrait pas en voyant madame ? répond M. Rozat avec ce sourire d'un homme très-satisfait de ce qu'il vient de dire.

— J'espère au moins qu'il est guéri de sa blessure ? — Il y a longtemps qu'il n'y pense plus... Oh ! il a fait déjà bien des choses depuis... D'abord, grâce aux démarches que j'ai faites, il a obtenu son congé ; ensuite, après avoir terminé les affaires de sa succession, il est subitement parti pour Lyon... Devinez pourquoi faire ?... Pour suivre une femme dont il était devenu amoureux... et une femme qui se moquait de lui !... tandis que j'avais une belle-sœur qui était bien son fait ; mais on se donne beaucoup de mal pour les autres, et on ne fait que des ingrats !... Je devrais y être habitué, moi, j'en ai déjà tant fait !... Bref, il s'est marié à Lyon.

— Comment ! il est marié ?

— Oui... il a épousé cette femme.... qui était.... pas grand'chose. Enfin... ça lui convient apparemment. Il m'a écrit que sa femme allait prendre un magasin de lingeries ; enfin... ça ira tant que ça tournera.

— Ce pauvre Mongérand ! Ainsi le voilà fixé à Lyon... nous ne le verrons plus.

— Je gage qu'il ne sera pas longtemps sans revenir à Paris ; ce n'est pas un homme à rester tranquille quelque part... Pourtant ce n'est pas faute que je lui ai donné de sages conseils, de bons avis... car je suis de tout cœur pour mes amis ; mais il y a des gens avec qui on perd ses peines... Mais, mon cher Charles, vous me paraissez avoir un bel établissement...

— Mais, oui...

— Vous faites de brillantes affaires ?

— Ma femme vous dirait cela mieux que moi... elle est toute la journée sur nos livres.

— Comment ! madame travaille aussi à vos écritures ? Madame réunit donc toutes les capacités...

— Mais, monsieur, dit Léonie, il me semble, lorsqu'on est dans le commerce, qu'une femme doit s'en occuper comme son mari. — Il est tant de femmes qui n'entendent rien à la tenue des livres ! La mienne, par exemple... je suis sûr qu'il ne touche pas une plume quatre fois par an... elle craindrait de se mettre de l'encre aux doigts. Madame s'occupe à l'aiguille alors, et c'est toujours travailler. — Oui, certainement... c'est un autre genre. Je suis enchanté de vous avoir rencontré, mon cher Charles, je pensais souvent à vous, vous étiez fréquemment le sujet de mes entretiens avec ma femme, je savais votre adresse... mais je n'osais me permettre de venir vous importuner. — Est-ce qu'on importune un ancien camarade ?... il faut nous voir souvent... — Ce sera avec un sensible plaisir. — Vous nous amènerez madame. — Elle sera enchantée de se lier avec madame votre épouse. — Il faut venir sans façon dîner avec nous. — Vous êtes trop bon... nous verrons cela plus tard. — Non pas... il faut prendre jour sur-le-champ pour cette semaine... c'est le moyen de se revoir plus tôt... voyons ; donnez-nous votre jour... — En vérité, monsieur, vous êtes trop aimable... mais je ne puis comme cela... — Eh ! pourquoi donc ? madame Rozat ne désapprouvera pas, j'espère, l'engagement que vous allez prendre. — Oh ! jamais... ce que je veux, elle le veut... nous n'avons qu'une volonté. — Eh bien ! jeudi, si cela vous va ? — Jeudi, soit. — Nous compterons sur vous. D'ailleurs, d'ici là, nous irons, ma femme et moi, engager nous-mêmes madame. — Votre visite lui causera un vif plaisir.

Après avoir encore échangé quelques politesses, M. Rozat prend congé de Charles et de Léonie, non sans avoir en partant adressé de nouveaux compliments à la jeune femme.

— Comment trouves-tu Rozat ? dit Charles à sa femme dès que le grand monsieur blond est éloigné. — Mon cher Charles, tes amis seront toujours les miens, mais je trouve celui-ci trop complimenteur... — C'est une habitude de société. — Il me semble qu'on ne peut pas être franc quand on a toujours sur le bord des lèvres un sourire et un éloge à placer ; et, quoi qu'on en dise ce monsieur, je ne crois pas une des plus jolies femmes de Paris. — Tu es singulière ! tu blâmes ce qui plairait à d'autres. — Mon Dieu !... je ne blâme pas... je te dis seulement que ce monsieur fait des compliments trop outrés... Du reste, c'est ton camarade de pension, ton ami, tu dois être certain que je le recevrai toujours avec plaisir ; et si sa femme est aimable, j'en ferai volontiers ma société. Mais dis-moi.... et cette affaire que tu devais terminer ce matin ?... — Ah ! ma foi, ça m'est sorti de la tête... j'ai rencontré Rozat, nous nous sommes promenés ensemble, et puis j'ai voulu te l'amener... mais j'irai demain à mon rendez-vous.

— Demain... il ne sera peut-être plus temps... ce serait très-malheureux... tu as déjà manqué comme cela plusieurs fortes commissions...

— Ah ! ma chère amie, ne bougonne pas, je t'en prie... tu sais que cela m'ennuie beaucoup... il n'y a rien d'insupportable comme une femme qui murmure pour la moindre chose !...

Léonie se tait, mais elle soupire et va tristement se replacer devant son bureau, car elle pressent que son mari manquera souvent les occasions de faire prospérer son commerce. Quant à Charles, il passe dans sa chambre à coucher et s'occupe... à jouer du violon.

Deux jours après, les nouveaux mariés se rendent chez M. Rozat, dont l'épouse les reçoit avec de grandes démonstrations de plaisir. Au bout de dix minutes, M. Rozat paraît tenant toujours un manuscrit à la main.

— Comment ! c'est mon ancien camarade et son épouse, et tu ne m'avertis pas sur-le-champ, Céline ; mais c'est très-mal cela.

— Je savais que tu étais en train de travailler.

— Qu'importe ! il fallait m'envoyer Auguste.

— Tu me tapes quand je vais te déranger dans ton cabinet, dit le petit garçon d'un air boudeur ; encore hier tu m'as donné le pied au derrière parce que...

M. Rozat s'empresse de prendre son fils sur ses genoux et l'embrasse pour le faire taire en disant : — Il est certain que quand on compose... qu'on travaille de tête, on n'aime pas à être dérangé... mais lorsque ce sont de bons amis qui viennent vous voir, oh ! alors, c'est bien différent.

— Mais quand M. Martigue vient, reprend le petit garçon, tu lui dis aussi que ça fait plaisir, et puis tu grondes quand il est parti de ce qu'on l'a laissé entrer.

— Ma bonne amie, as-tu offert quelque chose à madame ? s'écrie M. Rozat en envoyant un peu brusquement son fils jouer dans une autre pièce.

— Madame ne veut rien accepter, reprend Céline qui est tout occupée d'examiner pièce à pièce la toilette de madame Darvillé. — Dans la situation de madame, on a toujours besoin de prendre quelque chose... Faites ici comme chez vous, ce n'est qu'à cette condition que nous acceptons votre aimable invitation.

La conversation se soutient, grâce à M. Rozat qui parle toujours. Léonie remarque que ce monsieur si prodigue de compliments avec les dames ne s'en refuse pas non plus à lui-même, et qu'il ne raconte pas un fait sans trouver moyen de s'adresser des éloges. Après une visite d'une heure, pendant laquelle M. Rozat a su couper la conversation

Madame Héloïse Stéphanie et son amie Héléna, deux femmes à parties.

sation par de petites caresses à sa femme, Charles et Léonie prennent congé.

— A jeudi, dit Charles. — A jeudi, c'est convenu. — Il faut amener votre petit garçon, madame, dit Léonie à madame Rozat. — Oh! vous êtes trop bonne... — Non, non, s'écrie le papa, il est trop diable, trop tapageur en société. — Oh! c'est-à-dire qu'il se tient fort tranquille quand on veut, reprend la maman, et je ne sais pas pourquoi vous dites cela... — Mais... ma minette... je dis cela... Au reste, tu sais bien que je ferai toujours ce qui te sera agréable... Etes-vous comme moi, Charles, je ne suis pas résister à ma femme. — Ma foi, Léonie fait aussi tout ce que je veux. — Mais j'espère que vous ne la contrariez jamais!... Oh! mon cher, ne contrarions pas les dames... c'est la plus belle moitié du genre humain... et nous devrions passer notre vie à leurs genoux... — Je trouverais cela un peu fatigant!... — Ah! vous ne dites pas ce que vous pensez.

Tout en débitant ces gentillesses, M. Rozat prenait le menton à sa femme, qui se laissait faire, comme ces chats que l'on fait danser, et qui couchent leurs oreilles, parce qu'ils n'osent point griffer. Enfin, Charles et sa femme sont retournés chez eux. Léonie ne trouve pas en madame Rozat cette aimable gaieté, cet air sans façon, qui provoquent la confiance; mais, ne voulant pas la juger sur une première entrevue, elle se flatte que par la suite elle lui inspirera plus de sympathie. Léonie désirerait trouver une amie avec laquelle elle pût sans contrainte épancher son cœur, qui écouterait ses petits projets, ses espérances, à laquelle même elle raconterait ses plaisirs; car Léonie s'aperçoit déjà qu'un mari est rarement cette amie-là; que le plus aimant, le plus aimable n'est pas toujours disposé à écouter ces mille petits riens qu'une femme aime à dire, à entendre, à confier. Mais depuis qu'elle va dans le monde, et qu'elle commence à le connaître, Léonie voit combien l'amitié est rare entre femmes, et sur quelle base fragile repose cet échafaudage de sentiments dont tant de gens font parade.

Loin de ressembler à sa femme, qui désire bien connaître les personnes avant de se lier; Charles est tout de suite intime avec les amis de ses amis; il lui suffit de déjeuner avec quelqu'un ou de boire un verre de bière dans la même société pour faire connaissance. Il acceptera le punch que l'on offrira, il consentira à être d'une partie de plaisir proposée par des gens qu'il voit pour la première fois; en sortant d'un café où d'abord il ne connaissait qu'une personne, il serrera la main de trois ou quatre individus qui seront venus causer avec son ami. De cette façon, on risque fort de prostituer son amitié; mais aussi Charles ne voit que des gens qui lui secouent chaudement la main, qui lui frappent amicalement sur l'épaule, et de tous côtés il entend dire : — Parlez-moi de Charles! c'est un homme cela!... il fait tout ce qu'on veut... il est de toutes les parties!... Oh! c'est un bon enfant tout à fait.

Léonie désire inviter pour son dîner du jeudi d'autres personnes que M. et madame Rozat; elle sait que la première fois que l'on reçoit du monde à sa table, c'est trop sans façon de n'être qu'en famille. La jeune femme voulait avoir sa belle-mère, mais Charles a dit à Léonie : — Si nous invitons ma mère, nous ne pourrons pas rire... nous amuser... tu sais qu'elle a toujours un air de cérémonie qui gêne, surtout quand on ne la connaît pas ; nous aurons une autre fois. Laisse-moi faire les invitations, j'aurai des hommes fort aimables, et dont tu seras enchantée. — Mais il faut avoir quelques dames aussi. — Eh bien! j'engagerai la cousine Bringuet... elle est gaie... une femme qui a passé une partie de sa vie en garnison ne se fâche pas du petit mot pour rire... J'aurai un Flamand, un bon gros gaillard qui voyage pour sa maison de commerce... M. Vanflouck, le cousin Bringuet, parlera du Nord avec lui. — Quel est ce monsieur Vanflouck? je ne le connais pas... — Si fait... il est venu deux ou trois fois me demander au magasin... — Quoi... serait-ce ce monsieur qui sent la pipe d'une lieue? — Eh bien, après! quel mal de sentir la pipe; les Flamands fument toute la journée et ça ne les empêche pas de bien faire leurs affaires. Vanflouck est associé d'une forte maison de Lille : toi qui veux toujours que je m'occupe d'affaires, tu devras être fort contente de me savoir lié avec cet homme-là... J'ai par exemple, pour faire du commerce avec lui, il faut boire, manger et tenir table longtemps... ce qui ne m'est jamais déplu; l'on commence son dîner à quatre heures et ne l'a pas fini à onze... — Mais mon ami... — Ma chère, laisse-moi inviter votre monde, je te réponds que nous aurons une réunion fort aimable.

Léonie ne dit plus rien, elle a l'habitude de céder de crainte de donner de l'humeur à son mari dès les premiers jours de son mariage; il lui eût cependant été facile de prendre chez elle plus d'autorité, Charles ne s'en serait pas plus mal trouvé; les gens qui se laissent aller sans besoin d'un point d'appui qui les arrête et qui les retienne quelquefois; mais Léonie est si douce, si bonne qu'elle n'ose agir en maîtresse, de crainte d'empiéter sur les droits de son époux.

Le jeudi est venu, Charles prévient sa femme qu'il a invité à dîner huit de ses amis pour tenir compagnie à la famille Rozat.

Huit! s'écrie Léonie en faisant un mouvement de surprise. Mais hier ce n'était que quatre. — C'est que depuis hier j'en ai rencontré quatre autres que j'avais oublié d'engager. — Avec madame Bringuet et son mari, nous serons donc quatorze... — Eh bien! pourquoi pas?...

plus on est de fous, plus on rit... Tu verras, ce sont tous de bons enfants fort aimables.

Léonie se fait dire les noms de ces huit messieurs ; excepté le gros Flamand Vanflouck, qui est venu quelquefois chercher son mari pour l'emmener au café, tous les autres lui sont inconnus. Mais Charles prétend que ce sont des gens avec lesquels il est journellement en relations d'affaires, et qu'il est de son intérêt de les recevoir à sa table.

Léonie est presque effrayée de traiter tant de monde, elle craint que son dîner ne soit pas assez splendide, assez beau; elle court donner de nouveaux ordres à sa cuisinière, elle fait mettre des allonges à sa table, et pendant que Charles se dandine sur une chaise en répétant : — Comme nous allons nous amuser! sa femme, malgré son état de grossesse, va, vient, court de la cuisine à l'office, examine si tout est prêt, si rien ne manquera à son dessert, et n'a pas encore eu le temps de faire sa toilette lorsque arrive l'heure où doit venir la société : de l'embarras, de l'ennui, du tracas : voilà quel est presque toujours le lot d'une maîtresse de maison quand elle donne un grand dîner; n'est-ce pas bien agréable de prendre tant de peine pour des gens que l'on ne connaît guère, pour des gens que l'on ne connaît pas?

La compagnie arrive. Léonie est encore en train de s'habiller et, pour comble de malheur, sa bonne est trop occupée à la cuisine pour venir lui attacher sa robe. C'est Charles qui reçoit la société. Les Rozat sont amené leurs fils ; pendant que le grand monsieur blond fait ses compliments à son ami, sa femme fait avec ses yeux l'inventaire de tous les meubles du salon.

La cousine Bringuet et son époux ne se font pas attendre, et madame Rozat, qui a probablement fini l'inspection du salon, commence celle de la toilette de madame Bringuet. Bientôt arrivent les hommes invités par Charles : l'un a un sans façon de la grossièreté ; l'autre se tient roide comme un piquet ; un troisième est crotté comme un barbet ; celui-ci a fait une toilette de bal et semble craindre de se retourner. Madame Rozat a fort à faire pour examiner tout cela, aussi trouve-t-elle à peine le temps de répondre quelques mots à madame Bringuet, qui cherche à lier conversation.

— Mais où donc est madame? s'écrie M. Rozat. — Oui, où donc est madame? — Elle va venir... encore quelque chose à surveiller sans doute... — Si vous vouliez, mon cousin, j'irais l'aider, moi, je sais ce que c'est que d'avoir du monde à dîner... Te rappelles-tu, Bringuet, nous avions une fois à dîner huit officiers de notre régiment, et justement ma bonne tombe malade ce jour-là... c'était comme un sort... Eh bien! je m'en suis tirée... il est vrai que M. Bringuet a fait les crèmes... il fait les crèmes comme un ange... Ah! voilà ma cousine.

Léonie paraît, rouge de s'être pressée, fatiguée d'avoir été obligée de s'habiller seule et d'être sur pied depuis le matin. Mais cela ne l'empêche pas de donner à sa figure cette expression aimable qui flatte les personnes que l'on reçoit. Pendant qu'elle rend ses saluts aux sept messieurs qu'elle ne connaît pas, madame Rozat a déjà dit à son mari :

— Sa robe lui va mal... trop courte du devant. — Mais elle est enceinte... — Ce n'est pas une raison pour être mal habillée, on met une robe faite en redingote alors.

M. Rozat a glissé trois compliments à Léonie avant qu'elle ait eu le temps de s'asseoir. Sa femme fait avancer son fils en disant : — Vous voyez que j'ai profité de la permission... — Vous avez très-bien fait, répond Léonie, qui pense avec ennui qu'il faut faire mettre un couvert de plus.

— Ah ça, mais, vous avez beaucoup de monde, dit la cousine Bringuet. Qu'est-ce que c'est donc que tous ces messieurs-là? — Ce sont... des amis de mon mari... il fait des affaires avec eux. — En voilà un qui aurait bien dû se faire décrotter, dit madame Rozat à l'oreille de son mari. — Mais, ma cousine, cela doit vous causer bien du tracas d'avoir tant de monde à la fois... — N'est-ce pas un plaisir, madame? — Oh! que non, pas toujours... je sais ce que c'est, j'ai donné souvent à dîner... et ce jour où ma bonne tombe malade... et j'avais huit officiers à traiter... nous étions alors en garnison à Givet... non... où donc était-ce?... — Pardon, je suis à vous.

Madame Bringuet, qui sait ce que c'est que de recevoir du monde, a oublié que ces jours-là une maîtresse de maison n'a pas le temps d'écouter de longues histoires. Léonie est allée faire mettre le couvert de M. Auguste. Charles cause avec ses amis ; ces messieurs une fois en train de parler, c'est à ne plus s'entendre, chacun se donne et crie comme s'il était au café. M. et madame Rozat se regardent en souriant d'un air malin ; la dame dit à demi-voix : — Qu'est-ce que sera donc après dîner?

Léonie revient; son dîner est prêt, on n'attend plus que M. Vanflouck; le Flamand arrive bientôt, rouge, haletant, suant, suivant son habitude.

— Mon cher monsieur Vanflouck, je craignais que vous n'eussiez oublié mon invitation, dit Charles. — Oh! que non... jamais je n'oublie un dîner, moi; mais j'ai été forcé de déjeuner avec un ami au Rocher-de-Cancale, et, ma foi... cela nous a menés jusqu'à présent... Je ne fais que sortir de table. — Ah! tant pis, cela va vous empêcher de dîner. — Non, non... je dînerai la même chose... Oh! quand je mis à Paris, mon estomac est habitué à ce régime-là! Je vous demanderai seulement un petit verre d'absinthe d'abord, et je ne m'apercevrai plus que j'ai déjeuné.

— Ah! mon Dieu! quel coffre! dit madame Bringuet à madame Rozat. — Oui... je trouve que cela a quelque chose d'un animal.

On apporte à M. Vanflouck le petit verre d'absinthe, qui lui donne la facilité de faire le Gargantua. Puis la compagnie passe dans la salle à manger. M. Rozat, en donnant la main à Léonie, lui serre doucement le bout des doigts.

Le diner est splendide, Léonie donne toujours trop, de crainte de n'avoir pas assez. Les amis de Charles font honneur au repas, et M. Vanflouck se conduit comme quelqu'un qui n'aurait déjeuné qu'avec du thé. Madame Rozat compte les plats, les hors-d'œuvre, fait l'examen de tout ce qui tient au service; cela et son fils, qu'elle a désiré avoir près d'elle, lui donnent une grande occupation; car le petit Auguste semble toujours chercher à se donner une indigestion. M. Rozat est près de la maîtresse de la maison, à laquelle il ne cesse d'adresser des compliments en souriant ou en soupirant, ce qui ennuie tellement Léonie qu'elle regrette de n'avoir pas mis de préférence près d'elle le monsieur crotté, qui du moins n'ouvre la bouche que pour manger et ne pense qu'à prendre les meilleurs morceaux. Madame Bringuet se trouve placée à côté d'un monsieur qui a servi, elle lui parle de toutes les villes où elle a été en garnison. Quant à son mari, il se dispute presque avec M. Vanflouck, parce que le Flamand se montre mauvais patriote et qu'il déclare préférer la cuisine parisienne à celle du Nord.

On est au dessert, on y est depuis longtemps, et M. Vanflouck se conduit toujours comme s'il dinait commençait; on a pris le caté à table pour être agréable à M. Vanflouck, qui n'aime pas changer de place. M. Vanflouck s'est fait mettre près de lui une bouteille de bordeaux; tout en causant il boit, puis il mange quelque chose, et quand sa bouteille est vidée, il en demande une autre; il ne paraît nullement disposé à quitter la table.

Madame Rozat se retourne sur sa chaise avec impatience, puis elle dit à son fils: — Tiens-toi donc tranquille... on va se lever tout à l'heure... oh! je vois bien que tu as de la peine à rester là!... La cousine Bringuet a déjà dit : — Il fait bien chaud ici! Son mari recule son verre toutes les fois que son voisin Vanflouck veut lui verser, en disant : — C'est fini, je ne prends plus rien. Léonie, qui remarque tout cela et se rappelle ce que son mari lui a dit des habitudes de M. Vanflouck, se décide à se lever de table, pensant avec raison que, pour satisfaire une seule personne, il ne faut pas forcer toutes les autres à s'ennuyer.

Quand une maîtresse de maison se lève, c'est le signal pour que chacun en fasse autant; mais le gros Flamand ne se conforme pas à cet usage. Il reste à table, toujours parlant, puis buvant, puis mangeant. Charles reste à côté de M. Vanflouck pour lui tenir compagnie, deux autres messieurs en font autant, et se décident à tenir tête à l'intrépide convive.

Léonie et les dames sont passées dans le salon, suivies de quelques messieurs; mais deux des amis de Charles ont pris leurs chapeaux et sont partis en se levant de table. Trois autres en font autant après avoir fait quelques tours de salon.

— Ce monsieur qui avait déjeuné au Rocher-de-Cancale est un rude convive, dit madame Bringuet. — Oui, dit madame Rozat, l'absinthe lui a bien réussi... Quel mangeur!... il a l'air disposé à passer la nuit à table. — Dans le Nord, c'est assez l'usage d'y rester longtemps... C'est une mode qui n'a rien d'aimable, dit M. Rozat, que voulez-vous que fassent les dames à table quand le diner est fini?... Toujours boire! c'est ignoble... Approche donc tes pieds du feu, ma minette, tu as l'air d'avoir froid.

— Ah! que c'est bien cela, dit madame Bringuet, que j'aime à voir un mari aux petits soins près de sa femme... — Mais n'est-ce pas un devoir et un plaisir, madame? répond M. Rozat en tapotant la main de la femme dans les siennes. — Oui, certainement, oui, certainement, c'est un devoir, mais tous les maris ne le remplissent pas... Ce n'est pas pour toi que je dis cela, Bringuet!... tu remplis tout, toi!

— J'avoue, reprend M. Rozat, que cela me fait mal lorsque je vois un mari parler à sa femme d'un ton brusque, d'un air d'humeur... cela dépend peut-être de la manière dont j'ai été élevé... cela tient à une certaine délicatesse de sentiments que tout le monde n'a pas.

— Mais ne voulez-vous pas faire une partie? dit Léonie pendant que madame Rozat tient ses pieds devant le feu, tout en examinant ce qui garnit la cheminée.

— Oh! ma cousine, il est bien tard pour se mettre à jouer... neuf heures et demie passées; songes donc que nous sommes restés fort longtemps à table... aussi vous nous donnez un diner qui n'en finit plus!... Un diner magnifique, dit Rozat, et vous aviez promis de nous recevoir sans façon, c'est fort mal... ce n'est pas nous traiter en amis. — La première fois que vous viendrez, c'est alors que ce sera tout à fait sans cérémonie. — Nous l'espérons bien.

— Mais votre Flamand compte donc rester à table toute la nuit? dit madame Bringuet. Quel gaillard que ce M. Van... fou... fou... comment l'appelez-vous?

— Vanflouck.

— Ah! c'est Vanflouck... Va donc voir ce qu'il fait encore à table, Bringuet.

M. Bringuet va jeter un coup d'œil dans la salle à manger, et revient dire :

— M. Vanflouck mange, boit et parle toujours; mais ce t'une justice à lui rendre, il n'a pas l'air plus animé qu'en se mettant à table. Dans le Nord on boit beaucoup sans se griser. — C'est un triste avantage, dit madame Rozat, j'aime mieux un homme qui se grise tout de suite, c'est plus tôt fait. — Et si je me grisais, méchante, tu ne m'aimerais donc plus? dit M. Rozat en allant cajoler son épouse. — Non certainement. — Nou... certainement, me fait la moitié... je vous déteste... Hum!... tu ne le pourrais pas... allons, donnez-moi votre main.

— Quel joli ménage! s'écrie madame Bringuet, ça fait plaisir à voir... Bringuet, je veux que tu te mettes sur le pied de me baiser la main; ça nous rajeunira.

Au moment où les dames mettent leur châle pour partir, M. Vanflouck se décide à suivre Charles, qui vient de se lever de table pour aller dire adieu à la famille Rozat.

Si le robuste Flamand a conservé son sang-froid malgré ses fréquentes libations, il n'en est pas de même des deux autres messieurs qui ont voulu lui tenir compagnie: ils sont rouges comme des écrevisses, et leur respiration est oppressée; on croirait entendre souffler des taureaux du nord. Charles lui-même s'est un peu animé en tenant tête à ses convives.

M. Vanflouck veut primer dans le salon comme à table. Il tranche sur tout, veux faire l'aimable avec les dames, ne leur débite que de grosses plaisanteries sans sel et sans esprit, et s'enorgueillit dans des phrases dont il ne sait plus le sens. Les deux autres convives ne font que souffler, ils ne parlent pas, mais poussent de gros rires à tout ce que dit M. Vanflouck.

La famille Rozat est partie, les Bringuet l'ont suivie. Vanflouck seul ne paraît pas songer à faire retraite, et depuis qu'il est levé de table, il a déjà bu trois fois de l'eau rougie; heureusement pour Léonie que les deux messieurs, qui probablement ne peuvent pas s'en tenir à souffler, prennent leurs chapeaux et veulent s'en aller; le Flamand se décide à partir avec eux, parce que l'un des deux a parlé de prendre du punch. Mais, en faisant ses adieux à la maîtresse de la maison, M. Vanflouck, qui a toujours la prétention de dire quelque chose de spirituel, frappe sur l'épaule de Charles en s'écriant:

— Madame, vous avez là un mari bien estimable!... et certainement je ne doute pas que vous ne le soyez ici... mais c'est un homme bien estimable... et ma foi, je vous engage à le conserver... car je l'estime beaucoup.

Là-dessus M. Vanflouck salue et se retire enchanté de ce qu'il vient de dire, en poussant devant lui les deux messieurs, qui ne trouvent plus les marches de l'escalier.

— Nous avons eu un charmant diner!... dit Charles en retournant près de sa femme, certainement on s'est bien amusé!

— Oh! oui, dit Léonie. Puis la jeune femme ajoute tout bas : — Mais je suis bien contente que ce soit fini!

CHAPITRE IX. — Les Boucles d'oreilles.

M. Rozat fait de fréquentes visites à son ami Charles, qui est rarement chez lui, parce que le Flamand Vanflouck le retient des journées entières au café, où, pour terminer son affaire, il lui en fait manquer dix. C'est donc Léonie qui reçoit M. Rozat. Ces visites ennuient la jeune femme, qui ne peut se faire au ton mielleux du grand blond, à ses compliments, à ses galanteries entremêlées d'éloges qu'il s'adresse; mais elle n'ose faire mauvaise mine à un ami de son mari. Lorsque sa femme est avec lui, Rozat caresse, embrasse même sa Céline devant ses amis; Léonie ne peut s'empêcher de trouver drôle que des époux qui ont tout le loisir de se donner en tête à tête des marques de leur amour, se conduisent devant le monde comme de jeunes amants qui n'auraient un instant à se voir.

M. Rozat, qui semble vouloir sonder les secrets sentiments de Léonie, lui dit un matin, d'un air doucereux, en parlant de Charles : — C'est un fort bon garçon... j'aime à croire qu'il apprécie le trésor qu'il possède... mais ce qui m'étonne, c'est qu'il soit si froid avec vous... jamais de ces petits mots galants... de ces tendres caresses qui prouvent l'amitié.

— Monsieur, répond sèchement Léonie, je crois que des époux ont tout le temps de se prouver leur amour, sans choisir pour cela le moment où ils sont en compagnie. Parce que, devant le monde, un homme cajolera, embrassera sa femme, cela ne me prouvera pas qu'il la rende heureuse dans son intérieur. Les sentiments les plus tendres sont ceux qui veulent le plus de mystère; ceux dont on fait parade perdent beaucoup de leur prix à mes yeux.

— Madame, répond Rozat en se pinçant les lèvres, chacun comprend l'amour à sa manière. Cependant, après cette conversation, Léonie remarque qu'il y a beaucoup moins de caresses conjugales en public.

Charles, qui, en embrassant pour la première fois son enfant, s'écrie :
— Je veux qu'elle ait tous les talents; qu'elle sache la musique, le dessin... et qu'elle soit toujours mise comme un petit bijou.... je lui donnerai une montre à trois ans...

Léonie sourit et dit à son mari : — Ce qu'il faudra surtout lui donner, mon ami, c'est une dot! tu sais que les femmes ne se marient guère sans cela!... il faut donc tâcher de gagner de l'argent et de relever notre commerce, qui ne va pas très-bien depuis quelque temps.
— Sois donc tranquille!... ça va reprendre... Vanflouck m'a encore promis deux fortes commissions!... Je donnerai cent mille francs à ma fille, pas moins.

Pour commencer la dot de sa fille, Charles court annoncer à ses amis la naissance de la petite; et, pour fêter cet heureux événement, il mange des huîtres avec l'un, des côtelettes avec un second, joue le café avec un autre, prend de la bière avec Vanflouck, et passe dehors une journée qu'il aurait dû consacrer à sa femme. Léonie ne se plaint pas, parce qu'elle voit que son mari l'aime toujours, et une femme pardonne bien des choses à celui qui lui montre du moins de la tendresse.

La maman Darvillé a nommé sa petite-fille Laure, et Léonie, que sa santé et le soin de sa maison privent du plaisir de nourrir sa fille, s'en sépare en aspirant déjà après le moment de son retour. Mais la jeune femme s'aperçoit que, pendant qu'elle garde le lit, Charles ne s'occupe nullement du soin de son commerce; les affaires que M. Vanflouck lui a procurées ont presque toutes été mauvaises; les correspondants se plaignent du mauvais état des marchandises qu'on leur envoie, plusieurs refusent de les accepter; les rentrées ne se font pas, et il faut payer les billets que l'on a faits aux fournisseurs. Léonie s'inquiète, se tourmente, supplie son mari d'apporter plus de soin à ses affaires; Charles le lui promet, et il est de bonne foi quand il lui jure qu'il veut ne songer qu'à s'enrichir; mais dès qu'il est hors de chez lui, il oublie ce qu'il a promis à sa femme, et se laisse emmener par Vanflouck ou un autre pour conserver sa réputation de bon enfant.

Léonie, à peine rétablie, est revenue se placer devant son bureau, elle examine les livres que son mari consulte si rarement; elle voit avec effroi combien une année a déjà amené de pertes dans une maison que son oncle savait rendre si fructueuse. Léonie cache à sa belle-mère les inquiétudes qui commencent à l'assiéger, car madame Darvillé ferait de vifs reproches à son fils; cela pourrait aigrir Charles, au lieu de le rendre plus sage. Mais la jeune femme n'est pas toujours maîtresse de dissimuler son chagrin, surtout lorsque son mari ne rentre que le soir après être sorti dès le matin. Charles ne dit rien lorsque sa femme boude, dans le fond de son âme il sent qu'elle a raison; il est bien rare que notre conscience ne nous dise pas la vérité... Charles n'est pas à son aise devant sa femme lorsqu'il vient de perdre son temps avec ses bons amis; mais, au lieu de s'excuser en embrassant Léonie, s'il la voit triste et silencieuse, il reprend vite son chapeau et sort de nouveau... Voilà le parti que prennent souvent les maris quand ils ont tort : c'est le plus court, mais ce n'est pas le meilleur.

Une fin de mois arrive, Léonie a six mille francs à payer et n'en a que la moitié dans sa caisse. Charles est sorti le matin pour chercher à escompter des billets; et, suivant son habitude, il ne rentre que pour dîner. Le soir M. et madame Rozat viennent faire visite à la jeune femme, qui s'efforce de prendre un air aimable et de cacher ses chagrins. Madame Rozat semble avoir aussi quelque chose, elle parle à peine, un de ses yeux est tout bordé de noir. Quant à M. Rozat, il est doucereux et galant comme à l'ordinaire, il semble même encore plus aux petits soins pour sa femme.

— Où est donc ce cher mari? dit le grand blond; nous le rencontrons rarement chez lui... il sort bien souvent maintenant. — Oui, répond Léonie en retenant avec peine un soupir, ses affaires le forcent à s'absenter. — Si ce sont ses affaires, il n'y a rien à dire... il paraît que Charles en fait beaucoup... votre commerce va toujours bien? — Oui, monsieur... très-bien... Mais qu'avez-vous donc à l'œil, madame Rozat... quel coup vous vous êtes donné!... vous êtes tombée? — Oui, s'écrie M. Rozat, sans laisser à sa femme le temps de répondre, elle est tombée... elle a glissé... elle est beaucoup trop vive, et voilà où nous entraîne la vivacité... mais cela ne lui arrivera plus, n'est-ce pas, Minette? — Je l'espère, répond madame Rozat sans lever les yeux; sans quoi... je sais bien ce que je ferai... et quand je suis poussée à bout.... — Ah! oui, c'est vrai... on t'a poussée, je me le rappelle maintenant... Allons!... laisse-moi baiser cet œil-là... ça le guérira. — Non, c'est inutile, ça ne le guérira pas du tout... — Ah! tu es méchante ce soir!

Léonie fait peu attention à ce que se disent les deux époux : elle écoute, parce qu'elle vient d'entendre entrer, bientôt elle s'écrie avec joie : — Ah! voici Charles.

Charles, qui a dîné avec Vanflouck, a plus de couleurs que de coutume, et il parle comme s'il s'adressait à des sourds. Léonie voit d'un coup d'œil que son mari est un peu étourdi; son front devient soucieux. M. Rozat sourit d'un air malin, en tendant la main à son ami, tandis que Céline murmure entre ses dents : — C'est gentil!
— Me voici, crie Charles d'un air joyeux. Bonsoir, Rozat... bonsoir, madame... Je n'ai pas pu rentrer pour dîner, parce que j'ai été retenu

avec Vanflouck par un Bruxellois, qui nous a menés chez Grignon... et magnifiquement traités...
— Tu connais donc ce Bruxellois, reprend froidement Léonie. — Non, je le voyais pour la première fois... mais c'est un homme fort aimable... sans façon; d'ailleurs c'est un ami intime de Vanflouck.
— Et les amis de nos amis sont nos amis, dit Rozat en riant. Ma foi, quand les gens nous invitent avec instance, il est difficile de les refuser... cependant je voulais revenir... je savais que tu m'attendais... Mais au moins avais-tu terminé les affaires pour lesquelles tu étais sorti? — Sois tranquille... ne t'inquiète de rien... — Je ne m'inquiète pas, mais... — Mais, mais, madame, je veux vous prouver que j'ai pensé à vous... que j'y pense toujours...

En disant ces mots, Charles tire de sa poche une petite boîte; les Rozat ont déjà les yeux attachés dessus, tandis que Léonie dit tranquillement : — Quoi, mon ami, est-ce que c'est encore un cadeau?
Charles ouvre la boîte et en tire une fort belle paire de boucles d'oreilles enrichies de diamants, qu'il présente à sa femme en lui disant :
— Il y a huit jours, en passant avec moi au Palais-Royal, je t'ai forcée de t'arrêter devant une boutique; je t'ai demandé ce que tu trouvais de plus joli. Ce sont ces boucles d'oreilles que tu m'as montrées, et je te les apporte.
— Ceci est extrêmement galant! dit M. Rozat, et voilà de ces traits que j'aime à faire, que je fais souvent.
— Je ne m'en suis jamais aperçue! dit à demi-voix madame Rozat.
Léonie a pris les boucles d'oreilles; mais elle ne semble pas enchantée de ce présent, et elle répond avec un peu d'hésitation : — Mon Dieu, mon ami, j'avais dit que je trouvais ces boucles d'oreilles jolies, parce que tu voulais absolument me faire dire mon goût; mais ce n'était pas une raison pour me les acheter... Un si riche bijou... c'est une folie!
Charles devient encore plus rouge qu'il n'était; il se recule de quelques pas en s'écriant avec colère : — Faites donc des cadeaux à votre femme pour qu'on les reçoive comme cela!... En vérité! c'est dégoûtant!... il y a de quoi mettre en colère l'homme le plus doux... et les femmes ne méritent pas que l'on ait des attentions pour elles!
Léonie n'avait jamais vu son mari en colère contre elle; elle pâlit, de grosses larmes roulent dans ses yeux. Rozat se pince les lèvres, et sa femme murmure encore : — C'est gentil!
— Allons! mon cher Charles, dit M. Rozat d'un air de bonhomie vous ne dites pas là ce que vous pensez... Les femmes mériteront toujours nos hommages, elles seules, notre adoration!...
Avant que M. Rozat ait fini, Léonie s'est levée; elle a couru se jeter dans les bras de son mari, et cache sa tête sur son sein en balbutiant : — Ah! mon ami... ne sois point fâché... J'ai eu tort, je t'en demande pardon.
Chez Charles la colère ne dure pas; il regarde sa femme et l'embrasse tendrement.
— Voilà un délicieux tableau! s'écrie Rozat en tirant son mouchoir pour se moucher. — N'est-ce pas, Minette, que ça fait plaisir à voir? Minette, qui est tout occupée d'examiner, de peser les boucles d'oreilles que Léonie a posées sur la table, répond : — Oh! c'est très-beau! c'est magnifique... c'est plein de feu!
Pour faire plaisir à son mari, Léonie met sur-le-champ les boucles d'oreilles; Rozat ne tarit pas en éloges sur la beauté du présent; M. Rozat dit que madame Darvillé éclipse tout, que le feu de ses yeux fera du tort aux plus beaux diamants, et la pauvre Léonie a encore les yeux obscurcis par les larmes qu'elle a répandues. Quant à Charles, il a repris sa gaîté; il est redevenu aussi bruyant qu'à son arrivée, et il admire sa femme en s'écriant :
— Je savais bien que cela lui irait à ravir!... Oh! je veux que ma femme porte ce qu'il y a de mieux... Sois tranquille, Léonie, je m'arrangerai pour cela.
— Je pense comme Charles, dit M. Rozat; je veux que ma femme ne porte que du beau... et, comme j'ai très-bon goût, je n'achète que ce qu'il y a de plus distingué... J'ai en vue une paire de girandoles magnifiques... bien plus belles que celles-ci encore... Un de ces matins, Minette, je t'apporterai cela pour ton déjeuner.
Et M. Rozat passe sa main sur le bas de la figure de sa femme en lui chatouillant doucement le menton; mais madame Rozat ne sourcille pas. Quand les deux époux prennent congé de Charles et de sa femme.
Quand madame Rozat est dans la rue, elle dit en soupirant :
— Il paraît que ce M. Darvillé gagne bien de l'argent pour faire de tels cadeaux à sa femme.
— Oh! ça ne prouve rien... il est gris ce soir... Voyons, avez-vous fini de retrousser votre robe et vous décidez-vous à prendre mon bras?...
— En tout cas, s'il est gris, ça n'empêche pas d'aimer sa femme, de chercher à lui être agréable. On peut excuser un homme de s'être oublié à table... mais un mari qui se livre à des emportements... à des accès de fureur dignes d'un savetier... ah! cela ne peut pas se pardonner!... — On doit aimer sa femme quand elle est douce, qui, lorsqu'elle croit avoir tort, demande excuse à son mari, comme l'a fait tout à l'heure madame Darvillé. Mais une femme grondeuse, acariâtre... on en a bien vite plein le dos! — L'expression est jolie et de bon goût; je vous en fais compliment. — En tout cas, elle vaut bien votre savetier que vous avez jeté au nez tout à l'heure. — Prenez garde, mon

sieur, vous me crottez... — Si vous n'êtes pas contente, marchez toute seule... — Oh! je ne demande pas mieux!

Madame Rozat quitte aussitôt le bras de son mari, et ils retournent chez eux en suivant chacun un côté de la rue.

Lorsque Léonie est seule avec son mari, après avoir encore admiré ses boucles d'oreilles, elle dit timidement : — Mon ami, je ne voulais pas te fâcher en disant que ce cadeau était une folie... je craignais seulement que cela ne fût bien cher... — Oh! je ne dis pas, elles sont bien jolies certainement... mais dans ce moment où nous avons à payer... où tant de billets sont protestés... Tu sais que pour après-demain il nous manquait mille écus; tu les as donc trouvés? — Oui, oui, je les a... il n'y manque que les quinze cent cinquante francs que j'ai donnés pour le bijou.

Léonie ne répond rien; elle réprime un soupir qui contrarierait son mari. Mais le lendemain elle est obligée d'emprunter la somme qui lui manque pour ses payements, parce que Charles a voulu lui apporter des boucles d'oreilles.

CHAPITRE X. — Retour de Mongérand.

Où est-il ce sacré polisson de Charles! que je le voie, que je l'embrasse! dit un grand homme brun en entrant un jour fort cavalièrement dans le bureau où se tient Léonie.

— Monsieur, mon mari n'y est pas, mais... — Ah! vous êtes sa femme, madame? En effet, je me rappelle qu'on m'a dit qu'il s'était marié... et moi aussi je me suis marié depuis que je n'ai vu Charles... j'ai fait cette bêtise-là, il y a un an... et voilà dix mois que j'en ai par-dessus les oreilles... Mais c'est fini, Dieu merci... j'ai coupé le nœud gordien : ma femme fera ce qu'elle voudra! je m'en moque, moi; je me refais garçon. Nous nous sommes séparés avec promesse de ne jamais nous revoir; nous en avions assez tous les deux. Enchanté, madame, de faire connaissance avec l'épouse de mon ami de collège. Charles a dû vous parler de moi souvent? — Votre nom, monsieur ? — Ah! c'est juste, c'est ce que j'aurais dû vous dire d'abord : Mongérand, Emile Mongérand, camarade de classes de Charles, puis sous-officier de hussards, puis marchand de nouveautés, puis marié, puis... je ne sais plus quoi encore... mais toujours ami fidèle et dévoué; j'espère que Charles n'en a jamais douté.

— Votre nom ne m'est pas inconnu, monsieur; je me rappelle en effet l'avoir plus d'une fois entendu prononcer à mon mari. — Ah! sacredieu! s'il m'avait oublié, ce serait un vilain chinois!... mais Charles est un bon enfant; je le connais; il est incapable d'oublier ses amis. Et vous dites donc qu'il est sorti... Où est-il ? — Il devait aller à la Bourse; mais peut-être sera-t-il entré au café de la Rotonde... ou à celui qui fait le coin de la rue. — Oh! je le trouverai alors ; je connais tous les cafés, moi. Je vais à sa recherche, madame; je ne vous dis pas adieu, car je pense que j'aurai le plaisir de vous revoir bientôt. — Monsieur, les amis de mon mari sont toujours bienvenus. — Je n'en doute pas, madame. Votre serviteur.

Mongérand est déjà loin, et Léonie se replace à son bureau en se disant : — Ah, mon Dieu!... quel est donc ce nouvel ami de Charles... quel ton libre... quelle drôle de façon de s'exprimer en jurant à chaque instant... M. Bringuet est un ancien militaire, mais il ne jure pas pour cela. Cependant la figure de ce Mongérand est assez franche... et, malgré ses manières de corps de garde, je le préférerais encore à ce M. Rozat, qui commence à m'ennuyer beaucoup avec ses compliments et ses serrements de main.

Charles revient dans la journée; il n'a pas vu Mongérand. Sa femme lui apprend la visite qu'elle a reçue.

— Mongérand est à Paris?... Ah! j'en suis bien aise, c'est un si bon garçon!... Pourquoi ne l'as-tu pas engagé à dîner? — Mais je ne savais pas si je le devais... ce monsieur a un ton si cavalier... une manière de s'exprimer si libre... — Et voilà bien! tout de suite effarouchée!... Mongérand est un brave garçon... c'est un camarade de collège d'ailleurs... Qu'est-ce que cela fait, mon ami? Tous les jours un homme qui a été notre ami en pension peut devenir fort mauvais sujet dans le monde; et parce que nous avons étudié avec lui, cela ne nous oblige pas à le voir plus tard. — Ah! tu vas faire comme ma mère... tu vas me moraliser... Qui t'a dit que Mongérand fût un mauvais sujet?... est-ce parce qu'il jure quelquefois dans la conversation?... — Non; mais il a quitté sa femme. — Pour venir à Paris!... — Non; il l'a quittée tout à fait, à ce qu'il dit. — Écoute donc, si sa femme le rendait malheureux... Dans les affaires de ménage, peut-on jamais savoir qui a tort!... Je suis contrarié que tu ne lui aies pas dit de venir dîner, justement aujourd'hui que j'ai invité Vanflouck. — M. Vanflouck vient dîner? répond Léonie en laissant échapper un mouvement d'humeur. — Oui... Est-ce que cela te contrarie aussi?... — Je ne puis pas dire que je trouve amusant d'avoir à dîner un homme qui reste à table toute la soirée... — Tu n'es pas forcée de lui tenir toujours compagnie, pourvu que j'y reste, moi... — Oui, et puis cela te fait mal... cela l'habitue à boire... — Ah! Léonie, tu as l'air de me regarder comme un enfant qui n'est pas en état de savoir se conduire... cela finira par m'impatienter.

Léonie ne dit plus rien; l'heure du dîner arrive; Vanflouck se présente, sentant l'eau-de-vie et l'absinthe à dix pas et s'essuyant le visage en disant : — Je viens de boire de la bière délicieuse avec le Bruxellois... nous avons ensuite pris du cognac pour faire couler la bière, puis de l'absinthe pour faire couler tout cela.

Au moment où l'on va se mettre à table, on entend ouvrir brusquement les portes : c'est Mongérand qui entre dans la salle à manger et va se jeter au cou de Charles.

— Ah! je savais bien que je finirais par te trouver!... — C'est toi, mon cher Mongérand! Je suis bien content que tu sois revenu. Tu vas dîner avec nous? — Parbleu!... est-ce que cela se demande?... — J'avais grondé ma femme de ne pas t'avoir invité... — Est-ce que j'ai besoin qu'on m'invite, moi?... n'a-t-on pas toujours son couvert mis chez un ancien camarade?... Mais, sacredié! j'ai été au moins dans vingt cafés pour te chercher... je suis allé, entre autres, dans celui où nous avons eu cette querelle, tu sais?... — Oui, oui. — A propos de cela, je ne t'ai pas non plus trouvé alors pour aller nous battre.

— Vous battre! s'écrie Léonie avec effroi. Comment! mon mari a dû se battre?... — Oui... Oh! une petite altercation... une vétille avec des blancs-becs... Quoique ça, j'ai reçu une balle dans le ventre; j'ai gardé le lit plus de six semaines, et tu n'es pas venu me voir. — Je ne savais pas ton adresse... sans cela... — C'est ce que j'ai pensé depuis, et c'est pourquoi je ne t'en ai pas voulu. Mais me voici de retour à Paris, que je ne veux plus quitter, et j'espère que nous nous verrons.

M. Vanflouck considère Mongérand avec une certaine surprise; il paraît étonné qu'on parle aussi longtemps quand il est là; il est piqué de ce que Mongérand n'a pas encore eu l'air de l'apercevoir; mais celui-ci s'est mis à table entre Charles et sa femme, et, tout en dînant, il continue de parler.

— Ta femme n'a sans doute que tu quittes la mienne?... — Oui, Léonie m'a dit. Mais comment se fait-il, marié depuis si peu de temps?... — Ah! il me semblait qu'il y avait cent ans!... D'abord je crois que j'avais eu tort de me marier : ça ne me va pas!... mais j'avais eu tort surtout d'épouser cette femme-là... Rozat m'avait bien dit : Tu t'en repentiras. A propos, je vois-tu, Rozat?... — Oui, très-souvent. — Encore un joli coco!... Il savait mon adresse, lui, et il savait que j'étais malade... mais il n'y a pas de danger qu'il soit venu me voir!... Ne me parlez pas des amis, madame; c'est presque aussi volage qu'une maîtresse!... Ce n'est pas pour votre mari que je dis cela; je le crois meilleur enfant que les autres.

— Et vous avez raison de le penser, monsieur, répond Léonie, à qui Mongérand venait de s'adresser.

— Ce poisson est excellent, dit Vanflouck, qui veut tâcher de prendre la parole, et surtout de la garder. Avec mon ami de Bruxelles, nous avons mangé de petites sardines fraîches qui étaient délicieuses, je crois qu'elles venaient de...

— Pour en revenir à ma femme, dit Mongérand sans avoir l'air de s'apercevoir que M. Vanflouck parle, je conviens que j'en ai été amoureux... oh! fort amoureux... Une brune piquante... un air mutin en diable!... des yeux à poste fixe... tout cela m'avait tourné la tête... j'en tenais enfin. Elle a voulu se faire épouser... et j'ai épousé, mais je m'en suis bien vite repenti. D'abord quand on a connu une femme trois mois... bonsoir pour l'amour, on la sait par cœur, et c'est toujours la même chose!

Léonie ne peut retenir un mouvement de déplaisir que lui fait éprouver ce que vient de dire Mongérand, elle recule un peu sa chaise d'auprès de lui, tandis que Charles s'écrie : — Ah! Mongérand! ce n'est pas juste ce que tu dis là; il y a dix-huit mois que je suis marié, et j'aime toujours autant ma femme...

Léonie sourit à Charles, tandis que Mongérand répond : — Mais, mon ami, tu ne me comprends pas. Tu aimes toujours ta femme, parce que la tienne est douce, bonne, soumise... alors tu as de l'amitié pour elle... de la franche amitié... c'est tout ce qu'il faut pour être heureux; mais tu n'as plus d'amour, parce qu'on aime jamais amoureux de sa femme après la lune de miel!...

— En vérité, monsieur, dit Léonie, qui a presque les larmes aux yeux, je ne sais pas pourquoi vous voulez absolument que mon mari n'ait plus d'amour pour moi...

— Ma chère petite dame, je trouve très-bien qu'il vous aime comme un bon ami, un bon époux peut aimer sa femme; et s'il manquait à cela, au contraire, je serais le premier à le blâmer : mais il ne me parle pas d'amour, car toute à la lune de miel!... On aime une maîtresse, on l'adore, on en est fou!... eh bien, qu'est-ce qui en résulte?... elle est à vous; au bout de quelques semaines on en a assez, on la cherche une querelle d'Allemand pour rompre avec elle. Tandis que notre femme, quand elle est bonne, si son ménage, et qu'elle ne nous tourmente pas, on revient à elle... et on la mène quelquefois promener... quand elle est bien sage. Vous voyez que de la bonne amitié vaut mieux que l'amour.

Léonie ne répond rien, Vanflouck se hâte de profiter de ce moment où Mongérand se repose : — Je suis très-content d'avoir découvert ce café où la bière est excellente... c'est assez rare à Paris. Il est vrai que, quand je suis à Paris, j'ai assez l'habitude...

— J'ai donc quitté ma femme, reprend Mongérand en coupant de nouveau la parole à Vanflouck. J'avais cependant voulu la mettre sur un bon pied... dès les premiers jours de notre mariage, je lui avais signifié que je voulais être constamment maître de mes volontés, d'aller, de sortir, sans jamais rendre compte de mes actions... car tout dépend des commencements; et vous ne vous montrez pas ferme, vous êtes perdu...

— Il paraît cependant que cela ne vous a pas réussi, monsieur! dit Léonie avec un peu d'ironie.

— Que voulez-vous, madame, il y a des exceptions!... il y a des femmes qui ne veulent pas comprendre ce qui est juste, ce qui est raisonnable, ce qui doit être enfin... Ma foi! j'ai dit à la mienne : Séparons-nous... vous avez votre commerce qui va bien; moi, j'ai mon argent, bonsoir; et me voilà.

— Que comptes-tu faire à Paris? — Oh! nous verrons : tu sais que j'avais hérité, je ne suis pas pressé, j'ai de l'argent. Mais... en attendant, buvons au plaisir de nous revoir.

Charles et Mongérand choquent leurs verres. Vanflouck n'avance pas le sien; il boit seul en disant : — Il me semble que votre bordeaux était le meilleur à la dernière fois?... — C'est pourtant le même. — Alors cela dépend peut-être du bouchon.

Mongérand se décide bien à manger, et le gros Flamand trouve moyen de prendre la parole; mais il s'adresse constamment à Charles; Léonie ne dit rien, elle réfléchit, et ses pensées n'amènent pas la gaieté sur son visage.

On a servi le café. Léonie se lève bientôt et passe dans le salon, laissant seuls entre ses deux amis, dont l'un semble disposé à défier l'autre de lui faire quitter la table.

Mongérand s'ennuie bientôt d'entendre parler et de voir boire M. Vanflouck; il se lève en disant : — Est-ce que nous n'allons pas prendre l'air, faire quelque chose... fumer un cigare?

— Tout à l'heure, répond Charles, qui n'ose pas se lever parce que Vanflouck a posé une de ses mains sur son bras, et, tout en continuant de parler, prend l'air du laisser dire : — Il faut que vous restiez là.

Mongérand va trouver Léonie et lui dit : — Ah çà, qu'est-ce que c'est donc que ce gros tas qui a dîné avec nous et qui semble vouloir mettre la grappin sur Charles et l'empêche de bouger?

— C'est un ami de mon mari, répond tristement Léonie. — Un ami, ah! sacré bigre! où diable a-t-il été se choisir un ami comme cela!... il a l'air d'un veau, cet homme-là... il recommence à boire du vin après son café. — Il n'est pas près de quitter la table; ordinairement il y passe la soirée. — Ah! il y restera tout seul alors, mais certainement il n'y aura pas Charles, qui ne doit pas s'amuser d'écouter toujours ce monsieur. — Charles a si fort l'habitude de faire tout ce que veulent ses amis! — Ah! c'est vrai que c'est un bon enfant!... mais ce n'est pas une raison pour être bête. Attendez, je vais le débarrasser de son Vanflouck, moi.

Mongérand retourne dans la salle à manger, et, sans attendre que M. Vanflouck ait fini de conter de quelle manière il aime le saumon, il s'écrie : — Ah çà! Charles, je désire aller faire une partie de billard... je pense que tu ne veux pas faire attendre toute la soirée un ami que tu n'as pas vu depuis plus de deux ans?... et d'ailleurs ça doit l'embêter de rester si longtemps à table!... monsieur peut y coucher si ça l'amuse... mais ce n'est pas une raison pour y endormir les autres.

Charles profite de l'occasion, il se lève : Vanflouck devient pourpre de colère et s'écrie : — Monsieur, je ne sais pas à propos de quoi vous m'apostrophez ainsi!... si nous restons à table, c'est que cela nous plaît apparemment!... et je n'ai jamais vu qu'on forçât un maître de maison à sortir... quand il est encore en train de dîner!...

— Oh! oh! mon cher monsieur, en train de dîner est joli! j'espère que vous avez dîné, et parfaitement... je ne sais pas même où vous avez pu mettre tout ce que vous avez mangé.

— Comment! monsieur, que j'ai mangé!... — Ce n'est pas un reproche que je vous fais!... vous vous portez bien, voilà tout. Mais je dis, allons prendre l'air... il y a assez longtemps que vous êtes à table. — Mais si je me trouve bien à table, moi, monsieur; si je cause d'affaires avec M. Darvillé!... — Vous causerez aussi bien dehors. — Qu'est-ce à dire, dehors!... mais je... — Ah! morbleu! vous m'ennuyez aussi! Charles va venir avec moi, parce que je le veux; et, si vous n'êtes pas content, c'est à moi que vous aurez affaire! entendez-vous, monsieur Vanflouck? et taisons-nous, parce que je n'aime pas le bruit, moi; j'aime la paix!... sacredié!

Charles fait ce qu'il peut pour rétablir l'harmonie entre ses deux convives; il essaie de calmer Mongérand, il verse à boire au Flamand; mais l'un a déjà la tête montée et l'autre semble être prêt à étouffer de colère. Charles, s'apercevant que ces messieurs ne sont pas disposés à s'accorder, prend le parti de céder à Mongérand, qui lui tient déjà un bras et l'entraîne vers la porte. Il sort en disant à Vanflouck : — Nous allons faire une partie de billard... venez donc avec nous... Mongérand n'a pas eu l'intention de vous fâcher... venez, nous prendrons du punch.

Vanflouck ne répond rien et ne suit pas ces messieurs; après avoir encore pris un verre de bordeaux, il quitte la table et va trouver Léonie; celle-ci n'était pas fâchée de la querelle qui venait d'avoir lieu, espérant que cela la débarrasserait de ces messieurs.

— Avez-vous entendu, madame, ce que ce monsieur s'est permis de me dire? s'écrie Vanflouck en s'approchant de Léonie.

— Monsieur... oui, j'ai cru entendre... comme une petite altercation... — Mais, madame, c'est qu'en vérité on n'a jamais vu chose pareille! Comment! je dîne chez un ami... et un monsieur que je n'ai jamais rencontré nulle part se permet de m'apostropher, de trouver mauvais que je reste à table pour causer avec votre mari... c'est extraordinaire!... j'en aurai une mauvaise digestion!... voulez-vous bien me faire donner un verre d'eau sucrée? — Oui, monsieur.

Vanflouck prend son verre d'eau sucrée en poussant encore des exclamations : — J'avoue que je n'en reviens pas... et M. Darvillé a cédé à cet homme... il est sorti avec lui. — Il me semble, monsieur, que c'était le meilleur moyen de mettre fin à votre querelle. — Vous avez raison... il a peut-être cédé par prudence et je lui en sais gré.... Mais ce monsieur! agir ainsi chez les autres... c'est comme un cheval échappé... Qu'est-ce que c'est donc que cet homme-là, madame? — C'est un camarade de classe de mon mari. — Ah! le vilain homme!... — Est-ce que vous avez souvent sa visite? — C'est très-probable, monsieur, mon mari lui a dit que son couvert serait toujours mis chez nous. — Tant pis!... c'est fâcheux pour vous, madame; cela fera fuir vos autres connaissances; quant à moi, je vous déclare que je ne voudrais pas me retrouver avec cet homme-là, parce qu'il pourrait arriver quelque fâcheux événement.. J'estime beaucoup M. votre mari... mais... je ne reviendrai pas dîner chez lui tant qu'il recevra ce tapageur!... Je vous conseille de n'engager M. Darvillé à rompre avec lui. — Mon mari l'aime beaucoup, monsieur; il trouverait fort mauvais qu'on se permît d'en dire du mal! — Alors, madame, cela me priva, madame, mais... j'ai l'honneur de vous saluer.

Et M. Vanflouck s'en va en répétant encore : — Ah! le vilain homme!.. ah! ça ne m'était jamais arrivé!

Léonie serait fort aise d'être débarrassée de M. Vanflouck, mais elle est fâchée de devoir ce service à l'arrivée de Mongérand, dont les manières et surtout les discours lui ont beaucoup déplu. La jeune femme voit avec effroi l'intimité qui règne entre Mongérand et son mari; et lorsque Charles devrait plus que jamais s'occuper de son ménage, elle craint que cet ami qui vient se fixer à Paris ne le détourne encore de ses affaires.

— Si du moins ma fille était plus grande, si je l'avais près de moi! se dit Léonie en regardant tristement l'heure que marque la pendule, alors le temps me semblerait moins long! se dit-elle encore plus seule... j'aurais une société, une compagnie... car ma fille sera mon amie... et peut-être la présence de son enfant retiendrait-elle mon mari à la maison; oh! oui, je serais bien heureuse quand j'aurai ma fille... là... près de moi... mais ma Laure n'a que neuf mois!... il me faut être seule longtemps encore!...

Léonie soupire; de tristes pensées viennent, malgré tous ses efforts, se mêler à ses rêves de bonheur pour l'avenir. Onze heures sont sonnées et Charles ne revient pas; ordinairement il ne passe point cette heure. Léonie, prise de l'habitude d'attendre son mari, reste près de sa cheminée et compte les minutes en se disant : — C'est son ami qui le retient sans doute! c'est la première fois qu'ils se revoient. Il faut espérer que M. Mongérand ne le gardera pas toujours si tard.

Cependant minuit sonne, Léonie s'inquiète; elle tremble qu'il ne soit arrivé quelque chose à son mari; elle se rappelle que Mongérand a dit qu'une fois Charles devait se battre. Elle ouvre sa fenêtre, s'y place, regarde dans la rue, écoute; mais la nuit retentit plus que rarement de la marche des passants, et la flamme rougeâtre des réverbères ne permet pas de distinguer bien loin.

Trois quarts d'heure s'écoulent encore. Le temps est froid; Léonie frissonne; elle ne s'en aperçoit pas; ce n'est pas d'elle qu'elle s'occupe, c'est son mari qu'elle se représente déjà blessé, mourant, assassiné.

Enfin des pas se font entendre; un homme s'est arrêté devant la maison, et Léonie est tombée sur une chaise qui est contre la croisée en murmurant : — C'est lui!

C'est Charles en effet. Il arrive bientôt près de sa femme, fredonnant un couplet, sentant le punch, la pipe et ayant le teint très-animé.

Léonie se lève en pleurant et court enlacer son mari dans ses bras en s'écriant : — Ah! te voilà?... — Eh bien! oui, me voilà, répond Charles d'un air surpris; qu'est-ce que tu as donc? est-ce que tu as cru que j'étais perdu? — Ah! je te croyais mort... blessé... que sais-je!... mon imagination enfantait les pensées les plus effrayantes... Mais regarde donc l'heure qu'il est... bientôt une heure du matin... tu n'es jamais rentré si tard... — Ah! j'ai été retenu... Mongérand a rencontré d'anciens camarades de son régiment, nous avons fait une partie avec ces messieurs... Diable! mais tu as donc eu bien chaud, toi, que tu as la fenêtre ouverte?... — C'est que j'étais à la croisée pour voir si je ne t'apercevrais pas... si je t'entendrais... — C'est ça, et voilà comme on s'enrhume. — Ah! je ne songeais pas à moi!... — Ma chère amie, il faut être plus raisonnable... Que diable! tous les jours on peut rencontrer des connaissances... être retenu... je ne puis pas refuser tout ce qu'on me propose.... Voudrais-tu que je dise : Messieurs, je ne peux pas jouer au billard... ou prendre un verre de punch, parce que ma femme m'attend et pourrait me gronder... on se moquerait de moi...

Une autre fois tu te coucheras, cela vaudra beaucoup mieux. — Je ne pourrai pas dormir tant que tu ne seras pas rentré! — Que si! que si!... tu t'y habitueras! — Ah! vous avez donc l'intention de ne plus rentrer avant minuit maintenant? — Je ne dis pas cela... mais par hasard cela peut arriver... Eh bien! tu pleures à présent... qu'est-ce que c'est donc que ces bêtises-là? — C'est que je prévois que ce M. Mongérand va vous donner de mauvais conseils... vous éloigner de moi... Il dit qu'au bout de trois mois on ne peut plus aimer une femme... que c'est toujours la même chose!... Ah! quels affreux principes!... — Mais non; non, ne crois pas cela... Mongérand lui-même dit cela pour rire... Allons, ne pleure plus... tu sais bien que je t'aime... que je n'aime que toi. — Mais si je te parais toujours la même chose... n'est-ce pas la chose que j'aime, n'est-ce pas suffisant? — Ah! oui, mais... si... tu...

Les baisers de Charles étouffent la voix de sa femme, qui murmurait encore: — Ah!... oui... la même chose.

CHAPITRE XI. — Deux Amis.

L'oncle Formerey, qui devait se rendre quelquefois à Paris pour voir sa nièce et son mari, n'a pu effectuer ce projet; la goutte est venue y mettre obstacle, elle retient l'ancien négociant dans sa retraite, le cloue dans son fauteuil, où il s'ennuie de ne recevoir que rarement des lettres de sa nièce et jamais un mot de Charles; mais il pense que, tout à ses affaires, celui-ci n'a pas le temps de lui écrire, et le vieillard l'excuse. M. Formerey a reçu des nouvelles du frère de Léonie; le jeune homme a bien vendu sa pacotille, mais il en a perdu tout le produit dans de mauvaises spéculations; il a ensuite quitté l'Amérique pour se rendre aux Indes, et M. Formerey, en écrivant à Léonie ces détails sur son neveu, termine sa lettre par ces mots: « Ton frère Adrien ne veut se tenir nulle part: pierre qui roule n'amasse pas de mousse, ce garçon-là ne sera jamais un bon négociant. »

— Pauvre Adrien! se dit Léonie, s'il était ici, j'aurais au moins quelqu'un à qui je pourrais confier mes chagrins... il serait aussi l'ami de Charles... non comme ceux qui se donnent ce nom, et l'éloignent de son ménage, le dérangent journellement de ses affaires... Je ne puis croire que ces gens-là soient ses amis, ce n'est pas ainsi que je comprends l'amitié! Mais mon frère est bien loin! il ne le reverrai peut-être jamais!... et Charles néglige tout à fait ses affaires... nos engagements s'accroissent... je frémis quand je consulte notre livre de caisse... Il me promet de s'occuper de tout cela quand il est avec moi! mais, une fois sorti, il se laisse entraîner par l'un ou par l'autre!... Si je contais mes inquiétudes à sa mère... elle parlerait à son fils; peut-être Charles l'écouterait-il plus que moi... Mais me plaindre de mon mari!... oh! non... il m'aime toujours, et tant qu'il m'aimera je ne me plaindrai pas.

Ce que Léonie avait prévu est arrivé: le retour de Mongérand rend Charles encore plus dérangé. Si par hasard il se place à son bureau et veut essayer de travailler, le grand tapageur ne tarde pas à venir le chercher; il arrive en criant, en jurant, en fumant un cigare, et frappe sur l'épaule de Charles en lui disant:

— Que diable fais-tu donc ce matin?... on nous attend là-bas; il y a des huîtres d'ouvertes!... Tu sais bien que Germon en a perdu hier avec moi!...

— Mon mari a beaucoup à travailler, monsieur, dit Léonie en regardant Charles pour tâcher de le retenir.

— Oh! soyez tranquille, madame, il reviendra bientôt travailler, l'affaire de manger une douzaine d'huîtres... de boire un verre de châblis... ce sera vivement bâclé!... et Charles n'en sera que plus frais pour sa besogne... Allons, sacredié! viens donc... nous sommes tous bons enfants... mais on a juré qu'on ne déjeunerait pas sans toi!

Charles suit Mongérand en promettant à sa femme qu'il sera bientôt de retour; et quand ces messieurs sont dans la rue, Mongérand dit à son ami:

— Ah çà! est-ce qu'il te faut la permission de ta femme pour sortir?... Oh! par exemple, ce serait trop drôle!... — Non, non... c'est que je voulais travailler... mais certainement je suis bien libre de faire ce que je veux. — A la bonne heure... sans quoi je te dirais: Hâte-toi de secouer le joug... brise tout cela sous les pieds!... Les femmes sont ce que nous les faisons, vois-tu!... un homme est un imbécile quand il se laisse mener. J'aime les femmes, je les respecte... je suis plein des égards... et je te donnerai jamais de mauvais conseils!... mais, sacrebleu! sois homme!... montre-toi!... ne te laisse pas mener; si tu te laisses mener une fois, tu es fichu!... je te répète que ta femme est douce comme un agneau... j'en fais tout ce que je veux. — C'est bien, alors aime-la... aie pour elle des soins... de bons procédés; mais ne te laisse pas mener... sois le maître chez toi et tu seras heureux.

Les conseils de Mongérand sont plutôt écoutés que les douces remontrances de Léonie. Pourquoi?... c'est que Mongérand répète tout cela à Charles au café devant ses amis; que c'est à qui de ces messieurs fera sonner bien haut qu'il est le maître chez lui; que l'on se moquerait de celui qui aurait l'air de céder à sa femme, de la consulter; et que ces messieurs sont beaucoup plus sensibles à un quolibet,

à une mauvaise plaisanterie d'un de leurs compagnons de plaisir qu'aux prières, aux larmes de leurs femmes! Pauvres hommes que ceux-là qui passent leur vie à crier qu'ils sont les maîtres et ne font que des sottises pour le prouver!

Le temps s'écoule sans rendre Charles plus sage, Léonie ne cesse de répéter qu'il perdra sa maison de commerce, que leur situation devient embarrassante, que, s'il ne met de l'ordre dans sa conduite, ils ne pourront faire honneur à leurs engagements.

— Je vais travailler comme un nègre! dit Charles en embrassant sa femme. Ne t'inquiète de rien, j'ai des affaires superbes en train... Tu crois que je sors toujours pour m'amuser!...oh! je songe aussi à gagner de l'argent. Vanflouck doit me faire trouver avec un étranger qui a beaucoup d'achats à faire... Je te dis que ça va aller mieux... et je te donnerai un beau cachemire que j'ai en vue pour toi.

— Mon ami, je ne te demande pas de cachemire, mais nous avons une fille... pense à elle, si tu ne penses pas plus à moi. — Je penserai à nous tous... j'ai une affaire magnifique pour ce matin, j'ai un rendez-vous avec un courtier. — Vas-y donc et ne manque pas ce rendez-vous.

Charles sort avec la résolution de s'occuper de ses affaires. Il entre au café, par habitude seulement et pour regarder les journaux; là il trouve Mongérand qui déjeune et qui lui dit: — Mets-toi là... devant moi... Garçon, un couvert de plus... — Non, j'ai un rendez-vous ce matin... — Pour quelle heure? — Midi. — Il est à peine onze heures, tu as bien le temps.

Et Charles s'assied vis-à-vis de Mongérand; surviennent deux autres amis, puis un troisième; le déjeuner se prolonge; une heure sonne, Charles se rappelle son rendez-vous et sort. Il n'a pas fait cent pas qu'il rencontre Vanflouck; le gros Flamand s'empare de son bras en lui disant: — Je suis enchanté de vous rencontrer, je vous guettais; car je ne vais plus chez vous pour ne pas me trouver avec votre diable d'ami... mais j'ai beaucoup à vous parler. — On m'attend à midi... — On ne vous attend plus, puisqu'il est une heure!... — Pardonnez-moi... — Eh bien! de quel côté allez-vous? — Rue d'Antin — J'irai avec vous et nous causerons en chemin... mais d'abord prenons un verre d'absinthe quelque part!... — Mais!... — Ah! êtes-vous un bon enfant?... oui ou non? — Je pense que oui. — Alors vous accepterez mon verre d'absinthe.

On entre au café, Vanflouck ne s'y assied jamais pour peu de temps. L'absinthe n'est que le prélude d'autres liqueurs. Charles voudrait s'en aller, mais Vanflouck parle toujours; lorsqu'il voit Charles regarder la pendule il lui dit: — Nous partons; et il ne se lève pas.

Enfin, à deux heures, Charles parvient à se rendre chez la personne qui l'attendait et qui est sortie en ne le voyant pas venir.

Léonie a fait revenir sa fille; Laure commence à parler; Charles l'embrasse souvent avec tendresse; il aime son enfant; les plus doux sentiments de la nature ne sont pas éteints dans son cœur, c'est ce qui soutient la jeune mère et lui fait espérer que son mari se rangera. Elle ne s'ennuie plus depuis qu'elle a sa fille près d'elle, et, quoique la petite Laure ne puisse pas encore causer avec sa mère, celle-ci préfère sa société à toute autre, et attend plus patiemment son mari lorsqu'elle est assise près du berceau de son enfant.

Les Rozat viennent toujours chez Charles; mais l'ami aux paroles mielleuses lui fait rarement des parties de traiteur ou de café que propose Mongérand.

— Rozat est un robinet d'eau tiède, dit Mongérand lorsque le grand blond refuse de le suivre au café; il n'a jamais plus chaud dans la canicule!... il a peur de se rendre malade... de se déranger en venant avec nous!... Parlez-moi de Charles! à la bonne heure! voilà un homme qui ne bonde pas!... aussi tout le monde l'aime! c'est à qui l'aura!

M. Rozat ne se soucie pas d'aller avec Mongérand, parce qu'il sait qu'il est rare qu'avec lui les parties de plaisir ne soient point accompagnées de querelles; et comme il a remarqué le chagrin que cause la conduite dissipée de son mari, il affecte devant la jeune épouse une sagesse qui n'est point dans le fond du son cœur.

— Que ces messieurs aillent courir, dit Rozat en restant avec sa femme et Léonie, cela ne me tente point... je ne sais pas quel plaisir on peut goûter à passer sa soirée dans les cafés!... on est si bien dans son ménage!... moi, j'ai toujours aimé ma maison... mes foyers!...

— Ah! madame, dit Léonie à madame Rozat, que vous êtes heureuse d'avoir un mari qui n'aime pas à sortir!

— Oh! oui... murmure madame Rozat en souriant avec amertume, je suis bien heureuse!... ça fait peur!...

Cependant M. Rozat n'emmène pas toujours sa femme; c'est surtout chez Charles qu'il préfère aller seul; il est presque certain que son ami n'y sera pas, et un tête-à-tête avec Léonie est très-agréable au grand blond, qui alors tâche de faire les mines les plus séduisantes, de prendre la voix la plus douce et de dire les choses les plus aimables. Mais tous ces soins, tous ces frais de séduction sont perdus avec Léonie: elle ne les remarque pas ou n'a pas l'air de s'en apercevoir. Cela étonne beaucoup Rozat, qui se croit très-séduisant et ne présume pas qu'aucune femme puisse lui résister.

Un soir qu'il s'est rendu seul chez Charles, Rozat y trouve, comme d'ordinaire, Léonie sans autre compagnie que sa fille, qui est dans sa berceau. La jeune mère semble plus triste que de coutume , ses yeux sont rouges et humides ; Rozat juge le moment favorable pour offrir des consolations.

— Charles est sorti? dit-il d'un air indifférent — Oui, monsieur. — Oh! je ne pensais pas le rencontrer!... et ce n'est pas pour lui que je suis venu... Mais il est bien rarement chez lui, Charles? — Hélas! oui...—En vérité, je comprends pas sa conduite!... avoir une femme jeune... belle... aimable... qui réunit tout pour plaire, et la laisser ainsi!... l'abandonner!... oh! c'est mal! c'est très-mal!... A votre place, madame, je me vengerais d'un homme qui ne sait pas apprécier vos charmes et le trésor qu'il possède.

— Me venger !... répond naïvement Léonie, et comment donc cela?..

Rozat rapproche sa chaise de celle de la jeune femme, il pense qu'une telle question provoque une déclaration et qu'on l'encourage à parler. Il sourit, il soupire, il regarde d'abord le pied de Léonie, puis sa main, puis ses genoux ; il fait des yeux blancs comme s'il allait se trouver mal, et enfin il murmure :

— Vous me demandez comment▸

M. VanRouck.

— Mais oui, monsieur, car je n'ai pas du tout compris ce que vous avez voulu me dire.

— Vous n'avez pas compris?... les dames cependant comprennent à demi-mot ! — Il paraît que j'ai l'esprit moins pénétrant que les autres. — Oh! vous l'avez parfait!... comme tout ce qui est réuni dans votre personne... vous êtes un assemblage de séductions... — Mais, monsieur, vous ne répondez pas à ma question. — J'y rentre, au contraire, en vous disant que celui qui n'apprécie pas vos charmes est indigne de les posséder... que vous n'êtes pas faite pour vivre dans un continuel abandon... qu'il est d'autres hommes qui sauront vous adorer... vous encenser... que pour un tendre aveu de votre bouche de rose, je donnerais ma vie... que je ne puis plus cacher la flamme dévorante que vous avez fait naître en moi... Je vous...

— Ah! c'en est trop, monsieur ! je ne sais ce qui a pu vous rendre assez audacieux pour me tenir de tels discours ; mais j'espère que c'est la dernière fois qu'ils me sont adressés! sans quoi je vous préviens, monsieur, que je ferais part à mon mari de vos sentiments pour moi; et, quoique vous trouviez cela tout naturel de la part d'un ami, je ne pense pas qu'il le prendra de même.

M. Rozat demeure interdit; il espérait que sa déclaration et ses roulements d'yeux produiraient un tout autre effet; il ne sait plus que dire. Au bout de quelques instants, il balbutie : — Madame... il est possible que le sentiment que j'éprouve m'ait emporté trop loin... mais vous ne seriez pas assez méchante pour...

— Non, monsieur; si, comme je l'espère, vous ne revenez jamais sur ce sujet, je saurai effacer de ma mémoire ce que vous m'avez dit ce soir... je vous promets de n'en conserver aucun souvenir.

Rozat se tait encore : Léonie n'a nulle envie de rompre le silence. L'ami de Charles prend son chapeau, et fait ses adieux en tâchant de cacher sous un sourire de dépit, la colère qui le dévorante. Léonie le salue poliment ; puis, comme il faut toujours qu'une femme termine ses vengeances par un trait de malice, elle lui dit : — Vous voudrez bien, monsieur, dire mille choses aimables à madame votre épouse et l'embrasser pour moi.

— Je n'y manquerai pas, madame, répond Rozat d'une voix étouffée et en se cognant le nez contre la porte dans la précipitation qu'il met à s'en aller.

— Et voilà un homme que Charles croit son ami! se dit Léonie. Ah! je crains bien que la plupart de ceux avec lesquels il passe sa vie ne vaillent pas mieux que ce Rozat !... Et c'est pour être avec de tels hommes... c'est pour obtenir leur suffrage que Charles néglige son ménage... son commerce!... La vertu, le vrai bonheur ont donc bien peu de charmes !... O ma pauvre Laure! cet avenir brillant dont ton père te berce, est-ce ainsi qu'il le verra se réaliser!

Le lendemain de la soirée où M. Rozat lui a déclaré son amour, Léonie reçoit avis que deux lettres de change qu'elle a passées à un négociant n'ont point été acquittées, et que l'on va se présenter chez elle pour le remboursement. C'est huit mille francs qu'il faut payer le jour même; et, depuis longtemps, la caisse de Charles n'a point de réserves pour de pareils événements. Léonie court trouver son mari, qui s'amuse alors à remettre des cordes à son violon; elle lui présente la lettre qu'elle vient de recevoir en s'écriant : — Comment allons-nous faire?... nous n'avons pas cette somme!... Cependant il faut rembourser ces deux effets avant d'être payés de ceux qui nous les ont souscrits.

— Diable! dit Charles, est-ce que nous n'avons pas ces huit mille francs en caisse? — Il s'en faut bien!... Si tu examinais plus souvent nos livres, tu connaîtrais mieux notre situation... — Dame!... je ne peux pas toujours être cloué sur les livres, moi!... Voilà une mauvaise chanterelle... il y a des nœuds... je parie qu'elle cassera... — Mon ami, songe que c'est aujourd'hui qu'on viendra pour le remboursement!... — J'entends bien... c'est aujourd'hui... Tiens!... crac!... Qu'est-ce que je t'avais dit?... Mauvaise chanterelle, ça ne peut pas monter! — Charles, je ne conçois rien à votre indifférence : il s'agit de l'honneur de votre signature... et vous ne m'écoutez pas! — Pardon, ma chère amie, je t'écoute et je t'entends; mais je ne vois pas la nécessité d'être tout de suite inquiet, désolé!... Eh! mon Dieu! je les trouverai, ces huit mille francs!... n'ai-je pas des amis?... je suis bien avec tout le monde, moi!... Je laisse ce violon, car je vois que cela t'impatiente... Je vais m'habiller et me mettre en course... je gage que je ne serai pas longtemps à trouver la somme qu'il nous faut... et que d'ailleurs nous rendrons incessamment. — J'ai bien peur, Charles, que tu ne t'abuses sur les sentiments de ces gens qui se disent tes amis!... — Bah! les hommes ne sont pas si méchants qu'on le croit... Et mes camarades de pension! penses-tu que je ne puisse pas compter sur eux? Justement, hier matin j'ai rencontré Rozat; il venait de toucher de l'argent au trésor... il est en fonds; je vais aller le trouver.

— Non, Charles, non, je t'en supplie! s'écrie Léonie en arrêtant son mari par le bras, ne t'adresse pas à M. Rozat!... cela me contrarierait.... cela me ferait de la peine... — Pourquoi donc cela?... — Parce que je suis persuadée qu'il te refuserait. — Oh!... au contraire, il ne me refusera pas... — Mais, au lieu d'emprunter à des étrangers, ne vaudrait-il pas mieux nous adresser à ma mère?... C'est elle qui ne nous refuserait pas!

— Je me garderai bien d'aller compter mon embarras à ma mère! cela me vaudrait des sermons... de la morale... il semble qu'on ne sache pas se conduire!... D'ailleurs, ma mère n'a probablement pas cette somme; elle m'a donné ce qui me revenait de mon père, et n'a gardé que de quoi vivre honorablement, mais pas assez pour faire des économies. Décidément, je vais aller chez Rozat.

Léonie tient toujours le bras de son mari; elle ne peut supporter l'idée qu'il aille demander un service à celui qui, la veille, voulait séduire sa femme; elle ne sait comment empêcher cette démarche, car elle ne voudrait pas cependant trahir le silence qu'elle a promis de garder.

— Laisse-moi donc partir, Léonie! — C'est que... cela me ferait vraiment beaucoup de chagrin si tu allais emprunter à ces personnes-là !... c'est peut-être une petitesse de ma part!... mais ils nous croient riches... à notre aise du moins... et tu vas leur apprendre le contraire! →

— Est-ce que dans le commerce on ne peut pas se trouver gêné? — Si fait... mais je connais madame Rozat; elle dira : M. Darvillé ferait bien mieux de ne point acheter à sa femme de si belles boucles d'oreilles et de garder de quoi rembourser ses lettres de change!... — Ah! tu crois qu'elle dirait cela?...

Cette observation fait réfléchir Charles; il s'arrête, il semble hésiter; en ce moment Mongérand entre dans la pièce où sont les deux époux.

— Eh bien! qu'est-ce que nous avons donc ce matin?... je vous trouve à tous deux du sombre dans la physionomie... Madame est encore plus sérieuse que de coutume, et toi-même, Charles, tu as l'air vexé... est-ce qu'il y a eu des querelles dans le ménage?

La famille Bringuet qui a été dans le Nord.

— Oh! non, monsieur, dit Léonie, nous n'avons jamais de querelles! — A la bonne heure! sacrebleu! car j'aime la paix chez mes amis comme ailleurs. — Tiens, Mongérand, je vais te dire ce qui nous tourmente un peu, c'est que nous avons huit mille francs à rembourser aujourd'hui même, et cette somme nous manque... — Eh bien! n'as-tu pas des amis? — Si fait!... c'est ce que je disais à ma femme, et quand tu es arrivé, j'allais aller chez Rozat le prier de me prêter... — Chez Rozat!... je crois que ça fait un drôle de prêteur! Avant que j'eusse hérité, il ne m'a jamais voulu me prêter cent francs, sous prétexte que ça m'embarrasserait pour les lui rendre; mais une fois que j'ai eu de l'argent, oh! alors il m'a offert sa bourse!... Et d'ailleurs, pour quoi donc t'adressais-tu à Rozat de préférence à moi?... il me semble que je suis pour le moins autant ton ami que lui... — Mais, Mongérand, je ne savais pas si... — Si j'avais des fonds... Oh! je n'ai pas encore tout mangé!... je crois qu'il me reste huit ou neuf mille francs... Quand je n'aurai plus rien, je penserai à en gagner d'autres... Voyons, combien te faut-il?... huit mille francs? — Oui. — Attends-moi vingt minutes, je prends un cabriolet... je dis qu'on nous ouvre des huîtres chez l'ami du coin... et je suis de retour.

Mongérand est parti avant même qu'on lui ait répondu, et les vingt minutes ne sont pas écoulées lorsqu'il revient avec l'argent, qu'il met sur le bureau, en disant à Charles : — Tu as ton affaire, tu es tranquille, allons déjeuner!

— Mon ami, je n'oublierai jamais ce service, dit Charles en pressant la main de Mongérand. — Allons donc!... n'est-ce pas tout naturel!... Viens déjeuner!... — Mais mon mari ne vous a pas donné de reçu, dit Léonie... Attendez!... ce ne sera pas long... — Un reçu!... est-ce que vous vous fichez de moi!... est-ce que vous êtes des voleurs l'un ou l'autre!... Non, non, jamais de reçu entre amis, c'est inutile... En route, Charles!

Charles va embrasser sa femme et lui dit à l'oreille : — Croiras-tu que celui-là soit mon ami à présent?

Sa femme ne répond rien, mais elle soupire et se dit en elle-même : — Hélas! c'est peut-être un malheur de lui avoir des obligations!...

CHAPITRE XII. — Une Partie d'un autre genre.

Léonie fait en sorte que son mari ne soit pas longtemps débiteur de Mongérand; mais en acquittant sa dette, Charles n'en conserve pas moins de reconnaissance pour son ami. La manière dont celui-ci lui a rendu service, la confiance qu'il lui a témoignée ont encore augmenté l'amitié que Charles portait à son camarade d'enfance; et le moindre mot dit contre Mongérand serait fort mal reçu par l'époux de Léonie.

Le résultat de cet événement est de rendre Charles encore moins sédentaire, car il ne peut plus refuser une partie, un dîner, une promenade que lui propose Mongérand; il déjeunerait trois fois au risque de se rendre malade, plutôt que de ne point accepter la côtelette ou les huîtres que Mongérand lui offre; et c'est en cela surtout qu'on reconnaît un bon enfant : c'est qu'il mange toujours, lors même qu'il n'a plus faim; c'est qu'il boit encore, quand même il se sentirait déjà étourdi; c'est qu'il se promènera, alors qu'il sera las, ou restera à s'enfumer dans une tabagie, quand il aurait envie de se promener; c'est enfin qu'il montera à cheval, sans savoir s'y tenir, et jouera à se rompre le cou, tout cela afin de pouvoir dire, en mettant avec un certain orgueil ses mains dans ses poches : — Oh! moi, je fais tout ce qu'on veut!

Léonie avait donc eu raison de soupirer en recevant un service de Mongérand, quoiqu'elle rendît justice à son obligeance; mais Léonie prévoyait que ce service lui coûterait cher, et elle ne se trompait pas!... il est malheureux de devoir de la reconnaissance à quelqu'un que l'on n'estime pas; et Léonie ne peut pas estimer celui qui chaque jour entraîne Charles loin de chez lui, et lui fait entièrement négliger ses affaires.

— Que diable fais-tu donc ce matin? dit Mongérand. On nous attend là-bas; il y a des huîtres d'ouvertes!...

Cependant Charles devrait plus que jamais songer à l'avenir; sa femme porte encore dans son sein un gage de sa tendresse; il a reçu cette nouvelle avec une extrême joie, il a embrassé sa femme en s'écriant :

— Ce sera un garçon! j'en suis certain!... Oh! je serai enchanté d'avoir un garçon!... Je lui donnerai tous les maîtres d'agrément... Je veux qu'il reçoive une éducation magnifique! Oh! tu verras, Léonie, comme je l'élèverai bien!

— Mon ami, pour l'élever bien, pour lui donner tous les maîtres, pense d'abord qu'il faut être à notre aise; nous avons déjà une fille, cela va nous faire deux enfants... Charles, n'est-ce pas le cas de songer sérieusement à faire prospérer notre commerce?... — Mais j'y songe aussi, je t'assure. — On ne s'en douterait pas! tu n'es jamais chez toi!... tu ne regardes pas tes livres!... — Je sais que tu les tiens très-bien; je m'en rapporte à toi. — Je ne puis tout faire!... et dans quelque temps je pourrai encore moins veiller à mon bureau... — Oh! lorsque ta grossesse avancera, je te remplacerai... je travaillerai pour deux... — Tu me dis cela depuis si longtemps!... — Ce n'est pas ma faute, si l'on me dérange! — tu pourrais bien ne pas accepter toutes les invitations qu'on te fait... — Il y a des gens qui se fâchent quand on n'accepte pas leurs politesses... — Mais avec Mongérand, tu ne dois pas avoir besoin de te gêner... Tu dois être sans façon avec lui. — Je le suis aussi. — Eh bien! hier tu étais sorti pour un instant, à ce que tu m'avais dit, et tu n'es rentré qu'à minuit! — C'est qu'on m'a fait faire la quatrième dans une partie de domino qui n'a pas fini! — Tu aimes donc bien le domino, mon ami? — Pas du tout! C'est un jeu qui m'ennuie beaucoup au contraire. — Et tu y joues toute la soirée!... — Bonsçaire t'ennuie avec ami, avec qui j'étais. — Et tu ne peux pas rentrer de bonne heure pour faire plaisir à ta femme!...

Depuis que sa déclaration a été si mal reçue, M. Rozat va moins souvent chez Charles, et lorsqu'il se trouve seul avec Léonie, il affecte un air mélancolique, lève les yeux au ciel, on les tient fixés sur la terre, et semble étouffer ses soupirs; mais comme il n'a plus dit un mot de ce que Léonie ne veut pas entendre, celle-ci a traité M. Rozat comme par le passé, c'est-à-dire avec la plus complète indifférence, et ce n'est pas ce qui dépite le moins la beau blond; car il y a des hommes qui ne peuvent supporter l'indifférence d'une femme à laquelle ils ont voulu plaire; ils préféreraient voir dans ses yeux la haine, la colère, à cette politesse glaciale qui ne permet pas même de se fâcher. Il y en a d'autres, plus philosophes, qui prennent leur parti, et au bout de quelque temps sont tout surpris eux-mêmes en se souvenant qu'ils ont été amoureux de cette personne-là.

Léonie avance dans sa grossesse, et Charles ne tient pas les promesses qu'il lui a faites. La jeune femme se plaint quelquefois, mais on s'ennuie d'adresser des prières à quelqu'un qui ne les écoute pas. C'est en embrassant sa petite Laure, et en la pressant dans ses bras, que Léonie tâche de se distraire de ses inquiétudes et de ses peines. La petite fille a deux ans passés; elle peut répondre à sa mère, qui se dit en la berçant sur ses genoux: — Celle-ci, je l'espère, sera mon amie, ma compagne fidèle; ce n'est pas loin de moi qu'elle ira chercher le bonheur.

La négligence de Charles lui a fait perdre la confiance de plusieurs de ses correspondants; un jour que Léonie, plus triste encore que de coutume, verse des larmes en pressant sa petite Laure dans ses bras, madame Darvillé se présente devant elle.

Depuis quelque temps la mère de Charles ne sortait plus que fort peu; sa santé étant devenue mauvaise, elle quittait rarement sa demeure, où quelques amis lui tenaient compagnie. Elle se plaignait de ne voir son fils et sa femme que de loin à loin, mais elle pensait que le soin de leur maison la privait de leur visite.

— Me voici, dit madame Darvillé en allant embrasser sa bru; vous ne venez pas, il faut bien que je vienne, quoique je ne sois pas très-bien portante. Voyons cette petite fille, que je l'embrasse... Oh! que nous sommes jolie!... Ma bru, vous la couvrez trop... elle étouffe, cette petite... il faut pas mettre tant de chose à un enfant... — Maman... voyez donc comment elle a déjà de beaux cheveux... — Oui, oui, elle est fort gentille... elle ressemble à mon fils... mais il ne faut pas tant la vêtir... A propos de mon fils! pourquoi donc ne vient-il pas me dire bonjour?... est-ce qu'il n'est pas à son bureau? — Non... il n'est pas là en ce moment. — Et où donc va-t-il à l'heure qu'il est?... vous ne pouvez pas toujours être au magasin, vous; votre état demande du repos... vous semblez fatiguée!... vos yeux sont bien rouges!... Eh! mon Dieu! que se passe-t-il donc ici?... est-ce que vous avez pleuré, ma chère amie? — Mais non... maman... je vous assure que... — Je vous dis, moi, que vous avez pleuré!... Charles vous aurait-il causé du chagrin? voyons! contez-moi cela. Est-ce que mon fils ne vous aime plus? — Oh! si... grâce au ciel, il m'aime toujours!... Ah! s'il ne m'aimait plus! c'est alors que je n'aurais plus de courage, que je serais bien malheureuse!... — Eh bien! qui vous fait donc pleurer alors? Léonie, songez que je suis aussi votre mère; contez-moi vos petits chagrins.

Pressée par sa belle-mère, Léonie lui laisse connaître une partie de ses inquiétudes, en ayant soin cependant de montrer Charles comme entraîné malgré lui, et en cherchant elle-même à pallier ses torts; mais madame Darvillé, qui croyait son fils tout occupé de son commerce, devient fort irritée contre lui; elle est très-mécontente surtout qu'il fasse sa société de Mongérand.

— Ce Mongérand est un mauvais sujet! un vaurien! j'en suis certaine, s'écrie madame Darvillé; à la pension il faisait toujours naître des disputes, des batailles; il a été cause que mon fils est revenu trois fois le dimanche avec de grosses bosses à la tête!... je n'ai jamais pu souffrir ce garçon-là! j'avais dit à Charles de ne point le revoir, de fuir sa société... mais on ne veut pas écouter sa mère... on aime mieux faire des sottises.

Léonie cherche à calmer sa belle-mère, lorsque Charles rentre tout à coup, et reste un peu surpris en apercevant sa mère.

— Vous ne m'attendiez pas, mon fils! dit madame Darvillé d'un air sévère. Mais il faut bien que je vienne vous voir, puisque vos grandes occupations ne vous laissent plus le temps de venir chez moi... puisque vous ne pouvez plus quitter votre ami Mongérand.

Charles ne répond rien, mais sa figure se rembrunit; Léonie est bien fâchée d'avoir conté ses peines à sa belle-mère; celle-ci continue:

— Je l'avoue, mon fils, j'excusais votre négligence à mon égard, parce que je vous croyais tout entier à vos affaires, à votre commerce... mais, croyez-vous que je n'ai pas vu les yeux rouges et humides... que je n'ai pas lu au fond de son âme... Elle est trop bonne peut-être, c'est là son seul défaut... elle ne se plaint pas... mais c'est moi qui me plains... vous n'êtes point chez vous... vous ne venez jamais chez moi... et vous allez avec un Mongérand... — Je sais, ma mère, que vous n'aimez pas Mongérand, que vous avez je ne sais quelle prévention contre lui... mais elle est fort mal fondée; Mongérand est mon sincère ami, il m'en a donné des preuves... Il m'a ouvert sa bourse lorsque je me suis trouvé gêné... ma femme aurait dû se rappeler cela avant de chercher à vous aigrir encore contre lui.

— Votre femme ne m'a point dit que vous aviez eu besoin d'argent; elle aurait craint sans doute de m'affliger en m'apprenant le mauvais état de vos affaires... après trois ans d'établissement!... Ah! mon fils, ce n'est point ainsi que M. Formerey dirigeait sa maison!... Je vous le répète, ce n'est point en passant vos journées dehors, en fréquentant des piliers de cafés et d'estaminets, que vous gérerez bien votre commerce... il faut travailler... et il faut surtout empêcher que votre petite femme ne se fatigue et ne se rende malade en voulant vous remplacer. Je pense, mon fils, que vous allez vous ranger, être plus sédentaire... sans quoi je serais forcée de me fâcher aussi avec vous... et j'espère que vous tenez encore à l'amitié de votre mère.

Après avoir dit ces mots, madame Darvillé embrasse Léonie, sa petite fille, et sort en disant à Charles: — Je saurai, mon fils, si vous avez profité de mes conseils.

La maman est partie; Léonie tient toujours sa fille dans ses bras; elle n'ose parler; elle le regarde son mari à la dérobée, et craint de voir de la colère dans ses yeux. Charles semble en effet de fort mauvaise humeur; il reste quelques minutes pensif, puis après s'être écrié: — Voilà une scène dont je me souviendrai! il reprend son chapeau et sort vivement de chez lui.

Charles se rend au café où il a l'habitude de trouver Mongérand, mais celui-ci n'y est point; il n'y a là que Vanflouck, qui est à son troisième verre d'absinthe, et qui crie à Charles:

— Venez donc vous mettre près de moi, mon cher Darvillé; j'attends deux compatriotes avec lesquels je dîne... vous verrez des nôtres... nous allons faire un domino les en attendant... et nous parlerons d'affaires...

Charles ne se sent pas disposé à jouer aux dominos, il a besoin de se distraire, d'épancher sa bile, et le jeu qu'on lui propose ne le séduit pas; il prétexte des affaires, et sort sans écouter Vanflouck qui lui crie:

— Je vous rends dix points, et je vous donne toujours la pose.

Charles se promène depuis quelques instants dans le jardin du Palais-Royal, lorsque Rozat vient lui prendre le bras:

— Bonjour, mon excellent ami, que faites-vous ici?... attendez-vous quelqu'un? — Non; je me promène pour me distraire... j'ai été si contrarié aujourd'hui!... — Contrarié!... par qui donc? — C'est ma femme qui se plaint à ma mère que je néglige mes affaires!... c'est ma mère qui me fait une semonce!... — Oh! je comprends!... Ne me parlez pas d'une femme qui se plaint à sa belle-mère!... ce sont alors des scènes qui n'en finissent plus!... c'est pitoyable!... Ma femme avait un petit oncle auquel, dans les commencements de notre mariage, elle allait aussi rapporter ce que je faisais. Un jour le petit oncle voulut me faire des remontrances... me tracer la conduite que je devais tenir... je le pris les oreilles et le mis sur-le-champ à la porte, pour lui apprendre à se mêler de mon ménage... — Comment, vous mîtes votre oncle à la porte?... — Oui, mon ami. Oh! je suis terrible quand on veut attaquer mes droits!... ma femme ne voit pas une seule personne de sa famille; j'ai eu soin de la brouiller avec tous ses parents; ils lui donnaient de mauvais conseils. Depuis que j'ai pris ce parti, madame Rozat et moi nous vivons comme des tourtereaux : vous en avez été témoin vous-même. — Oui: oh! vous faites un ménage charmant; ma femme est douce aussi... mais... — Mais je crois qu'elle se mêle trop de vos affaires... ce qui a de graves inconvénients... Tenez, voici Mongérand; je gage qu'il vous parlera comme moi.

Mongérand s'avançait en effet vers ses amis, il frappe sur le bras de Charles, tandis que Rozat continue d'un air patelin : — Viens, mon cher Mongérand, viens m'aider à distraire notre bon Charles, qui a du chagrin aujourd'hui, parce que sa femme lui fait des scènes... se plaint à sa mère... à ses parents... — Eh! non, non; ce n'est rien, dit Charles; je ne veux pas vous ennuyer de tout cela !

— Qu'est-ce? dit Mongérand, des querelles de ménage? oh! bêtes fadaises !... quand une femme crie, on prend son chapeau et on file. Quand on revient, si elle crie encore, on lui dit : Tendre amie, je vais être pendant un mois avec toi comme une statue de marbre... Cette menace-là l'effraie toujours, et elle se tait.

— Il paraît cependant que tu n'as pas su avec cela empêcher ta femme de crier, toi, dit Rozat d'un air gouailleur.

— Ah! ce n'est pas étonnant !... pendant que je faisais la statue avec elle, elle jouait des scènes très-animées avec d'autres; alors, nécessairement, mon procédé devenait illusoire : mais fais-moi le plaisir de ne plus me parler de ma femme, je suis revenu à Paris, je me crois garçon, et je n'aime pas qu'on me fasse souvenir du contraire. Je vous dirai donc, mes petits guerriers, que j'ai pour aujourd'hui la plus jolie partie... aux oiseaux enfin... Parbleu, Charles, si tu veux en être, je te réponds que tu te distrairas et que nous rirons.

— Qu'est-ce que c'est donc que cette partie? demande Rozat. — Oh! ça ne te regarde pas, toi, robinet d'eau tiède; il s'agit de femmes... et de femmes un mois après !... tu comprends que tu pourrais te perdre dans notre société !...

— Comment !... pourquoi donc me dis-tu cela? s'écrie Rozat, qui en entendant parler de femmes a ouvert ses narines comme s'il voulait respirer le Palais-Royal.

— Parce que toutes les fois que nous allons au café ou chez le traiteur avec Charles, tu refuses de nous accompagner... Je n'ai pas toujours le temps... mais quand il est question de femmes, oh! je ne recule jamais !... — C'est vrai, tu as l'air de l'animer... Et toi, Charles, qu'est-ce que tu dis de ma proposition?...

Charles semble indécis, il murmure : — Mais... je ne connais pas ces dames !...

— Oh! tu feras vite connaissance !... — Voyons d'abord, quelles femmes est-ce? dit Charles.

— Je te dis que ce sont des femmes distinguées... d'un bon genre; il y en a une que je ne connais pas, mais l'autre est une certaine brune piquante... potelée... et inflammable... ah! comme du gaz... j'en sais quelque chose, elle a été six mois ma maîtresse avant mon départ pour Lyon; je l'ai rencontrée hier dans la rue du Sentier, mise comme une duchesse!... le cachemire,... le chapeau historié !... superbe enfin; je l'aborde, elle me reçoit comme un ancien ami pour qui on a toujours un fonds d'attachement : je lui demande la permission d'aller la voir, mais pour le moment elle ne reçoit personne, à cause d'un certain Anglais qui est jaloux comme un Turc; je lui dis : Douce amie, je conçois vos égards pour milord, mais ne peut-on se revoir ailleurs? Alors elle me répond qu'elle doit aller dîner aujourd'hui avec une de ses cousines; mais que si je veux lui donner à dîner à elles deux, elle se charge d'amener sa parente : j'accepte, comme de raison, et aujourd'hui à cinq heures je trouverai ces dames aux Tuileries... devant le Spartacus.

— Et tu me connais pas l'autre? dit Rozat, tu ne sais pas si elle est jolie? — Madame Stéphano, c'est le nom de mon ancienne amie, m'a dit que sa cousine était charmante... — Eh bien! mais alors ça me va! moi... je suis du dîner... je ne demande pas mieux!... — Et toi, Charles?

— Moi... c'est que je ne sais pas... dîner avec des femmes !... si la mienne venait à savoir cela !... — Oh! oh! oh! est-il innocent! est-il bon enfant!... il a peur d'avoir le fouet... — Non, mais... — Ah çà! écoute, Charles, est-ce que tu penses bonnement que ta femme croit que tu lui es fidèle !... — Oh!, sans doute elle le croit, et elle a raison de le croire... — Ah! ah! ah!... farceur, j'ai trop bonne opinion de toi pour t'écouter... Est-ce qu'il y a des maris fidèles à leurs femmes?... — Non, dit Rozat, ce serait plus difficile à trouver que du trèfle à quatre feuilles! — Vois-tu, Charles! on aime sa femme... c'est bien... c'est juste... tu sais que je suis pour les procédés et que je ne te donnerai jamais de mauvais conseils; ça m'empêche tes distractions de l'esprit et du cœur. D'ailleurs, je ne dis pas que tu vas tout de suite prendre une de ces dames pour ta maîtresse... je ne voudrais peut-être pas de toi. Je te dis que nous allons faire un dîner aimable et gracieux, et je te propose d'en être : voilà tout... — Eh bien! j'accepte... mais tu me fais bien tirer l'oreille pour être heureux !... — Ah çà, Mongérand, tu sais que je t'ai dit que je voulais être aussi... — Viens, je t'emmène qui je trouve... Héloïse te trouvera pas mauvais... — C'est madame Stéphano qui se nomme Héloïse? — Oui, beau blond. — C'est dommage qu'elle ne mène pas deux cousines avec elle... nous aurions eu chacun une beauté à encenser. — Oui, mais elle n'en amènera qu'une. Au reste, que cela ne vous afflige pas, mes enfants, je ne suis plus amoureux d'Héloïse, moi, et si elle plaît à l'un de vous, je lui permets d'en prendre sa place... je crois que c'est ce qui s'appelle s'immoler pour ses amis... — Oh! tu n'auras pas besoin de me faire de sacrifice, dit Charles, je n'ai pas l'intention de faire la conquête de ces dames. — Tu n'as pas l'intention... est-ce qu'on peut ré-

pondre de ce qu'on fera?... il n'y a rien de bête comme un homme qui répond de sa sagesse!... — C'est vrai! dit Rozat; quant à moi, j'ai beaucoup d'intentions... je vais faire quelques courses; où est le rendez-vous, messieurs ?... — Là... à ce café, où nous allons jouer au billard avec Charles jusqu'à cinq heures. — Bien! je ne me ferai pas attendre.

Rozat est éloigné; Mongérand emmène Charles au billard; celui-ci joue de travers, parce que l'idée de dîner avec des femmes lui cause une certaine émotion, où se mêle souvent le souvenir de Léonie; enfin le temps s'écoule, Rozat revient un moment avant cinq heures; Mongérand part d'un éclat de rire en l'examinant.

— Ah! Charles!... regarde donc Beau blond!... ce n'est pas sans intention qu'il nous a quittés!... vois quelle tenue!... l'habit neuf!... le pantalon serré du genou, et je crois, Dieu me pardonne, qu'il s'est fait des accroche-cœurs!... Messieurs, j'ai pensé que pour dîner avec des dames, il fallait être un peu habillé... voilà tout...

— Mais moi je suis en redingote, en cravate noire, dit Charles, je devrais peut-être être en habit... — Ah! ah!... savez-vous que vous me faites l'effet de deux conscrits! l'un avec sa toilette, l'autre avec sa peur d'être mal !... Est-ce que des hommes comme nous ne sont pas toujours bien !... la redingote la plus simple, quand elle est portée d'une certaine façon, suffit à l'homme séduisant pour se faire adorer... Allons, messieurs, revenez à une plus noble idée de vous-mêmes, et ne laissons pas ces dames moisir devant le Spartacus.

On se met en route pour les Tuileries : en chemin Mongérand rit encore de Rozat, qui est imprégné d'eau de miel et d'huile antique. On arrive au rendez-vous, où il n'y a personne.

— Si elles ne sont venues dans dix minutes, nous irons dîner sans elles, dit Mongérand, il ne faut pas habituer les femmes à être attendues... Mais ce serait fort désagréable de dîner sans elles, dit Rozat en jetant un coup d'œil de satisfaction sur sa personne. — Chut! messieurs... il n'y a rien à dire... j'aperçois ces dames... je vais au-devant d'elles.

Deux femmes s'avançaient par la grande allée : l'une, de trente ans environ, est grasse, brune, et dandine avec un peu trop d'affection deux hanches très-découplées; sa figure est vive, animée, ses yeux noirs ont beaucoup d'éclat; l'ensemble de ses traits n'est pas distingué, mais il y a dans sa physionomie cette expression qui plaît toujours aux hommes, surtout dans une femme dont ils ne veulent faire qu'une maîtresse. Les deux compagnons de Mongérand ont déjà deviné que c'est madame Stéphano. Cette dame a une robe de satin noir, un peu chiffonnée, un beau châle, un chapeau à plumes et un gros bouquet à la main.

L'autre femme est plus jeune; sa taille plus élevée est élégante; sa figure pâle est plus distinguée : c'est une blonde aux yeux bleus : son front ne brille point de la candeur d'une vierge, mais il y a dans son regard quelque chose de dédaigneux qui pose presque la fierté. Elle a une robe de soie de couleur tendre, un chapeau simple, mais de meilleur goût que celui de madame Stéphano; enfin, elle porte aussi un gros bouquet à la main.

Pendant que Mongérand va au-devant de ces dames, Rozat et Charles les examinent. — Elles sont, ma foi, fort jolies toutes deux ! dit Rozat en remontant sa bretelle pour effacer un pli de son pantalon.

— Oui, elles sont bien... mais j'aimerais mieux la grande... — La grande est jolie... L'autre est plus grasse. J'aime les femmes grasses, moi. — Il me semble que la vôtre est maigre cependant? — Raison de plus : au total, elles sont toutes deux fort séduisantes... Ce diable de Mongérand, il a de charmantes connaissances !... Ah! elles approchent... Avançons aussi.

— Mesdames, dit Mongérand, voilà mes deux amis... qui, comme je vous le disais, ont demandé la faveur de dîner avec nous, et je la leur ai accordée, parce que ce sont de francs mauvais sujets comme moi... Voici d'abord Beau-Blond, dit Rozat, qui a pris un bain d'eau de senteur avant de se présenter.

— Ah! Mongérand!... de...ace... Il est bien méchant, n'est-ce pas, mesdames? mais je lui pardonne ces plaisanteries en faveur du plaisir qu'il me procure en ce moment.

— Très-joli! dit Mongérand. Oh! c'est M. Madrigal!... Quant à Charles que voici, je vous le donne pour un excellent garçon... et qui a beaucoup d'esprit, sans que ça paraisse!... surtout quand il ne pense pas à ses affaires de commerce... car c'est un homme terrible; il ne songe qu'à gagner de l'argent.

Pendant que Mongérand parle, madame Stéphano n'est occupée qu'à regarder, d'un air inquiet, à droite, à gauche, derrière elle. Enfin, elle dit à demi-voix à Mongérand : — Ne restons pas ici plus longtemps... j'ai peur des rencontres... — Ah! j'entends, on voit parfois des Anglais dans ce jardin !... Allons, messieurs !... le bras aux dames, et au pas redoublé !... Allons rue de Rivoli, il y a des traiteurs où l'on est bien, et c'est tout près.

Rozat, qui se trouve près de madame Stéphano, lui offre son bras; tandis que Charles présente le sien, presque avec timidité, à la cousine. Ces dames se pendent au bras de ces messieurs, comme si elles prenaient celui de leur bonne, et on s'achemine vers la rue de Rivoli.

Mongérand se fait donner un petit salon, il se charge de faire la carte du dîner, et dit à ses amis :

— Messieurs, amusez ces dames pendant que je m'occupe de vous bien traiter.

Ces dames ont encore un air sérieux et presque pincé qui déconcerte beaucoup Rozat; il va de l'une à l'autre, cherche sur laquelle ses compliments et sa figure feront le plus d'effet. Charles ne dit rien; mais il trouve la grande blonde fort de son goût, et c'est sur elle qu'il dirige de préférence ses œillades.

— Eh bien ! mes amours, il me semble que vous riez bien en dedans ! dit Mongérand après avoir fait la carte. Allons, sacrebleu ! égayons-nous un peu, ou je me fâche, moi ! Héloïse, ici tu n'as plus peur de ton Anglais, j'espère ?

— Ah ! Mongérand !... est-il bavard ! est-il indiscret !... — Pardon, noble dame... j'espère que je vous... mais alors il fallait donc me prévenir !...

— Ah ! savez-vous que vous êtes caustique aujourd'hui !... — Oui, dit Rozat, il est très-caustique... très-railleur !... — Ah ! beau blond, c'est que je ne sais pas comme toi faire des yeux mourants, il faut que je me retire sur autre chose. Voilà donc l'aimable cousine !... elle est très-bien !... et je voudrais avoir le droit de la tutoyer aussi, moi !...

Ces dames se regardent, la cousine a fait d'abord son air dédaigneux, mais enfin elle prend le parti de rire avec Héloïse, qui lui dit :

— Ma chère Héléna, il faut excuser Mongérand, c'est un fou ! il dit tout ce qui lui passe par la tête !... — C'est ce que je vois ! — Oui, mesdames, et j'espère que mes deux amis voudront bien aussi se mettre en train, car, sacredié, ils ne me font pas honneur jusqu'à présent... Mais voilà le dîner, cela va les dérouiller.

On se met à table. Charles est près de la belle Héléna, Rozat est entre les deux cousines : Mongérand sert, parle, rit, jure, et se donne beaucoup de mal pour animer ses convives. Les deux dames semblent se tenir sur la réserve. Charles ne sait comment il doit traiter sa voisine; tantôt il a envie de prendre un ton familier, mais une petite mine dédaigneuse d'Héléna lui fait craindre de l'avoir fâchée, et il reprend un air respectueux, qui fait alors sourire la belle cousine. Quant à Rozat, il a eu le malheur de répandre du potage sur son gilet, et cet événement l'a consterné.

Mongérand fait circuler du madère, qu'il sait être le vin favori de madame Stéphano. Héléna fait des façons pour en accepter, mais les instances d'Héloïse la décident. Le madère rend Charles moins timide, Héléna moins sérieuse, Héloïse plus bavarde et Mongérand plus bruyant. Rozat lui-même finit par oublier la tache de son gilet; il cherche le pied de la grosse brune pour mettre le sien dessus; à force de chercher, il pense avoir trouvé; il allonge sa jambe, appuie, et Mongérand se met à jurer comme un damné en s'écriant :

— Que la peste étouffe l'animal ! Je parie que c'est Rozat !... il cherchait le pied d'Héloïse, et il écrase mes cors... Écoute, beau blond, fais ta cour à madame par-dessus la table, on te le permet, mais tiens-toi tranquille par-dessous, parce que tu ferais quelque malheur.

Cet incident fait beaucoup rire ces dames. Rozat se détermine à ne plus cacher son penchant pour madame Stéphano; il l'attaque avec ses yeux, ses genoux et ses mains; la piquante Héloïse, tout en répondant à Héléna, en riant avec Mongérand, dit de temps à autre à Rozat : — Mais, monsieur, reculez donc votre genou, je vous en prie !... ne mettez pas vos mains sur moi, vous me chiffonnez !...

— Rozat, si tu n'es pas sage, je vais te faire dîner à la petite table, dit Mongérand; comment, nous ne sommes encore au dessert et tu ne peux déjà plus te tenir !... Vois Charles; quelle conduite ! il boit, il mange, il fait sa cour, et ça ne paraît pas.

Charles est en effet devenu plus hardi, il a hasardé quelques compliments, quelques demi-déclarations; Héléna a bien voulu prendre la peine de regarder son voisin, elle s'est aperçue qu'il est joli garçon, son air dédaigneux a fait place à quelque chose de plus aimable. Le dessert qui arrive avec le champagne, achève de mettre tout le monde de bonne humeur, et madame Stéphano, qui a de la prétention à avoir une jolie voix, dit : — Je vais vous chanter la petite Cendrillon! c'est ancien, mais c'est toujours joli.

Au second couplet, Mongérand s'écrie : — Que le diable emporte ta petite Cendrillon !... c'est toujours la même rengaine !... c'est endormant !... j'aimerais mieux Fanfan la Tulipe!

— Ah ! Mongérand, laissez-moi chanter ma romance !... qu'est-ce que cela vous fait ?... Ce n'est pas aimable ce que vous me dites là !... Et madame Stéphano a déjà des larmes dans les yeux, parce qu'elle devient toujours fort sensible au dessert.

— Ne l'écoutez pas, femme adorable, dit Rozat en palpant le genou d'Héloïse; chantez encore, chantez toujours... je voudrais qu'il y eût quarante couplets, pour vous entendre plus longtemps... — Vous êtes trop galant... dit Héloïse; retirez votre main, je vous en prie... — Quel mal d'avoir ma main là ?... — Comment quel mal ?... par exemple !... Ah ! monsieur, finissez, je vous prie !... — Rozat, qu'est-ce que tu fais donc ?... est-ce que tu veux te cacher sous la table ?... — Non... c'est ma serviette que je cherchais. — Et voilà pourquoi l'on m'appelle la petite Cendrillon.

— Madame ne chante pas? dit Charles à Héléna. — Pardonnez-moi; mais jamais je ne chante sans accompagnement... je suis habituée à avoir mon piano; et chanter sans musique, c'est trop nu ! — Eh bien! belle cousine, dit Mongérand, nous pouvons nous accompa-

gner avec nos manches de couteaux, que nous frapperons sur la table.

— Bien obligé !... ce serait trop harmonieux. — Héléna fait un peu son embarras, parce qu'elle a une voix à roulades... elle a dû entrer aux Bouffes, elle a pris des leçons de Bandini, n'est-ce pas? — De Bordogni, ma chère !... — Ah ! oui... je m'embrouille avec ces noms italiens... Mongérand, redonne-moi du madère, je le préfère au champagne. — Je le veux bien, mais à condition que tu ne chanteras plus que tu es modeste et soumise, et que le monde te voit fort peu... ça ne te va pas du tout, cette romance-là !... — Ah ! qu'il est méchant !... il aime à me taquiner !... Monsieur, ôtez donc votre main, je vous en prie !... — Vous êtes ravissante... Ah ! chantez-moi encore Cendrillon... — Oui, je le veux bien... mais laissez mon genou... — Auprès de vous peut-on être sage?... vous me transportez dans les cieux !... — Ne me pincez pas alors !... — Je n'ai jamais vu des yeux aussi délicieux que les vôtres!... — Et voilà pourquoi l'on m'appelle la petite Cendrillon...

— Ah! oui-dà... tu y tiens! dit Mongérand, et il se met alors à chanter à tue-tête : Quand on va boire à l'Écu. Cela couvre la voix de madame Stéphano, qui se met à pleurer. Rozat ne sait que faire pour consoler la sensible Héloïse; Charles tient tendrement la main d'Héléna, sans s'occuper de ce que font les autres, car la belle cousine a remplacé son air dédaigneux par quelque chose de langoureux qui lui va fort bien. Mongérand rit aux éclats en examinant ses deux amis, et chante encore plus fort en frappant des deux mains sur la table avec des couteaux.

Il y a quelques instants que cette scène dure; Mongérand chante toujours en tapant sur la table. Tout à coup Héloïse essuie ses yeux en s'écriant :

— Ah! vraiment, je suis bien bête de pleurer... nous allons voir qui est-ce qui a la plus belle voix.

Madame Stéphano se remet alors à chanter Cendrillon de toute la force de ses poumons, si bien que Rozat en est effrayé et recule sa chaise; Mongérand, qui ne veut pas être vaincu, prend deux bouteilles qu'il cogne l'une contre l'autre en frappant la mesure avec ses pieds. Héléna se bouche les oreilles, Charles ne sait plus où il en est; Rozat devient tout à fait gris, et veut recommencer à s'assurer si madame Stéphano met sa jarretière au-dessus ou au-dessous du genou. Tout à coup on ouvre la porte, le garçon se présente d'un air embarrassé; tout le monde se tait et le regarde.

— Pardon, monsieur... dit le garçon en s'adressant à Mongérand; mais mon maître m'envoie vous dire qu'on n'a pas l'habitude de donner des charivaris dans son restaurant; les personnes qui dînent auprès de vous se plaignent du bruit... on vous prie d'avoir la complaisance d'en faire moins.

— Qu'est-ce que tu viens me chanter, toi !... est-ce que quand on paie, on n'est pas maître de faire ce qu'on veut?... Va au diable !... et dis aux personnes qui se plaignent du bruit, que si elles ne sont pas contentes, je leur propose de baiser ma pleine lune!

Le garçon se retire tout contrit de la réponse qu'il doit rapporter. Rozat est déjà devenu pâle et tremblant. Il se lève, court prendre son chapeau, présente à Héloïse son châle en lui disant :

— Allons-nous-en !... croyez-moi, allons-nous-en tout de suite !... il va y avoir du bruit ici !... je ne veux pas que vous soyez exposée !... Venez... je vais vous ramener chez vous... vous me chanterez Cendrillon dans la voiture...

Madame Stéphano se laisse mettre son châle, son chapeau; elle n'a plus envie de rien prendre, elle ne se sent plus la force de lutter avec Mongérand, elle n'est pas fâchée de prendre l'air. Héléna, qui voit son amie se disposer à partir, va en faire autant; mais Mongérand se lève et se met devant la porte en s'écriant :

— Qui est-ce qui m'a fichu ces jean-fesses pareils! vous allez vous sauver tous comme un régiment de souris, parce qu'on a l'impertinence de trouver que nous faisons trop de bruit!... Non, sacredié, vous ne vous en irez pas!... personne ne s'en ira!... je ne bouge pas de là !... Et Mongérand prend une chaise et s'assied devant la porte.

— Mais, mon cher ami, dit Rozat, il ne faut pas exposer ces dames à une scène... — Oh! ces dames en ont vu bien d'autres!... elles sont bon cheval de trompette... — Mais tu n'es pas raisonnable !... tu dis à ce garçon que tu feras baiser ta pleine lune à tout le monde... — Je le ferai comme je l'ai dit !... — Ces dames sont indisposées; elles ont besoin de prendre l'air. — Ça n'est pas vrai ! c'est toi qui veux te sauver, suivant ton habitude... Je suis sûr que Charles ne me laisserait pas là, lui... s'il y a quelques coups à donner, il ne fuira pas comme toi. — Mon ami, je ne veux qu'aller reconduire ces dames, et je reviens me battre toute la nuit si tu veux. — Oh va! sacredié, je t'attends fort bon t'attendre!

Charles n'avait encore rien dit; mais il avait aussi la tête montée par le madère, le champagne, les beaux yeux d'Héléna, et le train qu'on avait fait; il s'avance vers Mongérand d'un air déterminé :

— Mon ami, il paraît qu'on nous a insultés; je n'ai pas bien entendu, mais je m'en rapporte à toi. N'attendons pas qu'on vienne nous partir une scène... évitons du bruit à ces dames; allons tous deux trouver ceux qui se sont permis de nous manquer, et demandons-leur raison de leur insolence! ..

Mongérand se lève, saute au cou de Charles, l'embrasse à l'étouffer en s'écriant : — A la bonne heure ! voilà un gaillard ! tu parles comme Napoléon !... Allons trouver notre monde... Vous, mesdames, attendez-nous ici.

Mongérand ouvre la porte, et sort avec Charles. A peine sont-ils partis, que Rozat s'écrie : — Mesdames, croyez-moi, allons-nous-en... ça va devenir du vilain... je dois veiller sur vous, et je veux vous mettre à l'abri.

Madame Stéphano ne demande pas mieux que de s'en aller ; Héléna n'est pas du même avis, elle veut attendre Charles, qui commence à être fort de son goût; mais Héloïse insiste pour partir en disant : — Ces messieurs nous rejoindront dans la rue ; je ne veux pas rester dans une bataille... j'ai horreur des combats... et voilà pourquoi l'on m'appelle...

Héléna se rend. Ces dames et Rozat enfilent un couloir qui n'est pas éclairé et où il n'y a personne, descendent un escalier, passent devant des garçons, qui se rangent pour leur faire place, et arrivent bientôt dans la rue. Pendant que Rozat court pour avoir une voiture, les cousines se disputent : Héléna trouve très-mauvais qu'on ait abandonné les deux cavaliers qui veulent se battre pour défendre leurs droits. Madame Stéphano, qui en veut à Mongérand d'avoir frappé sur la table avec des couteaux pendant qu'il chantait Cendrillon, dit que sa conduite a été du plus mauvais genre.

— Pourquoi acceptes-tu un dîner de lui, alors? dit Héléna. — Ah ! je ne savais pas qu'il était devenu si troupier... sans cela je n'aurais certes pas accepté. — Tout tapageur qu'il soit, je l'aimerais mieux que ton M. Rozat, qui est poltron comme un lièvre ! — T'ai-je dit que j'aimais ce blondin?... c'est toi qui es désolée, parce que tu as peur de perdre cet innocent qui te contemplait comme une rosière ! — Oh ! je lui ai dit mon adresse !... — Alors calme-toi, il te reviendra !...

Rozat, qui reparaît avec une voiture, met fin à cette conversation; il fait monter les deux dames, se place près d'elles, madame Stéphano donne son adresse, et l'on part sans plus s'inquiéter de ceux qu'on a laissés chez le traiteur.

Cependant Mongérand et Charles ont d'abord parcouru plusieurs couloirs en criant à tue-tête : — Qui ici que c'est permis de dire que nous faisions du bruit?... nous voilà pour répondre à ceux qui se plaignent !...

Personne ne répond. Mongérand ouvre un cabinet, Charles un autre; Mongérand trouve un vieux couple endormi devant des pruneaux et des mendiants ; Charles dérange un jeune homme et une jolie femme qui semblaient jouer à colin-maillard assis; tous ces gens-là se hâtent de dire qu'ils ne se sont pas plaints; et nos deux braillards vont poursuivre leurs recherches, lorsque le maître du restaurant se présente devant eux.

Le garçon avait été rapporter à son bourgeois la réponse qu'on lui avait faite. Celui-ci comprit alors que les gens qui faisaient tant de bruit n'étaient déjà plus en état d'entendre raison, et qu'il fallait filer doux avec eux pour éviter une scène plus désagréable; il fit donner d'autres cartes aux personnes que le voisinage des chanteurs incommodait, et allait tâcher d'apaiser Mongérand lorsque celui-ci parut devant lui avec Charles.

— Monsieur, c'est vous qui êtes le maître de cet établissement? — Oui, messieurs. — Et vous vous permettez de nous envoyer un garçon pour nous dire de ne plus chanter!... Apprenez qu'on ne m'a jamais imposé silence ni à moi ni à ma société!...

— Non ! on ne nous fera jamais taire! sacrebleu ! sacrédié ! dit Charles en se modelant sur son ami.

— Messieurs, calmez-vous, je vous en prie! tout ceci est un malentendu... j'ai grondé mon garçon... il a été vous parler sans ma permission... je n'ai jamais eu l'intention de vous gêner en rien... — A la bonne heure !... Mais ces personnes qui se plaignaient du bruit? — Elles sont parties; je leur ai dit de s'en aller si elles n'étaient pas contentes... vous pouvez chanter tout à votre aise. — Allons donc ! vous êtes un brave homme... Sont-ce pas les dames mêmes que nous avions laissées ici?... Mon-

— Qu'est devenue la société que nous avions laissée ici?... — Monsieur... la société... les deux dames et le monsieur... — Oui... les a-t-on vus sortir? — Monsieur... je crois que oui... deux de mes camarades les ont vu s'en aller... — Et ces camarades ne les ont pas empêchés de faire cette fugue?... — Monsieur... ils ne savaient pas... vous n'aviez pas prévenu... — Vous êtes tous des imbéciles !... Polisson de Rozat!... Sotte d'Héloïse! — Mon ami, il faut courir après elles !... — Non... il ne faut jamais courir après les femmes !... tu es un serin en fait de rouerie, toi !... D'ailleurs, je me fiche de madame Stéphano comme d'une pomme cuite !... — Mais moi, je ne me fiche pas d'Héléna !... je suis sûr qu'il l'a emmenée malgré elle !... j'en suis amoureux comme un

fou... — Tu la retrouveras... Garçon, des biscuits de Reims. — Mon ami, je n'ai plus envie de rien prendre... j'aimerais mieux... — Et moi, je te dis que nous allons boire notre champagne avec des biscuits, et que nous ne courrons pas après ces deux donzelles... mais qu'à la première rencontre je tirerai les oreilles à Rozat de manière qu'on le prenne pour un épagneul ! — Mais... — Allons, bois... — Cette belle blonde ne me sort pas de la pensée !... — Veux-tu que ça mousse?... — Je crois que je ne lui déplais pas...— Et tout cela parce que je n'ai pas voulu laisser chanter Cendrillon tout à son aise... Ah! Héloïse! vous me payerez cela... — Oh ! Héléna!... que vous avez de beaux yeux... — Elle m'a donné son adresse... — Je ne lui en parlerai plus... — J'irai chez elle demain. — Mais il faudra qu'elle me rende la bague qu'elle m'a prise au doigt hier.

Ces messieurs continuent de parler ainsi sans se répondre ; ensuite Mongérand se remet à chanter, pour voir si on viendra encore lui imposer silence ; et, comme on le laisse crier à son aise, il se tait bientôt, et Charles dit : — Allons-nous-en.

Mongérand paye sa carte, jette cent sous au nez du garçon en lui disant : — Voilà pour lui faire voir que nous ne sommes pas des cuistres, puis emmène Charles, qui a grand besoin de s'appuyer sur son bras.

Ces messieurs se promènent quelque temps, l'un jurant toujours après Héloïse, l'autre soupirant après Héléna. Ils entrent dans plusieurs cafés, prennent de la bière dans l'un, du punch dans un autre ; enfin, à une heure du matin, Charles se retrouve seul devant sa demeure sans trop savoir comment il est arrivé là.

Il monte en tâtonnant ; un reste de raison lui fait craindre de faire du bruit; avec la vue de sa maison, de ses foyers, il faut bien retrouver aussi quelques souvenirs de ce qu'on a laissé. Il arrive dans sa chambre à coucher où Léonie repose, ayant près de son lit le berceau de sa fille. La jeune femme n'attend plus son mari, il le lui a défendu, et elle s'endort maintenant avant qu'il rentre, parce qu'on s'habitue à tout, même à ce qui cause du chagrin.

La lampe brûle toujours dans cette pièce, Charles avance en hésitant, il est enchanté en voyant que sa femme et sa fille dorment; en ce moment, un seul mot... un bonsoir de sa fille l'embarrasserait. Il se déshabille le plus vite qu'il peut sans regarder du côté du lit, il se glisse le plus doucement possible près de sa femme, et se croit sauvé en mettant sa tête sur l'oreiller sans avoir réveillé Léonie.

Cependant il a peine à trouver le repos, il brûle, il est agité, tandis qu'auprès de lui Léonie respire d'un souffle si léger, si doux, qu'il faut longtemps écouter pour l'entendre. Charles parvient enfin à tomber dans une espèce d'assoupissement, mais au bout d'une demi-heure il en sort en proie à un malaise qui redouble à chaque instant. Il ne peut retenir quelques plaintes, quelques gémissements. Léonie s'éveille et s'écrie :

— Qu'as-tu donc, mon ami... tu ne dors pas? — Non, je ne peux pas dormir. — Est-ce que tu souffres? — Oui, j'éprouve un malaise... ce dîner apparemment... je ne me sens pas bien. — Attends... attends, je vais me lever. — Si tu appelais la bonne? — Cette pauvre fille couche tout en haut, elle travaille toute la journée, elle a besoin de repos. Je saurai bien te soigner, te donner ce dont tu auras besoin.

Léonie se lève, surmonte la fatigue de sa position et se hâte de passer une robe, d'allumer le feu; en quelques minutes du thé est fait, la jeune femme en donne à son mari. Au bout de quelque temps celui-ci se sent mieux, ses yeux se ferment et il se rendort.

Ce n'est qu'après être certaine que Charles est bien endormi que Léonie se décide à se recoucher; auparavant elle dispose près d'elle et sur la lampe tout ce qu'il faut pour donner à son mari s'il s'éveillait. Ces précautions prises, elle se replace près de lui, mais c'est presque contre son gré qu'elle s'endort, et son oreille attentive, lorsque ses yeux se ferment, écoute encore si son mari ne se plaint pas.

Chapitre XIII. — Désordre complet.

Le lendemain d'une orgie on est encore sous le joug des spiritueux dont on a fait abus; l'esprit est malade, le cœur malade, le corps fatigué; on ne peut rien faire, c'est-à-dire se livrer avec succès à aucun travail qui exige de l'attention, de la rectitude dans le jugement; mais on peut très-bien recommencer sa débauche de la veille : c'est ce que font assez ordinairement ces braves riboteurs, qui disent qu'il n'y a pas de bonne fête sans lendemain.

Charles est sorti selon son habitude, prétextant que l'air lui fera du bien. Léonie aussi aurait besoin de sortir, de prendre de l'exercice, sa position le demanderait et son médecin le lui conseille; mais, si elle quittait sa maison, personne ne serait là pour répondre; l'ancien commis qu'ils avaient ne les a quittés, celui qui l'a remplacé est peu au fait des affaires; Léonie reste parce que son mari ne veut pas rester.

Charles pense à la belle Héléna, mais il n'est plus dans cet état d'ivresse de la veille, et, malgré le désir qu'il éprouve de revoir cette jeune femme, il hésite, réfléchit : — Je ferai mieux de ne pas aller chez elle... car si ma femme savait que j'ai de telles connaissances!... Je ne sais pas trop pourtant com-

ment elle le saurait... ce n'est certes pas moi qui irai le lui dire!...
Allons voir Mongérand!

Mongérand est encore couché quand Charles entre chez lui, il a été malade aussi, et n'a pas eu une épouse pour le soigner.

— Est-ce que tu as été indisposé comme moi? demande Charles à son ami. — Oui, un peu!... oh! ce n'est rien... nous ferons couler ça avec trois ou quatre cigares, et ce soir nous serons frais comme une rose. Eh bien! as-tu été voir la blonde? — Non... et je t'avoue que je ne sais pas si je dois y aller... si ma femme découvrait que je vais chez... — Mon Dieu! que tu es bête avec ta femme!... tu me fais de la peine, Charles! Est-ce que ta femme n'a pas à s'occuper de son ménage, de ses enfants!... ne crois-tu pas qu'elle s'amuse à te faire suivre?... — Oh! non, je ne dis pas!... — Qu'est-ce que tu dis donc alors? car enfin, pourvu qu'un mari rapporte au logis ses deux oreilles, on n'a rien à lui demander d'autre!... Ensuite toujours des égards, des procédés!... et une épouse raisonnable est heureuse comme le poisson dans l'eau! — Ah! cette Héléna est bien séduisante!... — Eh bien, je ne te dis pas d'en faire ta maîtresse; si elle te plaît, si tu as un caprice pour elle, passe-le, et voilà tout : mais ne t'attache pas!... il n'y a que les niais qui font la sottise de s'attacher! — Oui, je sais bien que je pourrais aller chez elle sans pour cela... Mais tiens, je me connais, si je la revois, ma tête se montera encore!... Décidément je ferai mieux de n'y pas aller! — Il faut pourtant que tu me fasses le plaisir d'y aller au moins une fois pour la prier de dire à Héloïse de me renvoyer ma bague. Je ne veux plus parler à madame Stéphano, j'ai conduite d'hier sur le cœur; mais je veux ma bague! et elle me la renverra, ou j'irai casser les glaces chez elle : tu diras cela à la cousine. — Allons... eh bien! j'irai une fois pour t'obliger... mais je n'y retournerai pas!... — Ça te regarde.

Héléna était de ces femmes que le goût des plaisirs, de la toilette, avait fait dévier du droit chemin; ayant reçu quelque éducation, elle n'était point ridicule lorsqu'elle prenait son air fier et dédaigneux. Sa beauté lui avait attiré de nombreux adorateurs; elle avait suivi en Russie un prince fort riche qui l'avait comblée de présents; mais bientôt elle s'était ennuyée du prince et de la Russie; elle était revenue en France avec un reste d'opulence, qu'elle menait grand train, et, en attendant qu'elle eût fait choix de celui qui devait dignement remplacer le prince russe, comme toise femme elle se permettait d'avoir quelques caprices, quelques fantaisies qui ne tiraient point à conséquence.

La cousine de madame Stéphano habite un bel appartement meublé dans le droit chemin. En entrant chez Héléna, Charles est intimidé par l'élégance qui règne autour de lui, il se dit : — J'étais gris hier quand j'ai cru avoir fait la conquête de cette dame... Mongérand en parle comme s'il n'y avait qu'à se présenter... il s'abuse!... je crois qu'il y a une grande différence entre les deux cousines!...

On a annoncé Charles, il est introduit; le sourire aimable avec lequel on le reçoit lui rend un peu d'assurance... Héléna est assise sur un sofa, elle lui fait signe de se placer près d'elle en lui disant : — Je vous attendais!

— Vous m'attendiez?... — Sans doute; ne vous ai-je pas hier permis de venir me voir?... et quand je donne une telle permission, on a l'habitude d'en profiter. — Je le crois. — Vous avez dû être bien fâché contre nous hier? Je voulais vous attendre, mais Héloïse et monsieur m'ont emmenée presque de force en m'assurant qu'on allait se battre. — Non, tout s'est très-bien terminé; mais Mongérand est en colère contre madame Stéphano... — Oh! ils feront la paix. — Il m'a chargé de vous prier de lui demander une bague qu'elle lui a prise... — Ah! par exemple!... est-ce qu'on redemande jamais rien aux dames! M. Mongérand ne sait pas vivre!... Approchez-vous donc... est-ce que je vous fais peur?... — Vous ne le pensez pas!... — Mais on le dirait presque!... — Je répondrai à Mongérand que vous ne ferez sa commission!... — Oui, vous lui direz que... Ah! ah! ah! est-ce que vous n'êtes venu ici que pour me parler de votre ami et de sa bague?...

Cette question est accompagnée de regards piquants et de rires qui laissent voir des dents charmantes. Charles ne sait plus où il en est. Il baisse presque les yeux, Héléna rit encore plus fort, si bien que Charles finit par se dire : — Je crois que j'ai l'air d'un sot.

Pour se donner un autre air, il commence par prendre la main d'Héléna qu'il baise tendrement; comme les yeux de la jolie femme semblent lui dire : — A la bonne heure donc! il prend bientôt un baiser sur ses lèvres, puis un autre sur son sein. Cette manière d'agir paraissant être tout à fait du goût d'Héléna, cette entrevue ne se termine que lorsque Charles ne trouve plus rien à prendre de nouveau.

Charles a quitté Héléna encore tout étourdi de son triomphe; son bonheur l'étonne, il a besoin de le communiquer, ce n'est pas chez lui qu'il peut faire une telle confidence, au contraire, il veut éloigner de sa pensée le souvenir de sa maison, de son ménage, et se met à la recherche de Mongérand, qu'il trouve au café, causant avec plusieurs de ses amis, Charles l'entraîne à l'écart :

— Tu vois le plus heureux des hommes. — Tant mieux pour toi. — J'ai triomphé d'Héléna. — Tu as eu cela de commun avec bien d'autres! — Ah! mon ami, elle est charmante adorable!... — Est-il éton-

nant!... et c'est pour me dire cela que tu me prends à l'écart?... Messieurs, Charles vient de faire une conquête, et il en est tout surpris.

Mongérand s'est rapproché de ses amis, Charles le suit en disant : — Tais-toi donc! — Pourquoi me taire? ne dirait-on pas que tu viens de chez la Pucelle d'Orléans! Et ma bague? — Enfin il est inutile que tout le monde sache mon aventure. — Ah! il est unique! il croit qu'il a eu une aventure rare. Et ma bague, sacrebleu! — Elle ne veut pas se charger de la demander. — C'est bien... je la demanderai moi-même alors quand je rencontrerai Héloïse... nous causerons un peu sévèrement. — Je la conduis ce soir au spectacle. — Héloïse? — Eh non! Héléna; elle désire aller à l'Opéra et m'a prié de l'y mener... — Ha çà, un instant... tu vas!... tu vas comme une corneille; j'espère au moins que tu mèneras Héléna en loge fermée, grillée, s'il t'est possible, afin de ne pas te mettre en vue du public avec elle. N'oublie pas que tu es marié!... amuse-toi, aie des maîtresses!... c'est bien; mais conserve des égards, des procédés pour ton épouse, sans quoi je me fâche avec toi d'abord. — Sois tranquille, j'aime bien mieux aller en loge grillée! — Hum!... scélérat! tu deviens bien mauvais sujet... il faudra que je veille sur toi, car tu te perdrais.

Charles a dîné avec ses amis, et le soir il va retrouver sa belle Héléna, qu'il mène au spectacle. Mais comme tout a une fin, et que Charles n'a pas encore pris l'habitude de découcher, il rentre chez lui à deux heures du matin, encore tout émerveillé de sa conquête. La vue de sa femme endormie, du berceau de sa fille, jette un peu d'ombre sur les images voluptueuses de la journée. Il se déshabille encore plus vite que la veille, et se hâte de chercher dans le sommeil de l'oubli et des illusions.

Léonie ne se doute pas que son mari a une maîtresse, cependant elle s'aperçoit qu'il s'éloigne d'elle, qu'il la traite avec des façons, ce qu'il ne faisait pas jusqu'alors; mais elle ne veut plus se plaindre, car c'est depuis que le mariage a fait des remontrances à son fils que celui-ci a montré moins d'amour à sa femme.

Charles n'est point de ces hommes qui font excuser une faiblesse par le mystère dont ils l'environnent. Il ne voudrait pas qu'on le rencontrât avec Héléna, mais quand elle veut qu'il la mène chez un traiteur, au spectacle ou à la campagne, il n'ose pas le lui refuser. Sans être son entreteneur, il lui fait à chaque instant des cadeaux; pour Héléna, habituée aux présents d'un prince russe, ce ne sont que des bagatelles, mais des bagatelles fort chères. Il faut prendre dans sa caisse ou emprunter. Charles sent qu'il fait des sottises, mais il va toujours. Lorsqu'il est chez lui, la vue de sa femme et de sa fille le met mal à son aise.

— Tu ne m'embrasses plus lorsque tu sors! lui dit Léonie. — Tu me prends plus dans tes bras, papa! dit la petite Laure.

— Ah! c'est que... je suis tellement occupé de mes affaires. — Est-ce que tu ne nous aimes plus, mon ami? dit Léonie. — Si... oh! je vous aime toujours... mais on m'attend, et je n'ai pas le temps de m'arrêter.

Charles donne à la hâte un baiser à sa femme, à sa fille, et sort pour s'étourdir sur sa conduite. Malheureusement il y parvient très-vite. A peine est-il dehors qu'il oublie sa maison, son ménage, et ne pense plus qu'à se divertir, soit avec ses amis, soit avec sa maîtresse, et le lendemain il recommence pour s'étourdir encore.

La santé de Léonie ne lui permet plus de travailler à son bureau; effrayée du désordre de leurs affaires, elle n'a plus elle-même la force de s'en occuper. Elle parvient ainsi au terme de sa grossesse, et met au monde un fils; cet événement la comblerait de joie si son mari était là pour le partager. Mais le jour où Léonie devient mère, Charles est absent depuis le matin; on le fait en vain chercher dans les environs : c'est une étrangère qui reçoit son fils dans ses bras et lui donne le premier baiser.

La pauvre Léonie espère que le bonheur d'avoir un fils rendra son époux plus raisonnable; à chaque instant elle s'informe s'il est revenu. La journée s'écoule sans que Charles rentre; ce n'est qu'après minuit qu'il revient chez lui, pâle et fatigué des excès. Il demeure tout surpris en voyant une garde qui lui présente un enfant nouveau-né.

— C'est un garçon, mon ami, s'écrie Léonie qui a entendu son mari rentrer. — Ah! c'est un garçon! — Comment, tu es accouchée!... — Oui, dans la journée. Oh! j'ai bien souffert... et tu n'étais pas là!... — Si je l'avais su, je... — Oui, j'aime à penser que tu l'aurais su, tu serais revenu au moins... Mais embrasse donc ton fils, est-ce que tu n'es pas content d'avoir un fils?

— Oh! si fait... j'en suis bien content!... Charles prend l'enfant, l'examine. La pauvre mère oublie alors ses souffrances de la journée.

— C'est un enfant superbe! dit la garde.

— Oui... je le trouve très-beau aussi... Et la nourrice? — On lui a écrit... elle sera ici demain... Un garçon... un garçon! quel plaisir, Charles, je suis sûre qu'il te ressemblera!... — Il me ressemblera, dis-tu!...

Charles baisse les yeux, il éprouve presque de la honte. Il se hâte de rendre l'enfant à la garde et dit à Léonie :

— Tu dois avoir grand besoin de repos. — Oh! oui... mais je ne pouvais pas m'endormir sans avoir vu embrasser ton fils. — Maintenant dors, repose-toi... Il faudra garder le lit longtemps... te bien soigner... Oh! je ne veux pas que tu retournes au bureau avant six semaines d'ici. — Hélas!... et nos affaires sont bien embrouillées... Je ne suis plus au fait de rien... — Sois tranquille... j'arrangerai tout cela, ne pense plus qu'à ta santé.

Charles laisse sa femme, et se rend dans la chambre qu'on lui a préparée. Il fait des réflexions qui ne sont plus si gaies; enfin il se couche en disant : — Quand une fois je me mettrai à la besogne... cela ira bien...

Le lendemain il essaie de travailler, mais son esprit fatigué par cet excès n'est point apte aux calculs auxquels il faudrait qu'il se livrât. Son commis vient lui dire : — Monsieur, vous avez beaucoup à payer pour la fin du mois, et vous n'avez pas de rentrées à espérer.

— C'est bon! dit Charles en jetant son humeur les livres qui sont devant lui. Tout cela me casse la tête... Je vais trouver mes amis... Vous, arrangez ces livres... c'est votre besogne.

Pendant les jours qui suivent la naissance de son fils, Charles dîne chez lui et rentre moins tard; mais l'enfant est parti avec la nourrice et sa femme, quoique faible, n'est point malade. Charles reprend sa vie accoutumée, sans faire attention aux instances de son commis, qui lui répète encore : — Monsieur... la fin du mois... songez à la fin du mois.

Charles ne songe qu'à une partie dont Héléna lui a parlé. Sa jolie maîtresse, éprise subitement de la campagne, a loué une petite maison dans la vallée de Montmorency, elle exige que Charles vienne y passer deux jours avec elle.

— M'absenter deux jours de chez moi, c'est impossible! dit Charles. — Impossible! répond Héléna en souriant; je suis comme les grands hommes, je ne connais pas ce mot-là... — Mais chez moi... — Vous trouverez mille prétextes... des affaires... un recouvrement, que sais-je!... — Mais... — Comment! vous faites tout ce que vos amis veulent, et vous me résisteriez à moi!... — C'est que je... — C'est assez! je le veux! Nous partons demain. Je vous attends à deux heures, ou je ne vous revois jamais.

Le lendemain Charles tourne et retourne dans la chambre de sa femme; il cherche comment lui annoncer qu'il va être deux jours absent. Léonie, qui s'aperçoit de son embarras, entame elle-même l'entretien :

— Tu sembles inquiet... embarrassé, mon ami... y a-t-il quelque chose de nouveau? — Non... c'est-à-dire... tu sais qu'il nous faudrait des rentrées d'argent... — Je ne suis plus au courant de nos affaires, mais je sais qu'elles vont mal... Il y a quelqu'un qui m'offre de m'avancer des fonds... cette personne est, elle m'y a... la campagne, et elle m'a donné rendez-vous aujourd'hui; elle m'a même fait promettre que je passerai la journée avec elle... Ah! M. Mongérand est sans doute de cette partie... — Non! oh! je te jure qu'il n'en est pas... — Est-ce loin d'ici?... — Oui... c'est à huit lieues environ... du côté de Meaux... — C'est presque un voyage!... Vous ne m'avez jamais quitté si longtemps... Tu reviendras demain? — Je l'espère... — Comment!... vous n'en êtes pas sûr? — On pourrait vouloir me retenir... mais non, je reviendrai demain.

— Allez donc, dit tristement Léonie en tendant la main à son époux, allez, puisque c'est pour nos intérêts... Je vous crois, Charles, vous ne voudriez pas me tromper, n'est-ce pas?

— Oh! quelle idée!... Adieu, ma chère amie... ne prends pas l'air... il faut avoir soin de toi.

— Adieu, papa, dit la petite Laure en tendant les bras à son père. — Adieu, ma fille... adieu... — Tu reviens à nous et tu me rapporteras quelque chose, n'est-ce pas? — Oui... je te le promets.

Charles s'est sauvé bien vite comme ces enfants qui viennent de commettre une sottise et qui craignent que leur précepteur ne s'en aperçoive. Une fois dehors, Charles ne pense plus qu'aux plaisirs qu'il va goûter en étant deux jours à la campagne avec Héléna. Celle-ci sourit en le voyant, elle lui tend la main en disant : — A la bonne heure! vous êtes charmant.

On part. On arrive à la petite maison où la jolie femme veut respirer l'air des champs; mais on y est bientôt rejoint par plusieurs femmes galantes et leurs cavaliers auxquels Héléna a donné rendez-vous à sa campagne, parce qu'elle ne veut pas y vivre rien qu'avec Charles; Héléna est peu romanesque.

Le premier jour se passe en promenades, en courses à âne, à cheval, en folies de toute espèce; le second, on va visiter les sites curieux des environs et on dîne sur l'herbe; le troisième, Charles veut revenir à Paris; mais c'est la fête de Montmorency, on dansera, et Héléna exige que son amant reste encore un jour pour la faire danser au bal. Charles ne peut refuser; au milieu des plaisirs qu'il goûte, à peine s'il a le temps de trouver un souvenir pour Paris et ceux qu'il y a laissés.

L'heure du bal est arrivée; Héléna est ravissante de toilette et de charmes, Charles est presque fier en lui donnant le bras. Le bal est nombreux et beaucoup de jeunes élégants de Paris sont venus s'y faire voir. On lorgne, on admire Héléna; Charles est son danseur, ses yeux brillent de plaisir. Mais, tout en dansant une contredanse, il se trouve à portée d'entendre la conversation de deux jeunes gens qui se sont arrêtés derrière lui.

— Il est joli le bal!... — Oui, voilà de jolies femmes... — Je suis ici depuis hier... — Moi, je ne suis arrivé que ce soir... — Quelles nouvelles de Paris?... — Rien d'intéressant... Ah! la maison Darvillé a manqué. — Darvillé... je ne connais pas... Qu'est-ce que c'était? — Une maison de commerce fort bonne autrefois, mais qui s'est perdue depuis quelque temps... Hier nous avions sept mille francs à toucher chez elle... rien... on ne paye plus! et nous n'avons pas été les seuls... — Ah! diable... c'est désagréable... Viens donc par là... voilà une jolie paysanne.

Les jeunes gens se sont éloignés. Charles est resté immobile, atterré, il n'ose ni se retourner ni lever les yeux.

— Eh bien! mon ami, à quoi penses-tu donc? dit Héléna. Chasses, croisez... c'est à nous... Ah! pardon... c'est que... — Allons donc... en avant une contredanse.

— Après tout, se dit Charles, ce n'est peut-être pas vrai... d'ailleurs à mon arrivée j'arrangerai tout cela.

Et l'époux de Léonie continue de danser avec sa maîtresse.

CHAPITRE XIV. — Changement de domicile.

Héléna est restée à la campagne, où elle se plaît beaucoup. Charles revient seul à Paris le lendemain du bal de Montmorency; il y a trois jours qu'il a quitté Léonie, et il avait promis de revenir dans les vingt-quatre heures. En approchant de sa demeure, il commence à penser que sa femme a pu être inquiète; il s'attend à être grondé, mais il se dit : — Je ne lui répondrai pas... elle s'apaisera bien vite. Elle n'est pas méchante, Léonie... Pourvu qu'elle ne sache pas que nous n'avons pas payé à la fin du mois!... cette diable de fin de mois! c'était avant-hier... ça m'était sorti de la tête!...

Charles rentre chez lui; tout y est morne, silencieux; son commis n'est point au bureau, son magasin est fermé. Sa femme est seule avec sa fille; Léonie verse des larmes; elle soutient avec sa main sa tête fatiguée, et le gonflement de ses yeux annonce que ses pleurs coulent depuis longtemps.

La petite Laure, assise sur un tabouret aux pieds de Léonie, ne se livre point à ses jeux accoutumés : on dirait qu'elle partage déjà la douleur de sa mère; elle a sans cesse les yeux sur elle et semble avec instance la supplier de sourire.

Charles éprouve de l'émotion, des remords lui re tableau; il reste interdit devant sa femme et son enfant. Léonie l'a vu et elle continue de pleurer, mais sans lui adresser un reproche, sans proférer une plainte. Ce silence fait plus d'effet sur Charles qu'une scène et des emportements; il le rompt le premier :

— Pourquoi donc pleurer ainsi, Léonie? j'ai été absent plus longtemps que je ne l'avais dit... c'est vrai... mais on n'est pas toujours maître de soi... Il me semble que je ne dois pas avoir besoin de permission pour passer quelques jours à la campagne.

— Non... vous êtes le maître d'abandonner votre maison, votre femme, votre enfant; je sais que je n'ai plus le pouvoir de vous retenir ici... Mais l'honneur de votre nom... de cette maison que votre oncle vous avait léguée... deviez-vous aussi le perdre?... deviez-vous le sacrifier à vos plaisirs!... Est-ce donc là l'héritage que vous laisserez à vos enfants?... Et votre fils!... pauvre petit!... sa naissance fut marquée par mes larmes!... une étrangère le reçut dans les bras!... son père m'abandonnait pour courir à un premier cri!... et aujourd'hui il s'embarrasse peu du nom qu'il lui laissera!...

— Ah! Léonie... finissons, de grâce!... c'est fort ennuyeux tout cela!... Tiens, Laure, voilà des croquets et des sucres d'orge que je t'ai rapportés... Vous mettez toujours les choses au pire... On n'a pas payé à la fin du mois les effets qui se sont présentés... mais on les payera.

— Vous rapportez de l'argent?...

Charles se gratte l'oreille et se promène dans la chambre en balbutiant : — De l'argent... non... je n'en ai pas rapporté... Ah! tiens, Laure, voilà encore un pain d'épice que j'oubliais... Mais j'en aurai de l'argent, j'en trouverai, on m'en a promis... d'ailleurs mes amis sont là, et vous savez que je puis compter sur eux.

— Savez-vous bien tout ce que nous devons maintenant? — Ma foi non, je ne le sais pas au juste... — Je le sais, moi; car depuis hier je n'ai point quitté mes livres; j'ai tout compulsé, tout calculé... — Tu as eu tort!... je t'avais recommandé de te soigner... de ne point travailler... tu te rendras malade... Que diable! ta santé avant tout! je ne connais que ça!... — Ah! ce n'est que le repos de l'âme qui me le donnerait!... Eh bien! nous devons soixante-huit mille francs!... — Tant que ça? — Oui... car il s'est présenté une foule de gens auxquels, depuis trois mois, vous avez emprunté et fait des billets... Qu'avez-vous donc fait de tout cet argent, mon ami?... — Je n'en sais rien... apparemment que j'en ai eu besoin... — Charles, répondez-moi franchement : vous savez que je suis indulgente, moi!... est-ce que vous jouez maintenant? — Si je joue?... mais au billard... à l'écarté quelque fois... jamais de grosses sommes. — Vous n'allez point dans les maisons de jeu?... — Non... oh! fi donc!... ça ne m'amuserait pas!...

Enfin nous devons cette somme. Autrefois, en la payant, il nous serait encore resté de l'aisance; maintenant, en l'acquittant, il ne nous restera rien... il faut payer cependant; il le faut, Charles, pour ne pas

UN BON ENFANT.

laisser à votre fils un nom déshonoré! — Je payerai... c'est bien mon intention... ensuite, sois tranquille, je ferai des affaires... de meilleures... je ne m'entendais pas trop à notre commerce.... mais je serai plus heureux dans une autre partie. Je vais aller trouver mes amis, et....

Charles se dispose à sortir, lorsque sa mère paraît; il devine, à l'expression de sa physionomie, que madame Darvillé est instruite du dérangement de ses affaires :'

— Restez, monsieur, il faut que je vous parle... devant votre femme, dit la maman en prenant un siège. J'ai appris des choses bien affreuses?... quoi! vous avez manqué à vos engagements, vous avez fait faillite : voilà ce qu'on s'est empressé de venir m'apprendre; car il y a

— Garçon, va-t'en au diable! et dis aux personnes qui se plaignent du bruit que, si elles ne sont pas contentes, je leur propose de baiser ma pleine lune!

toujours des gens qui se hâtent pour nous percer le cœur! Est-ce vrai, Charles?... avez-vous en effet perdu votre maison?... — Ma mère... je dois, je l'avoue... mais je payerai... j'espère tout payer... — Vous espérez... ainsi on ne m'a pas trompée!... Pauvre M. Formerey!... que deviendra-t-il en apprenant cette nouvelle!... à votre femme, vos enfants, quel sort leur réservez-vous?... Léonie... si douce... si sage... Ah! votre conduite est affreuse, mon fils!... abandonner une femme si gentille, et aller publiquement avec une maîtresse!... oui, publiquement ; car je vous ai vu, moi, entrer au spectacle avec une grande blonde...

— Grand Dieu! s'écrie Léonie en écoutant avec anxiété les dernières paroles de madame Darvillé, une maîtresse... une autre femme... il ne m'aime plus... ah! madame, il ne fallait donc pas me le dire!...

Léonie pousse un profond gémissement, ses yeux se ferment, elle perd connaissance. Charles la porte sur son lit en disant à sa mère :

— Dans quel état vous la mettez!... êtes-vous contente de la voir ainsi? — Comment!... elle ignorait votre infidélité... malheureuse Léonie!... ah! si j'avais su cela!... Mais ordinairement les femmes s'aperçoivent si bien quand leur mari les trompe! Donnez-lui de l'eau... vite... ce flacon... pauvre femme... mais ce ne sera rien... on ne meurt pas de cela!... et c'est bien heureux... Soignez-la... veillez-la... tâchez d'obtenir votre pardon... vous l'obtiendrez... elle est si bonne... Elle revient... ce n'est rien... ma présence serait de trop en ce moment... Mais tenez, mon fils, prenez ceci... pour vous aider à sortir d'embarras. J'ai vendu mes rentes, voici les deux tiers de leur produit... je placerai le reste à fonds perdu, afin d'avoir encore de quoi vivre... vous n'aurez plus à hériter à ma mort, mais aujourd'hui vous conserverez votre honneur, et cela vaut mieux que de la fortune... J'ai joint à cette somme quelques économies : tenez, prenez ce portefeuille, il contient trente-trois mille francs. — Ah, ma mère! que je suis touché.... — C'est bien... occupez-vous de votre femme... de votre ménage... devenez sage; ce sera la meilleure manière de me remercier.

Madame Darvillé s'est éloignée après avoir embrassé sa petite-fille. Charles donne des soins à sa femme. Laure appelle en pleurant sa mère et la supplie de rouvrir les yeux. Léonie revient à elle, mais c'est pour verser de nouvelles larmes, et elle détourne la tête pour ne pas rencontrer les regards de son mari. Celui-ci, peu fait à de pareilles scènes, et ne sachant d'ailleurs comment s'excuser, prend son parti habituel, il s'en va après avoir dit tout bas à sa fille : — Dis à ta mère que je vais revenir.

Charles cherche Mongérand, il le rencontre sur le boulevard; en apercevant Charles, l'ancien hussard pousse une exclamation : — D'où diable sors-tu?... depuis trois jours on ne t'a pas vu... — J'ai été à la campagne avec Héléna... — Peste! quel genre!... — Pendant que je m'amusais, les affaires allaient mal ici!... j'ai à payer... beaucoup... ma mère m'a bien donné quelque chose, mais cela ne suffit pas. As-tu de l'argent à me prêter? — Non, mon ami... je suis presqu'à sec... Tiens, je pensais à me faire courtier marron... c'est un état amusant... hein, qu'en dis-tu? — Je dis qu'avant peu il faudra aussi que je fasse quelque chose. Diable!... il me faut de l'argent... Et ma femme qui vient d'apprendre que j'ai été avec Héléna... Ce sont des pleurs... des sanglots!... je ne sais où me fourrer, moi. J'avoue que je n'aime pas à lui voir de la peine. — Ta femme est assez enfant pour pleurer parce que tu as des maîtresses!... ah' par exemple! je lui croyais plus d'esprit que ça!... elle n'est donc pas à la hauteur du siècle, ta femme? mais sois tranquille!... ça se calmera, elle s'y habituera; dans quelque temps ça ne lui fera plus rien du tout. L'essentiel maintenant serait de t'avoir de l'argent... sacrebleu, si j'en avais!... — Oh! je le sais bien!... — Allons faire un tour au café... voir les amis... tu trouveras peut-être ce qu'il te faut.

Les amis du café, qui sont toujours là pour jouer au billard ou déjeuner, ne sont plus aimables quand on leur emprunte de l'argent. Ces messieurs en ont pour s'amuser, mais jamais pour obliger. Le gros

Charles est introduit, Héléna est assise sur un sofa, elle lui fait signe de se placer près d'elle.

Vanflouck, qui se trouve alors au café, et qui a compris quel service Charles réclame de ses amis, avale de travers son absinthe ou absinthe finir plus vite son petit verre, et sort du café sans avoir eu l'air d'apercevoir Darvillé.

— Voilà l'anthropophage qui se sauve! dit Mongérand en voyant Vanflouck disparaître. Je ne sais pas si c'est toi ou moi qui lui fais peur, mais je ne l'ai jamais vu quitter une table si lestement. — Oh! il n'aurait pu m'obliger... il se plaint toujours des affaires. — C'est une manière adroite employée par bien des gens pour qu'on ne leur emprunte pas. — Eh! mais j'oubliais... oh! celui-là est en état de me rendre service et il ne me refusera pas, je vais aller chez lui. — Chez qui donc? — Chez Rozat. — Rozat! je ne l'ai pas rencontré une seule fois depuis qu'il a enlevé Cendrillon... je crois qu'il se cache quand il me voit : n'importe, s'il l'oblige, je lui pardonnerai volontiers le tour qu'il nous a joué.

Charles se rend sur-le-champ chez Rozat ; le beau blond est chez lui, enveloppé dans sa robe de chambre de Perse, il parle à sa femme sur un ton très-animé ; mais à l'arrivée de Charles on se tait.

— Bonjour, cher ami... c'est de bon Darvillé !... il y a longtemps que je ne l'ai vu... il est engraissé, je crois... Minette, ne trouves-tu pas que Darvillé est engraissé ?...

Minette jette un regard oblique, et répond sèchement :
— Je trouve monsieur maigri au contraire...

— Maigri... ah ! par exemple, ma bonne, tu veux rire !... non certes, il n'est pas maigri.

— Peu importe que je sois plus ou moins gras, dit Charles, ce n'est pas de cela qu'il s'agit ; mon cher Rozat, je viens vous demander un service. — Un service !... oh ! parlez, mon ami, je suis tout à vous ; de quoi s'agit-il ? — De me prêter de l'argent... le plus que vous pourrez, car j'ai beaucoup à payer.

Le nez de Rozat devient blanc, sa figure s'allonge, il rentre son menton dans sa cravate et tousse plusieurs fois, tandis que sa femme lève sur Charles des yeux qui semblent dire : — Il faut que vous soyez bien hardi pour venir nous emprunter de l'argent.

Elle s'étonne que son mari n'ait pas encore répondu par un refus bien formel ; mais Rozat veut ménager Charles, surtout devant sa femme ; il craint que son ami de collège ne parle de madame Stéphano : après avoir encore toussé plusieurs fois, il se lève, brusquement en disant à Charles : — Passons dans mon cabinet, nous serons mieux pour causer d'affaires, ici on fait trop de bruit.

— Trop de bruit, répond madame Rozat d'un air de moqueur. Oh ! il est joli celui-là !... Auguste est à l'école ! C'est que vous avez apparemment des mystères avec monsieur... ça m'est bien égal !

Rozat n'a pas eu l'air d'entendre sa femme. Charles le suit dans son cabinet. Arrivé là, Rozat ferme la porte, met le verrou, tourne la fenêtre, puis s'avance enfin vers Charles, auquel il presse fortement la main en murmurant d'une voix étouffée : — Mon ami, j'étais bien aise que nous fussions seuls, car je ne pouvais pas vous répondre devant ma femme... apprenez que j'ai fait des folies pour Héloïse... vous savez... madame Stéphano, qui chante si bien : Voilà pourquoi on m'appelle... — Oui, oui, je sais ! Parbleu c'est 'a cousine d'Héléna... — Justement, d'Héléna dont vous étiez amoureux, vous... — Et qui m'adore depuis ce temps-là... — Vraiment... Enfin, mon ami, je me suis laissé aller à des cadeaux... à des fêtes. Bref, je suis en ce moment très-obéré, et loin de pouvoir vous prêter, il faut que j'en trouve pour moi. Croyez que cela me désole de vous refuser... — Eh ! mon cher, puisque vous ne le pouvez pas ; je ne vous en veux nullement... et si j'en avais, je vous en offrirais bien vite... — Ce bon Darvillé !... Vos affaires sont donc dérangées ?... — Un peu... — Je crois que vous avez aussi une femme bien coquette !... — Mais non... — Oh ! si fait... elle est coquette... il lui faut des boucles d'oreilles en diamants... des cachemires... — C'est-à-dire que c'est moi qui lui donne tout cela... — Il y a des femmes qui savent empêcher leur mari de faire de si folles dépenses pour elles... la vôtre au contraire... — Rozat, je suis bon enfant, très-bon enfant, mais je n'aime point qu'on dise du mal de ma femme, parce que je sais qu'elle ne le mérite pas... — Mon ami, ce n'est pas du mal... je vous fais seulement observer... — C'est bien, en voilà assez... Je puis avoir des faiblesses, faire des folies... des sottises même, mais dans le fond du cœur je sens mes torts... Malheureu-

UNE NOCE AUX VENDANGES DE BOURGOGNE.

— Oh ! oh ! fameux le beau-père... et ce col... Charles, regarde-moi donc ce col... je crois qu'il est en carton.

sement je n'ai jamais assez de force pour les réparer... ça viendra peut-être ; du reste, j'aime ma femme, j'aime mes enfants, et ceux qui m'en diraient du mal auraient affaire à moi ! — Mon Dieu ! vous vous emportez... vous m'avez mal compris. — Vous ne pouvez pas me rendre service, tant pis ; au revoir, Rozat. — Au plaisir de vous revoir, mon ami... Tenez, prenez par cet escalier... vous ne rencontrerez pas ma femme... et puis c'est plus court...

Charles revient chez lui, n'ayant rien à ajouter à la somme que lui a donnée sa mère, et craignant encore les pleurs de sa femme. Il la retrouve morne, silencieuse, mais s'efforçant de retenir ses larmes ; il lui fait part des courses inutiles qu'il a faites pour trouver de l'argent, et lui remet le portefeuille de sa mère. En d'autres temps Léonie eût éprouvé de l'humiliation de la démarche de son mari près de Rozat ; maintenant elle en écoute tranquillement le récit sans paraître affectée : c'est qu'un autre chagrin plus fort, plus aigu, remplit son cœur. C'est le privilége des grandes douleurs de ne plus laisser de place pour d'autres ; une âme brisée dans ses plus tendres affections supporte avec un grand calme, avec une espèce d'indifférence toutes les autres peines que le sort lui envoie.

Léonie rappelle ses forces pour sortir de la situation où son époux l'a placée. Par ses soins, les créanciers sont convoqués, les dettes sont payées, mais il a fallu faire les plus grands sacrifices. Heureuse encore de conserver à son mari un nom sans tache, Léonie supporte avec courage cet événement. Il n'en a pas été de même de l'oncle Formerey ; en apprenant que l'époux de sa nièce a suspendu ses payements, le vieux négociant a éprouvé une attaque de goutte dont il est mort en quelques heures.

Pendant que Léonie reçoit la lettre qui lui apprend la mort de son oncle, Charles reçoit un billet bien musqué d'Héléna : la jolie blonde lui mande qu'elle vient de trouver un digne remplaçant à son prince russe, et l'avertit qu'elle ne peut plus avoir le plaisir de recevoir ses visites.

— Faites donc des folies pour ces femmes-là ! se dit Charles en chiffonnant le billet dans sa main ; au bout du compte c'était une coquette !... et je ne suis pas fâché d'en être débarrassé !

Charles tâche de se rapprocher de sa femme, et lui faire oublier ses fautes. Léonie reçoit avec douceur les caresses de son époux, et lui tendant la main : — Je t'ai pardonné... pardonne-moi à mon tour d'être encore triste... de ne pouvoir surmonter mon chagrin !... Je sais bien que j'ai tort, que je suis une folie... qu'une femme ne peut pas espérer que son mari lui sera toujours fidèle... mais que veux-tu ? j'avais rêvé cela !... et il m'en coûte de me réveiller.

On a quitté le logement qu'on occupait et qui tenait au magasin qu'on n'a plus. L'oncle Formerey a laissé une trentaine de mille francs, dont la moitié revient à Léonie ; avec cela et les débris de ce qu'on avait, on peut pendant quelque temps attendre les événements. Charles veut louer un bel appartement de quinze cents francs, Léonie a obtenu qu'on en prendrait un plus modeste et moins cher ; Charles s'écrie en s'y installant : — Logeons-nous donc ici en attendant mieux ; mais je me flatte que nous quitterons bientôt cet appartement pour en prendre un plus élégant !

CHAPITRE XV. — Une Noce aux Vendanges de Bourgogne.

— Ah ! Rozat ne t'a point prêté parce qu'il s'est endetté pour Héloïse ! dit Mongérand en se promenant un jour avec son ami le long du canal ; vois-tu, Charles, ça me fait l'effet d'une blague, cette réponse-

3

là! — Pourquoi? — Parce que je sais que Rosat n'a pas été longtemps dans les bonnes grâces d'Héloïse; mais j'éclaircirai cela... je parlerai à Cendrillon la première fois que je la rencontrerai; elle m'a rendu ma bague, je ne lui en veux plus. Mais, sacredié! si Rozat t'a menti,... je lui dirai son fait... je ne suis pas querelleur, j'aime la paix, mais je ne veux pas faire ma société d'un capon, d'un égoïste qui ne ferait rien pour ses amis! Par exemple, moi, je n'ai bientôt plus le sou, mais je sais que lorsque je n'en aurai pas tu m'en prêteras — Tu l'as bien fait, toi!... quand à l'héritage de l'oncle de ma femme et avec ce qui nous restait, nous avons du temps devant nous. — Oh! ne crois pas que je veuille vivre à tes crochets!... ce n'est pas mon genre!... j'ai des projets pour gagner de l'argent; j'ai envie de me mettre dans les vins ou dans les eaux-de-vie... je me connais assez à cette partie-là; et une fois que mon affaire sera lancée, je t'associerai à mon entreprise!... et ça te sourit cependant. — Mais oui... si l'on y gagne de l'argent! — Pardieu! les vins, les eaux-de-vie, ça va toujours;.. Tiens, allons dîner aux Vendanges de Bourgogne, j'y ai donné rendez-vous à un courtier en vins qui doit m'apporter des échantillons, nous causerons de tout cela... — C'est que Léonie m'a fait promettre de rentrer de bonne heure. — Tu rentreras de bonne heure aussi... nous avons le temps! — C'est que ma petite fille a la coqueluche, et... — Ah! ah! ah! sacré chauffe-la-couche! va! ah! ah! ah!... il a peur de dîner en ville parce que sa fille a la coqueluche!... — Tu ne comprends pas, Mongérand, que ma femme s'inquiète tout de suite quand sa fille est malade, et elle désire que je sois là pour... — Pour donner des remèdes à la petite... hein? ah! ah! ah! Allons, viens donc, infirme! tu rapporteras des amandes à la fille, ça lui viendra mieux que de la tisane.

Charles se laisse aller, suivant sa coutume, et accompagne Mongérand aux Vendanges de Bourgogne. Ces messieurs se placent dans un cabinet de plain-pied avec le jardin, et d'où l'on aperçoit le grand salon vitré, qui alors était en bas.

C'était un samedi, et ce jour-là il y a toujours au moins une noce chez chaque restaurateur qui a de grands salons. Le samedi est le jour de prédilection pour former le nœud conjugal, et on en devine facilement la raison : le marié, qui espère se fatiguer la première nuit de ses noces, est bien aise de ne point avoir à travailler le lendemain. Si c'est un commis de bureau, un commis marchand, un boutiquier, un artisan, un ouvrier, etc., etc., il n'y a que le dimanche qui leur donne entière liberté; et voilà pourquoi c'est le samedi que l'on choisit de préférence pour se marier, et par conséquent c'est dans la nuit du samedi au dimanche qu'il doit se prendre et se perdre le plus de ce que vous savez bien; du moins j'aime à le croire!

Il y avait donc une noce aux Vendanges de Bourgogne, elle avait lieu dans le grand salon vitré donnant sur le jardin (le maître de l'établissement n'avait pas encore fait bâtir son restaurant à la moderne, comme nous le voyons aujourd'hui). La noce n'empêchait nullement le service des cabinets, parce qu'il y a un chef de maison qui s'y entend, et des garçons pour répondre à tout le monde; ce n'est pas comme chez ces petits traiteurs qui perdent la tête quand ils voient entrer trois sociétés.

Le courtier en vins ne tarde pas à rejoindre les deux amis : c'est un petit homme tout rond, tout rouge, tout bourgeonné, qui répète toujours deux fois la même chose, et se gratte continuellement ou le nez, ou l'oreille, ou la cuisse, ou la fesse, ce qui n'inspire pas de confiance dans son voisinage.

— Ah! voilà monsieur Boursinet, s'écrie Mongérand en frappant dans la main du petit homme rouge; c'est bien, il est exact!

— Bonjour, messieurs!... je vous salue... j'apporte des échantillons... des échantillons!

Et M. Boursinet sort de ses poches quatre demi-bouteilles qu'il pose sur la table.

— C'est bon, monsieur Boursinet! nous goûterons cela au dessert... il faut d'abord voir si le vin est bon ici et dîner...

— Il me semble, dit Boursinet en se grattant le nez, qu'il vaudrait mieux goûter avant... goûter avant... — Parce que quand nous aurons dîné et bu d'autres vins, vous sentirez moins la qualité... la qualité. — Laissez donc, vieux courtier! il est toujours le goût excellent, moi!... dînons d'abord... Oh! oh!... il paraît que nous entendrons de la musique en dînant! il y a une noce là... nous pourrons sans doute voir la mariée!... — Est-elle jolie?... est-elle jolie? — Est-ce que j'en sais rien!

Ces messieurs se font servir un bon dîner; Mongérand a pour principe qu'il ne faut économiser que lorsqu'on ne peut plus faire autrement. Ou cause d'abord d'affaires. M. Boursinet tient à placer ses vins, et il assure à Mongérand qu'il lui fera faire d'excellentes spéculations, parce qu'il peut avoir des marchandises au-dessous du cours.

Mongérand, tout en écoutant le courtier, regarde dans le jardin où vont se promener des gens de la noce, et se met à crier :

— Toutes ces femmes-là sont laides à faire peur; quelle fichue noce est-ce que c'est là!... où a-t-on pêché toutes ces péronnelles-là! c'est à qui sera la plus vilaine!...

— Mais il me semble, dit M. Boursinet en se grattant la jambe, que j'en aperçois une qui n'est pas mal tournée... pas mal tournée...

— Taisez-vous, vieux courtier; j'espère que vous vous connaissez

mieux en vins qu'en femmes, sans quoi je n'achèterais pas vos liquides. Goûtons vos échantillons... ce sont des vins fins, m'avez-vous dit?

— Oh! très-fins... très-fins... vieux cru... vieux cru... — Comment avez-vous dit? — J'ai dit vieux cru. — Ah! bon... j'avais entendu autre chose... goûtons... Y es-tu, Charles... sacré Nicodème qui ne voulait pas dîner avec des amis parce que sa fille a la coqueluche. — Tu vois bien que je suis venu... — J'aurais voulu voir que tu ne vinsses pas... je t'aurais joliment rossé... c'est-à-dire, non, je ne t'aurais pas rossé, parce que je t'estime!... Voyons ce vin... qu'est-ce que c'est que celui-là?... — du beaune première qualité... du beaune... première... — Bien, j'entends... il est fort bon, n'est-ce pas, Charles? — Excellent. — Je prendrai votre beaune. — J'en ai six pièces à vous céder... à vous céder... — Je les prends toutes les six. Passons à un autre échantillon... ils sont bien petits, vos échantillons!...

Les quatre demi-bouteilles sont vidées, Mongérand trouve les vins délicieux, il achète tout ce que M. Boursinet lui propose; pendant qu'il est en train, il achèterait tout l'entrepôt. Ces messieurs, qui ont déjà bien dîné, se grisent avec les échantillons. Charles jure presque autant que son ami; M. Boursinet se gratte comme s'il voulait s'arracher le nez, et Mongérand, qui a toujours un œil sur le jardin, s'écrie à chaque femme de la noce qui vient de leur côté : — Fi! la vilaine!... voulez-vous aller vous coucher! Heureusement, les personnes auxquelles ce compliment s'adresse ne l'ont pas encore entendu, ou n'ont pas cru qu'il leur était adressé.

Mongérand veut du champagne pour s'achever; il demande au garçon qui les sert quelles sont les personnes qui se marient.

— Ma foi, je ne sais pas, monsieur... je crois pourtant que c'est un marchand de volailles... — Va lui dire de ma part que sa femme me rappelle la chanson de la Mère Camus... Tiens, voilà Boursinet mon courtier... qui est bien laid, et bien, je gage qu'avec un bonnet, il sera la plus jolie femme de la noce d'en face...

— Eh! mais, vous croyez rire, dit Boursinet, je me suis déguisé en femme plusieurs fois... plusieurs fois... — C'était donc pour faire peur aux oiseaux... C'est égal, buvons... et me voilà commerçant dans le vin... — Oui, dans le vin... dans le vin. — Ah çà, mon petit Boursinet, il n'y a plus qu'une légère difficulté... c'est que je n'ai pas le sou pour payer mes achats. — On s'arrangera... on s'arrangera. — A la bonne heure. — Vous donnerez des bons billets... de bons billets. — Oh! je veux bien... et vous m'en ferez tant que vous voudrez! — Endossé par un ami... un ami. — Il faut encore un ami?... eh bien! voilà Charles, il endossera...

— Oui! certainement, dit Charles, qui voit déjà double, j'endosserai tout ce que tu voudras. — C'est bon... on s'informera... on s'informera. — Qu'est-ce que c'est qu'on s'informera... apprends, vieux Boursinet, que notre signature vaut de l'or... je te conseille d'en avoir souvent d'aussi bonnes, ça te vaudra mieux que de gratter ton nez. — Ce n'est pas pour moi que je parle... je ne suis que courtier... que courtier... mais je pense que ça se fera... ça se fera. — Alors trinquons à la réussite de mon entreprise... je suis content d'être dans les vins, moi.

Pendant que ces messieurs boivent leur champagne, la nuit est venue depuis longtemps et la noce a remplacé le festin par le bal; on entend la musique, et on aperçoit à travers les vitres les danseurs se trémousser. Tout à coup Mongérand frappe sur la table en disant :

— Je parie que je vais danser à la noce du marchand de mauviettes. — Et moi aussi! dit Charles. — Je gage que non, dit Boursinet, vous n'êtes pas invités... pas invités. — Est-ce que nous avons besoin d'invitation... vous allez voir, vieux Boursinet. — Ah! oui, en dehors... en dehors... je regarderai à travers les carreaux... les carreaux... — Et nous, Charles, en avant, la tête haute, l'air imposant et le jarret tendu.

Mongérand et Charles sortent du cabinet, se donnant le bras pour avoir plus de tenue, et se soutenir mutuellement; ils se dirigent vers le salon où l'on danse, suivis de M. Boursinet qui se garde bien d'entrer.

La contredanse venait de finir, les hommes faisaient les aimables, les galants; les femmes riaient, faisaient des agaceries à leurs danseurs, tout cela au milieu d'une poussière, d'une chaleur et d'une odeur de vin très-prononcée. C'est en ce moment que Mongérand et Charles entrent fièrement, bras dessus, bras dessous, le chapeau sur l'oreille, l'un pâle comme un mort, l'autre rouge comme une écrevisse, mais tous deux l'air très-impertinent; ils se mettent à arpenter le salon, en regardant les femmes sous le nez.

— Qui sont ces messieurs-là? dit le marié à un cousin, est-ce que ce sont des parents de ma femme? — Attends, je vais demander au beau-père.

Le beau-père déclare que ces messieurs lui sont inconnus; les parents, les amis, tous les convives de la noce se rapprochent en chuchotant; les femmes se questionnent aussi.

— Décidément, dit le marié, puisque ces messieurs ne sont connus de personne, et bien ils sont des étrangers... — Il a raison... — Il a raison. — Alors je crois qu'il faut leur demander pourquoi ils sont entrés ici, et les prier de sortir... — Oui... oui.

— Je me charge de leur parler, mon gendre, dit le beau-père, qui a un faux-col empesé et monté si haut que cela lui relève les deux oreilles, ce qui donne à sa physionomie quelque chose d'un bélier. —

Ces messieurs m'ont l'air d'avoir un peu bu... — Oui, oui, ils ont bu. — Il faut tâcher de leur faire entendre raison avec douceur... — S'ils n'entendent pas, nous les mettrons à la porte.

Le beau-père s'avance en relevant encore son col, au risque de se couper les oreilles. Il s'arrête devant Mongérand, qui pousse Charles, et ces deux messieurs se mettent à rire au nez du beau-père. Celui-ci, qui trouve déjà fort mauvais qu'on rie en le regardant, leur dit en parlant du nez :

— Messieurs, je suis le beau-père du marié ; je viens, en son nom et au nom de toute la société, vous demander comme quoi vous êtes entrés ici, qui est une noce particulière et bourgeoise.

— Oh ! oh ! fameux, le beau-père !... il a l'air de sortir d'un bocal de cornichons... Et ce col... Charles... regarde-moi donc ce col... je crois qu'il est en carton !...

Et ces messieurs se mettent à rire de plus belle. Le beau-père se retourne alors vers son gendre et d'autres parents, qui s'avancent en s'écriant : — Ces deux hommes-là sont soûls comme des grives... — A la porte ! à la porte !... répètent tous les gens de la noce.

— Qui est-ce qui a osé dire à la porte ? s'écrie Mongérand. — Quel est l'impertinent qui dit que nous sommes des grives ?... s'écrie Charles.

— Encore une fois, messieurs, dit le marié, qu'êtes-vous venus faire ici ? — Nous sommes venus pour danser... et nous danserons... mais pas avec vos femmes, elles sont trop laides.

Et Mongérand veut faire une pirouette ; en tournant, il envoie son pied sous les basques de l'habit noir du beau-père ; c'est le signal de la bataille. Tous les hommes de la noce se jettent sur Charles et Mongérand : les coups de pied, les coups de poing pleuvent sur les deux amis, qui en rendent bien quelques-uns, mais ne sont pas de force à lutter contre trente hommes qui tapent fort ; ils vont être assommés, lorsque le maître de la maison arrive avec plusieurs de ses garçons. Il s'est informé du sujet de la dispute, et parvient, non sans peine, à percer la mêlée en disant aux gens de la noce : — Messieurs, cessez, de grâce... vous voyez bien que ces messieurs n'avaient pas leur raison... laissez-moi les emmener.

Les parents et amis, satisfaits d'avoir bien battu les deux étrangers, ne demandent pas mieux que de se remettre à la danse, et consentent à laisser aller leurs adversaires ; mais il n'en est pas de même de ceux-ci : furieux d'avoir été vaincus, ils veulent encore se battre. Mongérand a le nez en sang ; Charles a les yeux presque sortis de la tête ; il faut six garçons et le maître de la maison pour les arracher du salon. Enfin ils sont parvenus, ils sont dans le jardin ; le restaurateur fait garder la porte du salon, et engage les deux amis à s'en aller.

— M'en aller !... s'écrie Mongérand, moi après avoir été rossé par ces pékins-là !... non, sacrebleu ! je ne m'en vais pas... je les attends !...

— Et moi, je vais rentrer dans la noce par la fenêtre ! s'écrie Charles en voulant s'élancer sur les vitraux ; mais on parvient à le retenir.

— Messieurs, reprend le restaurateur, je ne veux pas de scène chez moi... d'ailleurs que voulez-vous faire contre toute une noce. — Si ce ne sont des lâches, ils se battront l'un après l'autre. Mais c'est vous qui avez offensé le marié... le beau-père... — Ça nous est égal !... — Messieurs, il faut vous retirer. — Non !... je veux me battre. — Et moi aussi... — Laissez donc cet homme se battre tranquillement. — Il nous faut une satisfaction... un rendez-vous... leur adresse enfin... — Leur adresse... ah ! c'est différent... attendez alors.

Le traiteur parle bas à un de ses garçons, qui s'éloigne, et revient quelques minutes après avec un petit papier qu'il remet à son maître. Celui-ci le met dans la main de Mongérand en lui disant : — Tenez, messieurs, voilà l'adresse du marié et du beau-père, demain ils seront chez eux... maintenant, ayez la complaisance de vous en aller... Ah ! bravo !... à la bonne heure... ça peut aller comme ça, dit Mongérand en mettant le chiffon de papier dans sa poche. — Qu'ils dansent ce soir, mais demain nous recommencerons... — Oui, messieurs, demain !... vous ferez ce que vous voudrez. Tenez, voici vos chapeaux... bonsoir. — Eh ben !... et où est donc Boursinet... Boursinet !... — Ce monsieur est parti depuis longtemps... — Comment ! sans nous... Boursinet. Et notre carte !... — C'est payé, c'est payé. Bonsoir, messieurs.

Le restaurateur poussait toujours devant lui Mongérand et Charles. Ceux-ci sont ainsi parvenus jusque dans la rue ; alors on referme sur eux la porte d'entrée du restaurant et on laisse les deux amis sur les bords du canal.

Charles et Mongérand quelques minutes à se reconnaître, ils se tâtent, se regardent, font quelques pas ; Charles a un pan de son habit en lambeaux, sa cravate est arrachée, son visage meurtri ; Mongérand est à peu près dans le même état, et de plus son chapeau défoncé.

— Voilà une sacrée soirée ! dit Mongérand en prenant Charles sous le bras, mais ils nous revaudront ça... — Ah ! je suis d'une colère d'avoir en le dessous !... — Veux-tu que nous retournions les rosser tout de suite !... — Ça va !

Et les deux amis, rebroussant chemin, reviennent à la porte des Vendanges de Bourgogne, ils frappent, cognent en disant : — Ouvrez-nous, nous aimons mieux nous battre tout de suite !... ouvrez ou sortez !...

On les laisse cogner, on ne leur répond pas. Las de frapper inutilement, ces messieurs prennent leur parti, ils s'en vont en disant : — Ça sera pour demain alors.

Il est nuit. Ils marchent le long du canal se tenant le bras et s'efforçant de ne pas chanceler. Ils vont toujours, le grand air les étourdit encore davantage. Mongérand se croit sur les quais, et au lieu de passer le pont qui les mènerait rue de Lancry, il s'arrête en disant : — Un instant... nous irions au faubourg Saint-Germain, ce n'est pas notre chemin. — Tu crois ?... comment ! nous sommes donc perdus. — Eh non... laisse-toi guider... nous allons enfiler la rue Saint-Denis... par file à droite... — Ces messieurs remontent la rue des Récollets en s'étonnant que les boutiques soient déjà fermées. Après avoir marché longtemps, ils arrivent à la barrière du Combat. Charles dit en l'apercevant de loin : — C'est singulier... la porte Saint-Denis me semble plus petite qu'à l'ordinaire !... — C'est que c'est la porte Saint-Martin apparemment.

Ils s'arrêtent cependant lorsqu'ils sont sous le réverbère de la barrière, et regardent au-dessus de leur tête.

— Mais que la peste m'étouffe !... Charles, ce n'est ni la porte Saint-Martin, ni la porte Saint-Denis ici. — Tu vois bien... — C'est la faute à Boursinet... s'il nous avait attendus... est-ce qu'il se serait perdu aussi... Eh ! Boursinet !

— Où allons-nous par là, camarade ? demande Charles à un employé de l'octroi. — Vous allez à la Poudrette... — A la Poudrette !... c'est gentil... Où diable sommes-nous donc ? — A la barrière du Combat. — Pas possible !... C'est ce maudit Boursinet qui est cause de cela. Et pour aller rue Poissonnière... — Descendez toujours jusqu'au canal, puis passez le pont. — Merci, l'ami... Viens, Mongérand... Ah ! un instant !... pendant que je suis sous une lumière, laisse-moi regarder l'adresse de nos hommes que nous devons rosser demain matin, car enfin il faudra nous rejoindre pour cela.

Mongérand tire de sa poche le chiffon de papier qu'on lui a remis, il le tourne, le retourne en murmurant : — Quelle bêtise d'avoir écrit au crayon !... on ne peut presque plus lire... Ah ! attends, je vois... là... P... Piche... Pichardin..., rue des Mauvaises-Paroles... Il n'y a pas de numéro... Apparemment qu'ils sont connus... nous les trouverons d'ailleurs... — Est-ce que nous y allons ce soir ?... — Non... nous allons rentrer sagement chez nous... mais demain, Charles, viens me prendre de grand matin, et nous irons réveiller MM. Pichardin père et gendre.

Les deux amis se reprennent le bras, redescendent jusqu'au canal, se décident cette fois à passer le pont et arrivent au boulevard. Charles demeure rue Poissonnière, il est bientôt près de chez lui, et Mongérand ne le quitte qu'au coin du boulevard qu'en lui répétant encore : — A demain matin... c'est une affaire d'honneur... je compte sur toi.

Charles promet et arrive à sa porte ; il semble que la vue de sa demeure le dégrise un peu ; il monte rapidement, rentre chez lui et se présente devant sa femme en affectant un air riant, pour qu'elle ne se doute de rien. Mais il n'a pas pris garde au désordre de sa toilette, et Léonie pousse un cri en l'apercevant.

— Ah, mon Dieu ! que vous est-il donc arrivé ?... — Moi !... mais rien... Qu'est-ce que ça vous fait ?... j'étais avec Mongérand, voilà tout... — Oh ! je pense bien que vous étiez avec lui... Mais certainement il vous est arrivé quelque chose... votre habit est tout déchiré... — Bah !... tiens, je ne m'étais pas aperçu... je me serai accroché probablement... — Votre cravate est en lambeaux, et votre figure... Ah ! Charles ! vous vous êtes battu !... — C'est-à-dire... on nous a battus !... — O mon Dieu ! mon Dieu ! qu'est-il donc encore arrivé ?... — Ne crie pas si fort ! tu réveilles ta fille... Bonsoir, Laure. — A-t-elle toussé beaucoup ce soir ?... — Eh, que vous importe !... vous n'avez pas pensé à nous !... — Oh ! si ! et la preuve c'est que j'avais mis des biscuits de Reims dans ma poche... pour vous deux... Ah !... il paraît qu'ils étaient dans la poche que j'ai perdue... — Charles, par grâce, contez-moi donc ce qui vous est arrivé... Voyons, asseyez-vous... reposez-vous... Comme vous voilà fait !... voulez-vous prendre quelque chose... de l'eau sucrée... — Oui, je veux bien... je suis altéré.

Léonie, qui s'aperçoit de l'état de son mari, s'occupe d'abord de sa santé et craint encore de le contrarier. Pendant que sa femme lui prépare de l'eau et du sucre, Charles va s'asseoir près du lit de sa fille, il embrasse la petite Laure, qui s'écrie : — Oh ! papa... tu sens... attends donc... comme quand ma bonne fait de la matelote... — Tu trouves, ma fille ?... je n'en ai pourtant pas mangé... Papa, maman a reçu des nouvelles de mon frère... il se porte bien... et il est très-joli. — Ah ! tant mieux, ma fille... Ah ! il est très-joli... Tu es un amour... Qu'est-ce que tu veux que je t'achète demain ?... hein !... — Ce que tu voudras, papa... une poupée bien grande... — C'est bon, sois tranquille.

Léonie revient, donne à son mari ce qu'il a demandé, puis lui prend les mains en lui disant : — Maintenant, Charles, dites-moi donc pourquoi vous vous êtes battu ? — Pourquoi... mais... c'est venu... Ah !

oui, je me rappelle... Il y avait une noce chez le traiteur où nous avons dîné... Mongérand et moi nous avons été pour voir danser... ces rustres ont voulu nous mettre à la porte... Tu sens bien que nous ne pouvions pas nous laisser mettre à la porte... Je ne sais pas ce que nous leur avons dit... mais ils sont tombés tous sur nous... tous !... c'est une infamie !... Nous sommes partis... mais demain... oh ! demain, nous retrouverons le marié et son beau-père... Mongérand a leur adresse, j'irai le prendre, et... — Grand Dieu ! que dites-vous, Charles !... vous auriez le désir de vous battre encore demain !... — Certainement... — Ah ! mon ami, vous ne pensez pas ce que vous dites là... vous n'avez point cette affreuse idée... Vous battre... et que vous ne fait ces gens pour aller troubler leurs plaisirs ?... vous étiez... un peu étourdi ; Mongérand l'était beaucoup sans doute, qui vous dit que ce n'était pas vous qui aviez tort ? — C'est égal, ils nous ont battus... et il y va de l'honneur d'en tirer raison. — De l'honneur !... Ah ! Charles, vous abusez de ce mot... votre honneur consistait à ne point aller chercher querelle à des gens qui sans doute ne vous disaient rien. Et quelles sont ces personnes... contre qui vous voulez vous battre ?... vous ne les connaissez pas peut-être... — Non... mais... je crois que ce sont des marchands de volailles... — Et c'est contre de pareilles gens que vous voulez vous mesurer ?... — Ma femme, sachez qu'un homme en vaut un autre !... — Un homme en vaut un autre !... Oh ! non... cette maxime est fausse !... un fripon ne vaut point un honnête homme !... Un duelliste... un homme qui se fonde sur son adresse pour provoquer ses semblables, ne vaut point un bon père de famille, dont l'existence assure celle de ses enfants. Charles... ne pensez plus à cette affaire... ceux qui vous ont maltraité l'ont déjà oubliée sans doute... Charles, vous ne vous battrez pas demain, n'est-ce pas ?... — Oh ! si... je le dois... Mongérand m'attendra de bonne heure... — Vous le devez... et si vous êtes tué, votre femme, vos enfants doivent donc mourir de douleur... Mon ami, je vous en prie à genoux... ne pensez plus à vous battre... Laure, prie aussi ton père !... supplie-le de ne point aller se battre demain.

Léonie est tombée aux genoux de son mari, dont elle tient une main dans les siennes et qu'elle baigne de ses larmes. La petite Laure s'assied sur son lit et dit, en joignant ses petites mains, comme lorsqu'elle fait sa prière du soir :

— Mon papa, je t'en prie, ne te bats pas demain, tu vois bien que cela ferait de la peine à maman.

Charles est ému, il passe sa main sur ses yeux en disant : — Eh bien... demain nous verrons... laisse-moi d'abord me coucher... Dors, ma fille.

Léonie ne demande pas mieux que de voir son mari prendre du repos : il se met au lit, et bientôt ses paupières se ferment. Léonie se couche aussi, mais elle ne peut goûter un instant de sommeil ; la crainte que son mari ne se batte le lendemain la tient toute la nuit éveillée, elle prie le ciel pour que l'heure du rendez-vous soit passée. Dès que le jour reparaît, elle se lève bien doucement, tire avec soin les rideaux, et va défendre à sa bonne d'entrer, afin qu'on ne fasse aucun bruit dans sa chambre ; puis elle s'assied dans un coin, attentive, ne bougeant pas, frémissant au moindre mouvement de son mari, regardant la pendule et respirant plus à l'aise à mesure que l'heure s'avance. Le ciel a pitié de sa peine ; Charles ne se réveille qu'à neuf heures passées. Il cherche à rappeler ses idées, regarde dans la chambre, et tout à coup s'écrie : — Ah, mon Dieu !... ce matin... Mongérand m'attendait... Quelle heure est-il donc ? — Dix heures et demie, répond Léonie en se plaçant devant la pendule. — Si tard !... il se pourrait !... comment !...

Léonie prend sa fille dans son lit, et court la porter à son mari en lui disant :

— Mon ami, embrasse ta fille... tiens... mets-la près de toi... est-ce que tu ne l'aimes plus ?...

Charles embrasse sa fille et sa femme. En ce moment on sonne avec violence, Léonie devient pâle et tremblante, Charles écoute et attend : Mongérand paraît. — Léonie se sent mourir.

— Pas plus de Pichardin que de pantoufles ! s'écrie Mongérand en entrant. J'ai fait en vain toute la rue des Mauvaises-Paroles... c'est une fausse adresse qu'ils nous ont donnée !... ces gredins-là, ça ne sait se battre qu'à coups de poing !... Je suis allé alors chez le traiteur demander une explication... il m'a assuré qu'il ne les connaissait pas plus que nous, et ne devait pas les revoir. D'après cela, tu as aussi bien fait de te dorloter dans ton lit.

— O mon Dieu ! je te remercie ! dit Léonie, mon mari ne se battra pas !... — Non, ma petite dame, non... D'ailleurs soyez tranquille !... quand Charles est avec moi, vous devez toujours être en repos... je ne suis pas querelleur... j'aime la paix !... — Pouvez-vous dire cela, monsieur !... lorsque c'est vous qui, ce matin, aviez pris rendez-vous avec mon mari pour terminer une suite à cette malheureuse affaire !... — Ecoutez donc, il y a des cas exceptionnels !... j'ai un chapeau défoncé, moi... et si je retrouve jamais le beau-père ou le gendre... mais suffit !... ne parlons plus de ça, Charles, je viens te chercher pour aller chez Boursinet. Il s'agit d'une bonne affaire, madame Darville !... je me mets dans le vin, dans l'eau-de-vie !... Charles s'y mettra avec moi... nous gagnerons de l'argent comme des marchands de bœufs.

— Oui, dit Charles, et peut-être dans peu de temps pourrai-je prendre cabriolet... Hein... que dirais-tu de cela, Léonie ? — Rien, mon ami ; je n'ai pas d'autre ambition que de pouvoir bien élever, bien établir mes enfants. — Eh bien ! moi, j'en ai de l'ambition !... je veux que tu sois mise avec la dernière élégance... Depuis quelque temps tu négliges trop ta parure... — Pourvu que je te plaise, répond Léonie en soupirant, est-ce que cela ne suffit pas ? — Oui, mais je veux aussi que tu brilles... que l'on dise en te regardant : Voilà une dame mise dans le dernier goût.

— Il a raison, dit Mongérand ; quand on a une femme douce, une femme qui ne nous crie pas, qui nous laisse faire nos volontés, on ne doit rien lui refuser... Ah ! si j'avais eu une femme douce, moi, je l'aurais assommée de cadeaux !...

Charles s'est habillé ; il se dispose à suivre son ami... Au moment où ils vont sortir, Léonie court après eux et dit à Mongérand en frémissant encore :

— Vous ne le menez pas se battre, n'est-ce pas ?

— Mais non, ma petite dame !... soyez calme... c'est fini !... seulement si nous rencontrons la noce, nous lui donnerons du pied au derrière, voilà tout... — Ah ! monsieur ! — Ne crains rien, dit Charles, nous ne la rencontrerons pas.

Mongérand est décidé à entreprendre le commerce des vins, parce qu'il se croit connaisseur dans cette partie, et que, se trouvant à son dernier écu, il sent la nécessité d'en avoir d'autres. Le courtier Boursinet lui fait livrer pour dix mille francs de marchandises contre des effets endossés par Charles ; on a confiance dans la signature de Darville, parce qu'on sait qu'il a encore des ressources, et qu'avant de se retirer du commerce il a payé tout ce qu'il devait.

Charles doit avoir une part dans les bénéfices de son ami ; en attendant que ces bénéfices arrivent, il achète à sa femme des robes nouvelles, à sa fille les joujoux les plus beaux, sans vouloir écouter les représentations de Léonie, qui ne croit pas Mongérand capable de conduire sagement aucune entreprise. En effet, après avoir emprunté de l'argent à Charles pour louer un magasin et y mettre ses vins, Mongérand commence par placer plusieurs pièces dont il mange le produit, ensuite il en vend à des amis de café qui ne le payent point et mène toutes ses connaissances à son magasin, où, pour s'assurer si les marchandises ne se détériorent pas, le nouveau commerçant et ses amis se grisent depuis le matin jusqu'au soir.

L'échéance des effets arrive ; Mongérand ne peut pas payer, c'est sur Charles qu'on revient.

— Vous avez donc répondu pour Mongérand ? dit Léonie voyant son mari payer deux mille francs sur des lettres de change de son ami. — Ne le devais-je pas ?... ne m'a-t-il pas prêté autrefois, lui aussi, sans vouloir même de billet !... — Oui, je me rappelle qu'il vous a rendu ce service, et toute la peine que cela me fit alors. Au moins ces deux effets sont-ils les seuls que vous ayez signés ? — Il y en a encore cinq... ou six... mais Mongérand payera les autres... oh ! je suis tranquille !... — Charles, il me semble que l'on se doit plutôt à ses enfants qu'à ses amis ; vous auriez dû y penser avant d'endosser ces lettres de change. — Je te dis qu'il me remboursera.

Mais les autres effets sont encore présentés à Charles, car Mongérand ne paye pas, et n'est à point de quoi rembourser ; ainsi en huit mois de temps Charles paye dix mille francs pour celui dont il a répondu, sans compter l'argent qu'il lui a avancé pour un magasin.

— J'ai donné congé de ce logement, dit un matin Léonie à son mari. — Pourquoi donc cela ?... il ne nous reste plus qu'un millier d'écus ; avec cela, quand on n'a aucun emploi... qu'on ne soit pas même être sage dans ses dépenses, pensez-vous que l'on doive aller loin ?... nous ne pouvons plus garder un logement de sept cents francs... j'en ai loué un de cent écus... c'est beaucoup encore !... puissions-nous y rester longtemps !... — Ah ! Léonie... quelle idée !... cette entreprise de vins a mal tourné, mais Mongérand me remboursera un jour ce qu'il me doit, c'est un garçon d'honneur ! — Je ne sais où est l'honneur de ces gens qui empruntent en sachant qu'ils n'auront pas la possibilité de rendre, qui se privent d'aucune des jouissances de la vie, tandis que ceux qui ont répondu pour eux se privent de tout pour payer : Mongérand ne vous rendra rien ; votre mère ne peut plus venir à votre secours, à peine s'il lui reste de quoi vivre honorablement. Je vais renvoyer ma domestique... nous ne pouvons plus en avoir... je tâcherai de trouver de l'ouvrage en linge... je travaillerai ! — Toi, travailler pour le monde !... ah ! je ne le souffrirai pas !... — Mais je souffrirais bien plus, moi, si mes enfants manquaient de quelque chose !... — Que leur a-t-il manqué jusqu'à présent ? — Rien, mais l'avenir m'alarme !... N'ai-je donc point sujet de trembler ?... — Non... non !... rassure-toi, tout ira mieux que tu ne penses !... j'ai rencontré Rozat hier, il s'est excusé de ne pas nous avoir vus depuis longtemps sur les affaires de famille... mais il m'a dit qu'il viendrait, qu'il aurait quelque chose d'avantageux à me proposer. — Si c'est là-dessus que vous comptez, Charles, je vous plains, et cela ne doit pas nous empêcher de déménager.

C'est au Marais, cette fois, que Léonie a loué un modeste appartement, qui, quoique petit, est agréable et proprement décoré. Cependant Charles fait la grimace, comme lorsqu'il est entré dans celui qu'il est forcé de quitter, et il dit encore : — Je me flatte que nous ne resterons pas longtemps ici!

CHAPITRE XVI. — Une Vengeance de Mongérand.

Léonie a fait revenir son fils de nourrice; le petit Félix n'a que dix-sept mois, mais Léonie trouve de l'économie et du plaisir à l'avoir avec elle. Tout son temps se partage entre les soins de son ménage, de ses enfants, et la broderie qu'elle fait pour une lingère. Lorsqu'elle travaille entre ses deux enfants, elle ne se trouve pas malheureuse; une parole de sa fille, un regard de son fils lui font oublier les folies de son mari et la situation précaire à laquelle il l'a réduite.

Quand il est chez lui, Charles ne prend pas aussi bien son parti; en voyant sa femme travailler, il s'écrie un matin : — Ça me désole de te voir faire de l'ouvrage pour d'autres!... tu devrais être riche!... heureuse!... — Mon ami, je me plains pas, surtout quand tu restes avec nous. — Oui, mais moi, je ne peux pas voir ça tranquillement... ça me fait mal!... Et dire que c'est ma faute!... c'est-à-dire la faute des événements... car j'ai toujours eu l'intention de faire de bonnes affaires!... Ma mère est fâchée contre moi!... je n'ose plus aller chez elle... — Tu as tort, Charles, il faut y aller, non pas pour lui demander rien, mais pour t'excuser... — Oui... il faudra que je m'y décide!... Depuis quinze jours, je ne sais pas ce que Mongérand est devenu; il le pense sans doute que je suis fâché à cause de cet argent que j'ai payé pour lui, et il m'évite!... il a tort! je ne suis cet homme à lui faire des reproches... il n'a pas réussi, c'est un malheur!... — Si tu pouvais ne plus le rencontrer, je regarderais encore cette perte comme un bonheur! — Et ce Rozat qui devait venir me voir!... — Tout ce que je désire, c'est qu'il ne vienne pas!... cet homme n'a jamais été ton ami... — Pourquoi dis-tu cela?... tu ne peux pas répondre... c'est de la prévention, voilà tout! — Mais, Charles, qu'as-tu besoin de ces gens-là! la société de ta femme, de tes enfants ne te suffit donc pas? vois ton fils!... qui te ressemble tant!... qui balbutie quelques mots! .. ta petite Laure, qui a quatre ans et demi, et qui est déjà raisonnable, prévenante, qui voudrait aider, servir sa mère!...

— Tiens, papa! dit la petite fille en montrant à son père ce qu'elle fait, vois-tu... j'apprends à ourler... maman dit que ce n'est pas mal!...

— Oui... c'est très-bien, répond Charles en embrassant sa fille; puis il fait un ou deux tours dans la chambre, et se met contre la fenêtre pour dissimuler les bâillements qui lui échappent. — Quoique ce logement n'ait plus l'élégance de ceux que nous avons occupés, dit Léonie, je m'y accoutumerais bien vite, Charles, si tu semblais t'y plaire avec nous. — Est-ce que je t'ai dit que je ne m'y plaisais pas?... mais je sors... parce qu'enfin il faut bien se remuer... tâcher de faire quelque chose... et puis cela m'affecte de te voir travailler!... cela me fait de la peine!... j'ai besoin de me distraire un peu.

Mais le chagrin de Charles n'est jamais de longue durée; une fois passé le seuil de sa demeure, les souvenirs se dissipent, il rencontre quelqu'un qui lui propose une partie de plaisir, il l'accepte et en devient le plus joyeux convive; en le voyant jouer, chanter, rire et boire, personne ne se douterait qu'il a dissipé tout ce qu'il possédait, et que sa femme travaille pour que ses enfants ne manquent de rien. Et cependant les hommes comme Charles ne sont pas rares, on en rencontre souvent chez les restaurateurs, dans les cafés; ces gens-là ne font rien que flâner, s'amuser ou se régaler; chez eux, on travaille, on gèle, on manque quelquefois on n'a pas de pain.

Mongérand avait du vendre le restant de ses marchandises; l'ancien hussard, en prenant l'habitude de se griser, devenait chaque jour plus tapageur, plus grossier; il perdait le peu de bonnes manières qu'il avait encore en sortant du régiment; ce n'était plus le ton brusque et tranchant qu'on pardonne dans un soldat, c'étaient les façons canailles, les manières effrontées de ces hommes qui se mettent au-dessus de toutes les convenances, de toutes les bienséances, et qui se croient en droit de rire au nez des personnes qui respectent encore tout cela.

Un jour, après avoir avalé coup sur coup trois petits verres d'eau-de-vie dans un cabaret, Mongérand se frappe le front, enfonce sur ses yeux un chapeau dont les bords sont tout cassés, et se rend chez le courtier Boursinet, qu'il trouve en train de faire des échantillons.

— Boursinet, mon ami, dit Mongérand en commençant par s'emparer d'une demi-bouteille qu'il vide d'un trait, je n'ai plus le sou... je suis à sec... — Et mon échantillon... échantillon?... — Il n'est pas question de ton échantillon... écoute-moi. — C'était du malaga... malaga... — Il sentait le caramel en diable. Ecoute, petit courtier; je ne sais pas comment ça s'est fait, mais mes marchandises ont fichu le camp, et il ne m'est resté aucun bénéfice... — C'était du malaga... du malaga, dit tristement Boursinet en se grattant le menton. — Ah! sacrebleu, veux-tu m'écouter!... il faut me faire avoir d'autres vins; car c'est Charles qui a payé ceux-là, et il me le rembourser avec les bénéfices que je ferai avec les autres. — C'est très-facile, mais... il faudra une caution... une caution. — Comment, vieux radoteur!... il te faut encore une caution... est-ce que je n'ai pas bien payé mes premiers effets. — Pas vous... pas vous. — Moi ou un autre, l'important c'est qu'on les ait payés, et si Charles endossait encore pour moi?...

— On n'en voudrait plus; il a déménagé... déménagé... il est gêné, il a vendu une partie de ses meubles... — Qu'est-ce que ça prouve?... C'est qu'il en avait trop apparemment!... Oh! attends! j'ai mon homme; si celui-là ne me cautionne pas, je le casse en deux. C'est un gaillard qui est riche, et tu pourras t'informer. Attends que j'avale encore un échantillon de ton caramel, et je vais voir si Beau-Blond est digne d'être mon ami... D'ailleurs, il y a longtemps que j'ai une explication à lui demander, je mêlerai tout ça ensemble.

Mongérand fait disparaître une demi-bouteille, donne un coup sur la forme de son chapeau, et s'en va laissant Boursinet s'arracher le nez de désespoir.

C'est chez Rozat que se rend Mongérand; il a bientôt arpenté le chemin, il monte l'escalier sans répondre au portier qui lui demande où il va. Il trouve M. Auguste qui descend à cheval sur la rampe de l'escalier. Il lui donne une claque sur le derrière qui fait beugler l'enfant pendant une heure; puis, la porte du carré étant ouverte, il entre chez Rozat, traverse l'antichambre, la salle à manger; le bruit de deux personnes qui se disputent lui indique qu'il y a du monde dans le salon, il a reconnu la voix de monsieur et de madame, il s'arrête et écoute avant d'ouvrir la porte.

— Je ne veux plus supporter tout cela... me refuser même le nécessaire!... il faut que ça finisse... — Je ne payerai pas vos mémoires de chiffons... un chapeau de quarante francs, c'est indigne! Laissez-moi en repos, madame, ne me mettez pas en fureur... — Je me moque bien de vos fureurs!... si vous me touchez, je crie à la garde!...

— Eh ben! qu'est-ce qu'il y a donc?... est-ce que les tourtereaux sont devenus des émouchets? dit Mongérand en ouvrant tout à coup la porte du salon où madame Rozat se promenait les yeux enflammés, les cheveux épars, tandis que son mari tortillait avec colère dans ses mains un chiffon de papier.

A la vue de Mongérand, madame Rozat va se jeter avec humeur dans une bergère placée au fond de la chambre. Rozat fourre le papier dans sa poche, et tâche de se faire une physionomie riante.

— Ah! c'est toi, Mongérand... — Oui, c'est moi... à qui diable en aviez-vous donc tous les deux?... — Oh!... ce n'est rien... c'est que nous répétions avec Minette un proverbe... une petite comédie que nous devons jouer en société... — Ah! vous répétez une pièce... c'était probablement le Ménage du Savetier, d'après ce que j'ai entendu. — Oui, dit madame Rozat avec ironie, c'est justement cela que nous jouons tous les jours!... — Mon cher Mongérand, si tu n'as rien de bien important à me dire, je t'avoue que dans ce moment je suis un peu pressé... j'ai beaucoup à faire... — Je n'en ai pas pour longtemps.

Avant de répondre, Mongérand s'étale dans un fauteuil, ôte son cigare de sa bouche, crache sur le tapis et croise l'une sur l'autre ses bottes crottées. Rozat, qui est resté debout devant lui, semble fort mécontent de ces apprêts, qui n'annoncent pas l'intention de s'en aller promptement.

— Mon cher Rozat, dit Mongérand en remettant dans sa bouche le petit bout de son cigare, il faudra bien que tu aies le temps de m'entendre... on doit toujours avoir le temps d'écouter ses amis... D'ailleurs il s'agit d'une affaire majeure.

— Eh bien, suis-moi... passons dans mon cabinet, répond Rozat d'un air inquiet.

— Non, c'est inutile... nous sommes très-bien ici pour causer... Ta femme ne me gêne pas du tout... au contraire... je suis bien aise qu'elle soit là... j'aime les dames, moi... — Mais je... — Assieds-toi donc, je t'en prie... Tu ne veux pas t'asseoir, comme tu voudras!... Voici mon affaire : je fais le commerce de vins maintenant... je n'y ai pas encore beaucoup gagné, mais ça viendra... Charles a endossé les premières lettres de change que j'avais faites en payement de mes marchandises... il a même payé... c'est très-bien, c'est un bon enfant, Charles... il a mon estime. Aujourd'hui il me faut d'autres marchandises... et un autre endosseur. Tu m'as offert plusieurs fois tes services, je viens te réclamer; je vais faire pour une dizaine de mille francs d'effets que tu auras la complaisance d'endosser... c'est dit, n'est-ce pas?... Vous êtes bien enrhumée, madame? — Non, monsieur... mais c'est une envie de rire qui vient de me prendre... Oh! rien... ne vous gênez pas... j'aime à rire aussi, moi. Eh bien, Rozat... tu restes comme un terme... est-ce que tu ne te décides pas?...

— Si fait... oh! j'ai très-bien compris... Mais, mon cher Mongérand, tu ne sais donc pas ce que c'est que de répondre pour quelqu'un?... — C'est payer pour les personnes quand elles ne répondent pas à l'appel... — Justement!... et avec quoi espères-tu payer, toi? — Cette bonne farce! si j'avais des valeurs, je n'aurais pas besoin de répondant. — Et moi, je ne réponds que pour ceux qui payent. — Ah! tu t'exposes comme ça... — Mes moyens me permettent pas de payer pour les autres... D'ailleurs, dans la vie il ne faut répondre de personne... — C'est très-joli, ta phrase; alors, je vais te faire une autre proposition : ne réponds pas pour moi, mais prête-moi la somme qu'il me faut... ça m'arrangera tout de même. — Si je pouvais prêter, je pourrais répondre... mais cela m'est impossible. — Vraiment!... Chenapand!... — Mongérand!... qu'est-ce que ça signifie... ce ton?... — C'est le mien, je ne le changerai pas pour toi : est-ce que tu crois, grand bouclé, que je me payerai des raisons que tu as données à Charles quand il est venu te demander un service? — Mongérand, tu as tort,

si tu crois que c'est mauvaise volonté... demande plutôt à Minette ;
elle te dira que nous sommes très-gênés en ce moment... Il n'est pas
question de Minette... c'est de Cendrillon que je vais te parler, moi...
ou de madame Stéphano, si tu aimes mieux.

Rozat devient pâle, tremblant, tandis que sa femme s'écrie : — Cendrillon!... madame Stéphano!... qu'est-ce que c'est que ces femmes-là?
— C'est une seule et même particulière, une brunette, haute en couleurs et pourvue de formes très-prononcées... Nous avons fait avec
elle un certain petit dîner... qui n'était pas piqué des vers !

— Ah! quelle horreur!... quelle infamie!... monsieur mène dîner
des femmes , et il refuse de payer le mémoire de ma marchande de
modes!

— Mongérand , ce que vous faites est bien sournois! dit Rozat en se
promenant dans le salon avec colère. Au reste, si j'ai dîné avec deux
dames... c'est vous qui les aviez amenées... je ne les connaissais pas...

— Oui, mais c'est toi qui les as reconduites, Benjamin !... tu as eu
si peur que Cendrillon ne t'échappât que tu l'as enlevée avec sa cousine avant la fin du repas... Ah! mille escadrons! c'est qu'il fallait voir,
ce jour-là, robinet d'eau tiède! il était terriblement échauffé!...

— Ah, quel monstre d'homme! et moi, on refusera de me mener
au spectacle! on me fera aller à pied quand il pleut!...

— Mongérand, finissons, je vous en prie... ou je... — Du tout, c'est
que je ne veux pas finir, moi. Ah! tu crois qu'on m'enlèvera mes dî-
neuses au dessert, et que ça me fera l'effet d'une pluie de feu!... Si tu
avais obligé Charles, je t'aurais pardonné, mais tu lui as débité mille
mensonges, tu as osé lui dire que ta passion pour Cendrillon t'avait endetté... que tu avais fait des folies pour elle !... Mais j'ai vu Héloïse,
je sais ce qui en est!... Tu ne l'as menée que deux fois au spectacle,
et tu l'as conduite au cintre, parce que c'est moins cher qu'aux bai-
gnoires. — Au cintre!... s'écrie madame Rozat. Ah! monsieur, vous
allez avec des femmes dans les petites loges du cintre... quelle indé-
cence!... — En fait de cadeaux, tu ne lui as donné qu'un méchant flacon en opale , et dont la garniture est toute dédorée... Un flacon en
opale!... reprend madame Rozat, mais c'est le mien alors... je suis sûre
que c'est le mien... il a disparu d'ici, et monsieur a prétendu que Gu-
guste l'avait perdu en jouant!... Me dépouiller pour faire des cadeaux
à ses maîtresses!... c'est ignoble!

— Madame, vous ne savez ce que vous dites! s'écrie Rozat qui
tremble de colère. Je ne vous ai rien pris!... Et vous, monsieur, sortez de chez moi... et n'ayez pas l'audace d'y revenir jamais!

— Ah! écoute, Rozat, avec ton air de jean-fesse, si tu me fais du
bruit tout ici. Je veux bien m'en aller, parce que j'ai dit ce que j'avais
à dire; mais ne te trouve pas désormais sur ma voie publique, sinon
je pourrais bien ne pas m'en tenir à des paroles avec toi... Tu m'entends... je suis très-doux, j'aime la paix; mais je prends mal les plaisanteries... Adieu, Rozat, Madame, et je vous offre mes hommages...
Maintenant, tourtereaux, vous pouvez reprendre votre scène du Ménage du Savetier.

Mongérand s'éloigne en disant ces mots, laissant Rozat au moment
où , dans sa colère , il brisait une tasse de porcelaine, tandis que sa
femme mettait son mouchoir en lambeaux.

CHAPITRE XVII. — Ce qu'elle craignait.

L'espoir de Léonie est encore trompé : elle se flattait que Mongérand
n'oserait plus se présenter chez son mari après avoir presque achevé
sa ruine; mais un matin l'ami de collège entre dans leur petit logement d'un air aussi gai, aussi délibéré, qu'avant l'affaire des lettres de
change. En tâchant de cacher le chagrin que lui fait éprouver cette visite. Charles tend la main à celui qui
vient d'entrer.

— Me voilà, mes enfants... il y a longtemps que vous ne m'avez vu;
que voulez-vous? les affaires... Ah! sacredié! je n'en puis plus... j'ai
monté vite... Je ne pouvais pas trouver votre nouveau logement... Eh
bien! mais c'est gentil ici... c'est fort gentil! vous êtes encore très-
bien!...

Léonie sourit amèrement et ne répond rien. Charles murmure : —
C'est un peu haut... — Ah!... il y a encore des logements plus haut
que ça!... et puis ça fait que l'air est plus sain que quand on est bas;
c'est meilleur pour vos enfants... et la vue... Ah! cette polissonne de
vue!... les buttes Saint-Chaumont, le Père-Lachaise qu'on voit comme
si on y était; c'est extrêmement gentil. Et les affaires, Charles, ça
reprend-il un peu? — Non; je ne sais pas trop à quoi me décider... —
Ah! mon ami, il faut de la prudence... Moi, je me suis enfoncé avec
mes vins... tu en sais quelque chose, ma tranquille!... je te
rembourserai tout cela!... je n'ai jamais eu l'intention de te faire du
tort... j'espère que tu n'en doutes pas? — Non... oh!... je sais bien
que dès que tu en auras... — Tu seras le premier payé! Dis donc,
j'ai été chez Rozat, il est jean-fesse, il a refusé de répondre pour
moi, aussi je l'ai traité comme il le méritait; d'ailleurs j'avais toujours
sur le cœur sa fuite avec ces dames le jour où nous avons dîné ensemble...

— Quelles dames?... avec qui donc avez-vous dîné? s'écrie Léonie

en regardant Charles. Celui-ci marche sur le pied de Mongérand en
balbutiant :
— Mais non... je n'y étais pas, moi...
— Ah çà ! veux-tu finir de me marcher sur le pied?... Ah!... ah!...
est-il étonnant, ce Charles! c'est parce que sa femme est là qu'il ne
veut pas que je parle du dîner avec nos belles. Eh, mon Dieu !... ta
femme si t'il bien que les hommes doivent s'amuser !... que le plus sage
ne résiste jamais à une légère agacerie, que nous sommes tous de mauvais sujets, que madame Darvillé, que vous savez fort bien
que votre mari ne vaut pas mieux que les autres?... Mais avec l'âge
tout cela se calme, on a des rhumatismes, la goutte, des douleurs...
alors on revient près de sa femme, qui nous frotte avec de la flanelle
pendant que nous crachons sur les tisons... et tout le monde est
content.

Léonie a tourné la tête en portant son mouchoir sur ses yeux; elle
ne semble pas du tout satisfaite de l'avenir que lui promet Mongérand.
Charles, qui s'aperçoit que sa femme a de l'humeur, se lève en disant
à son ami :
— Si nous allions faire un tour?... — J'allais te le proposer!
D'ailleurs j'ai besoin de toi aujourd'hui... J'ai un service à te demander.
— Un service? dit Léonie en regardant Mongérand avec inquiétude.
— Oh! soyez sans effroi, belle dame, il ne s'agit que d'une partie
de plaisir, et Charles me rendra service en y venant... Ça te va, n'est-
ce pas, Charles ? — Certainement.

Léonie regarde tristement son mari, qui s'empresse de prendre son
chapeau et de s'arranger pour sortir. Lorsqu'il va embrasser sa femme,
elle lui dit à l'oreille : — Je semble toujours quand je te vois aller
avec cet homme... il est si querelleur... Il t'a déjà entraîné dans de
mauvaises affaires et tu vas encore avec lui!... Pourquoi ne pas rester
plutôt près de nous?... Ta petite Laure te chantera une chanson que
je lui ai apprise... ton fils sautera sur tes genoux.

— Ma chère amie, j'ai tout le temps d'entendre chanter Laure et
de faire danser Félix. Je ne veux pas refuser Mongérand... ça le fâcherait... Je reviendrai de bonne heure.

Charles va s'éloigner, Léonie le rappelle en lui disant : — Tu t'en
vas sans embrasser tes enfants?

Charles embrasse ses enfants pendant que Mongérand siffle la galo-
pade ; il sort enfin avec son ami, qui lui dit sur l'escalier : — Est-ce
que tu n'as pas oublié d'embrasser le clia aussi ?... Ah ! Mongérand !... c'est mal ce que tu dis là ! — C'est que tu as l'air si Jocrisse
devant ta femme que tu me fais de la peine. Mais laissons cela !... au
diable les tracas du ménage ; ne songeons qu'à nous amuser !... — Volontiers, car je m'ennuie terriblement depuis quelque jours... — Je
crois si tu restes à tricoter près de ta femme... — Que veux-tu donc
faire de moi aujourd'hui ? — Voici de dont il s'agit : après que Rozat
m'eut refusé sa caution, ne pouvant plus obtenir de vins ce de petit
drôle de Boursinet, j'étais presque à sec fort embarrassé... Cependant je ne voulais pas t'emprunter encore, lorsqu'il m'est tombé sur
les bras... ou dans les bras pour mieux dire, la femme la plus pas-
sionnée, la plus exaltée, la plus amoureuse que Paris ait jamais ren-
fermée.,. et il en renferme pourtant de bien tendres... j'en sais quelque chose... Enfin cette dame ?... Tu sauras d'abord... Mais je ne
peux pas te conter tout cela sans me rafraîchir. Tiens, entrons là...
— Là... c'est un marchand de vins... Justement, et un vin blanc est
excellent. — Mais... c'est un cabaret... Cabaret ! marchand de
vins !... qu'est-ce que ça fait tout !... du moment que le vin blanc
y est bon ! Mon ami, quand on est fier, on risque souvent de mal dîner ! — Mais !... — Ah ! entre donc !...

Mongérand pousse Charles, qui entre chez le marchand de vins en
regardant avec un certain embarras autour de lui. Mongérand semble
habitué de la maison , il enfile sur-le-champ un escalier qui mène
dans un salon, au premier, où les tables sont couvertes de nappes en
grande partie tachées de vin ; Mongérand s'assied et dit à Charles :
— Tu vois que c'est gentil ici ?... — Mais... ça sent le vin en
diable !... — Est-ce que tu veux que ça sente l'œillet d'Inde ?... Tu
n'es guère philosophe, toi !... Garçon , du blanc !... du inédite que le
prends ordinairement... et qu'il soit meilleur!...

Dès que le garçon a servi et que ces messieurs ont trinqué, Mongérand reprend son récit :
— Je te disais donc que j'ai fait la conquête d'une femme tendre
comme un poulet et amoureuse comme une chatte! c'est aux Funambules que je la vis pour la première fois !... — Tu vas aux Funambules, toi ?... — Pourquoi pas? ce sont mes galeries ! Je suis lié avec
plusieurs artistes de là. Bref, ma conquête était avec un homme
énorme, gros et gras comme l'éléphant de la Bastille. Tu conçois que
cela ne me gêna pas du tout pour jouer de la prunelle et des œillades
lorsque l'occasion se présenta : je suivis la dame... un énorme cavalier... Tu sais que je me suis un gaillard à trainer les choses en lon-
gueur; quand le cavalier fut sorti de chez la belle, je jetai des pierres
dans les carreaux pour faire voir que j'étais là... D'abord je me
trompai de fenêtre, ce qui me donna de mauvaise humeur du voisin dont je
cassai les vitres... mais ça m'était bien égal! Enfin , petit , je te conte
au court: j'avais plû, la connaissance fut bientôt faite, et je sus que
ma princesse était entretenue par le gros monsieur, qui a une raffi-

nerie de sucre et des écus à remuer à la pelle. Dans l'ardeur de sa passion, ma belle voulait me sacrifier son gros amoureux; mais tu sais que je ne suis pas romantique, moi! Je lui dis : Un instant, tu as toutes les raffineries de l'existence avec ton gros sucrier; moi, je ne pourrais pas même t'offrir un verre d'eau à la cassonade : garde ton homme aux pains de sucre pour le nécessaire et moi pour l'agrément !... Hein ?... j'espère que c'était agir en galant homme !

— Mais je ne vois pas encore en quoi tout cela me regarde !... Est-ce que ta belle a aussi une cousine comme madame Stéphano ?

— Non !... oh ! elle n'a jamais eu de parents !... elle est trop bien élevée pour ça. Laisse-moi donc finir ! pour aller chez Thémire... c'est le nom de mon exaltée, je choisis les instants où son sucrier ne doit pas venir; cependant j'ai rencontré plus d'une fois le gros homme dans l'escalier, et, quoique je me sois rangé pour le laisser passer, il m'a regardé avec humeur... il m'a reconnu pour le bel amateur des Funambules. J'ai su par Thémire qu'il a des soupçons; il est jaloux de moi enfin, si bien que Thémire n'ose pas sortir avec moi et me donner le bras à la promenade; et c'est pourtant désagréable, car son raffineur lui laisse beaucoup de temps à elle, et je trouve qu'on ne peut pas rester toujours dans une chambre, parce que l'amour le plus vif finirait par y sentir le renfermé.

Charles regarde Mongérand qui a fini de parler et qui boit. Ses yeux l'interrogent encore.

— Comment, sacrebleu! Charles, tu ne comprends pas ce que je veux de toi? — Mais pas encore !... — Tu viendras avec nous; c'est toi qui donneras le bras à Thémire dans nos promenades champêtres et autres... tu viendras dîner avec nous !... c'est toujours Thémire qui paye, ça ne te regarde pas ; comme ça, si on la rencontre, et qu'on ne dise au sucrier, nous ne nous ressemblons pas du tout, le portrait qu'on lui fera du cavalier de Thémire n'éveillera pas ses soupçons... Mais... — Chut ! tout s'achève ; tu penses bien qu'elle aura soin de parler de toi : tu seras son frère qu'elle attend... qui vient de voyager... et qui promène sa sœur, c'est tout simple! — Tu viens de dire qu'elle n'avait pas de parents !... — Quand on n'en a pas, on s'en fait ! c'est bien plus commode !... — Mais... — Allons, c'est dit : tu es le frère de Thémire... et tu lui donneras le bras !... moi, je suis ton ami; si on me voit près de vous, c'est le hasard qui m'aura fait vous rencontrer. — Pourtant, si... — Tu acceptes !... touche là ! tu es toujours bon enfant, et allons trouver Thémire, qui désire manger une matelote au Cygne-Rouge, au Gros-Caillou.

Quoique Charles ne soit pas positivement content de faire le frère de mademoiselle Thémire, il accepte, suivant cette ancienne habitude qu'il a contractée de faire avec ses amis même ce qui ne l'amuse pas. On sort du cabaret; Mongérand emmène Charles du côté du boulevard Saint-Antoine en lui disant : — Thémire demeure rue Saint-Antoine, mais elle doit nous attendre sur le boulevard Bourdon; une autre fois, tu iras la prendre chez elle, ça vaudra mieux, cela évitera à cette petite de faire sentinelle.

Ces messieurs arrivent sur le boulevard Bourdon; une grande et grosse femme de trente-six à quarante ans, habillée avec prétention, tenant un châle tout plié sur son bras gauche et ayant un bonnet surchargé de fleurs, de rubans et de dentelles, se promenait devant la rue de la Cerisaie en retroussant sa robe de manière à montrer la naissance de son genou.

— C'est Thémire! s'écrie Mongérand. Pauvre petite !... toujours exacte à son poste !... comme un soldat prussien... elle ne m'a jamais fait attendre d'une seconde!...

— Quoi !... c'est cette femme qui est ta maîtresse? — Eh bien! pourquoi pas ?... crois-tu qu'une grande femme me fasse peur? — Non... c'est que..... — Ah! je le vois! tu te trouves un peu petit pour être son frère !... mais, mon vieux, ça se voit tous les jours !... il y a bien des enfants plus grands que leur père !... Abordons Thémire !...

Au moment où les deux amis arrivent contre la grosse femme, elle sortait de prendre une copieuse prise de tabac, et passait avec grâce son index sur le nez capable de contenir une once. Ses yeux, sa bouche et tous ses traits fortement prononcés étaient parfaitement en rapport avec sa stature.

— Nous voici, petite !... dit Mongérand, et je te présente ton frère !...

Mademoiselle Thémire fait à Charles un salut gracieux en répondant d'une voix mignarde :

— Monsieur veut donc bien !... monsieur est donc !... vous avez donc conté à monsieur?...

— Eh oui ! sacredié !... Ne faut-il pas bien des cérémonies pour dire à un ami : Tu feras le frère de ma maîtresse afin de tromper l'ennemi!

— Ah ! qu'il est roué !... Ah! taisez-vous !... roué ! répondit Thémire en minaudant et en tirant de son sac un mouchoir blanc plein de tabac.

— Allons, Charles, donne le bras à ta sœur, et acheminons-nous vers le Cygne-Rouge avec toute la grâce dont nous sommes susceptibles.

Charles, qui n'a encore fait que saluer, présente son bras à la grosse demoiselle, qui passe le sien dedans en lui souriant de nouveau,

puis on se met en route. Mongérand marche à côté de Charles, il ne laisse jamais languir la conversation; Thémire parle peu, elle se contente de s'écrier : — Ah ! le roué ! à chaque juron de son amant, et d'avancer à toute minute la tête pour mieux le regarder, ce qui fait que son nez rencontre assez souvent le visage de son cavalier, qui recule pourtant à chaque fois que sa prétendue sœur avance la sienne.

On arrive au Gros-Caillou. Charles a le bras cassé, parce que Thémire a beaucoup d'abandon en marchant; mais l'odeur de la cuisine lui rend la gaieté que la route lui avait fait perdre. Mongérand veut dîner dans un salon ; il trouve que c'est plus gai qu'un cabinet. Thémire est douce comme un agneau; elle fait tout ce que veut son amant. C'est celui-ci qui commande le dîner, et il a soin que rien n'y manque. Charles, qui comprend que le moment le plus agréable de son rôle est arrivé, tient tête à Thémire, qui mange et boit comme un ogre, ne s'interrompant par moments dans ces intéressantes fonctions que pour dire en regardant tendrement Mongérand :

— Comme il commande bien un dîner !... ah! comme il entend la vie, ce roué !

— Ah ! sacredié ! oui, je l'entends, la vie !... va, petite, il ne me manque qu'un million de revenu pour développer tous mes agréments! Charles, buvons à la santé de ta sœur,... Thémire, es-tu contente de ton frère? c'est un bon garçon, c'est mon élève... Il est gentil, hein?

Thémire s'incline en minaudant; pendant qu'elle s'absente de table pour la troisième fois, Mongérand dit à Charles : — Comment la trouves-tu ?... — C'est une belle femme !... — Je crois f...... bien ! Mais j'aimais mieux madame Stéphano pour la figure. — Tais-toi donc ! celle-ci en vaut dix comme Héloïse pour tout, c'est la meilleure pâte de femme !... elle ferait des bassesses pour moi! Et si tu l'entendais chanter... à la bonne heure ! ce n'est pas une seriuette comme Cendrillon... c'est une voix de tonnerre... c'est superbe! Je vais la prier de chanter. — C'est inutile. — Si, parce que je veux que tu entendes la différence lorsqu'elle chante de lorsqu'elle parle... — Mais dans un salon... il y a du monde ici. — Je m'en moque de mal; ceux qui ne seront pas contents le diront... nous sommes là pour leur répondre... — C'est juste.

Thémire revient. Lorsqu'on est au dessert, Mongérand la prie de chanter. Thémire minaude, regarde les tables voisines et murmure :

— Je n'oserai pas.

— Tu oseras, parce que je l'exige, dit Mongérand, et, qui plus est, je t'autorise à donner tous tes moyens. Ces gens-là seront trop heureux de t'entendre, ils viendront te remercier et demander bis; s'ils ne le font pas, ce sont des cruchons.

Thémire ne résiste plus, elle entonne : Ah ! quel plaisir d'être soldat! Mongérand l'écoute d'un air d'admiration et promène ses regards dans le salon pour voir si l'on est aussi dans l'enchantement.

Aux premiers accents de Thémire, toutes les personnes qui sont dans le salon ont levé les yeux d'un air surpris. On croit d'abord en être quitte pour quelques passages du morceau; mais la chanteuse poursuit, et sa voix a tellement de force qu'on n'entend même plus le bruit des assiettes. Deux jeunes gens placés dans le fond de la salle se permettent de laisser échapper quelques rires. Mongérand se tourne vers eux en criant d'une voix de Stentor : — Silence donc là-bas !... est-ce que vous n'entendez pas qu'on chante ?

— Il serait bien difficile de ne pas l'entendre! murmure un vieux monsieur assis derrière Mongérand. Celui-ci se penche sur-le-champ vers lui : — Qu'est-ce que vous avez dit? — J'ai dit, monsieur... que ces messieurs doivent entendre que madame chante... — Ah, fort bien ! et que ça doit leur chatouiller agréablement les oreilles, n'est-ce pas... — Oui, monsieur... c'est très-agréable.

Cependant le vieux monsieur se hâte d'appeler le garçon, de demander sa carte et de s'en aller pendant que Thémire répète à qui ça déployée : Ah! quel plaisir... ir... ah! quel plaisir... ir... Plusieurs autres personnes en font autant que ce monsieur. Mongérand les regarde de travers quand elles passent auprès de lui. Puis il applaudit de toute sa force Thémire et il pousse Charles, qui en fait autant.

— Eh bien ! es-tu enchanté ? dit Mongérand quand Thémire a fini.
— Je ne sais plus où j'en suis !... Je le crois... elle a une voix qui étourdit son homme... Un autre air, caressante, pendant que tu es en train. — Ah ! je ne sais si je dois... — Va donc... petite, cet air que j'aime tant !... — Lequel ? — Eh bien ! caresse d'ailleurs ça te suit à.. : Quel plaisir, d'être soldat! Ah ! le roué ! il me fait chanter tout ce qu'il veut! Mais nous en demander du champagne alors. — Tout ce que tu voudras... j'en ferai monter un panier si tu le désires. — Garçon, du champagne, caressante ne se taise un peu là-bas au fond. — Mais, monsieur, je ne peux pas empêcher les personnes qui sont là de parler. — Si fait ! quand madame chante, on doit se taire, ou c'est moi qui rétablirai le silence !

Le garçon s'éloigne sans oser répliquer. Thémire entame son autre morceau. Elle n'est pas au tiers qu'il ne reste plus dans le salon que les deux jeunes gens : les autres dîneurs ont pris la fuite, mais ceux-là tiennent bon : tout en prenant leur café, ils se regardent, se couvrent la figure de leur mouchoir et se tiennent le ventre à chaque roulade de Thémire. Mongérand a remarqué la pantomime de ces messieurs, cela paraît l'impatienter beaucoup; pendant une tenue que fait la chanteuse, un éclat de rire mal comprimé part du fond du salon.

Mongérand se lève et marche droit à la table où sont assis les rieurs, dont le plus âgé n'a pas vingt ans.

— Qu'est-ce qui vous fait rire d'une façon aussi indécente pendant que madame chante? dit Mongérand en regardant les jeunes gens sous le nez. L'un des deux se trouble et baisse les yeux; son compagnon, qui a l'air plus résolu, répond en regardant fièrement son interlocuteur :

— Monsieur, il me semble qu'on est bien le maître de rire, surtout quand on est aussi content que nous le sommes. — Vous êtes contents ? — Je le crois bien : mon ami m'a dit qu'il ne donnerait pas sa soirée pour cent francs ; et moi, qui devais aller aux Italiens entendre chanter Malibran, j'y ai renoncé pour écouter cette dame qui est avec vous... — Bah ! vraiment... c'est de plaisir que vous riez ainsi ?... — Demandez plutôt à mon ami. — Eh bien ! alors touchez là... vous êtes de jolis garçons, et vous allez venir prendre un verre de champagne avec nous. — Très-volontiers.

M. Boursinet porte toujours des échantillons de ses vins, et se gratte toujours quelque chose... quelque chose...

Les deux jeunes gens étaient de petits clercs d'avoué, toujours disposés à saisir l'occasion de se divertir ; ils préféraient du champagne à un duel, et celui qui venait d'arranger si adroitement l'affaire s'empresse, malgré son camarade, de suivre Mongérand, qui les présente à Thémire en disant :

— Tiens, caressante, voici deux jeunes amateurs ; ils devaient aller aux Bouffes, ils ont préféré rester pour t'entendre... Nous allons faire remonter du champagne, et tu nous chanteras le grand air du Calife : De tous les pays, pour vous plaire. C'est son triomphe, messieurs, c'est vous en dire assez.

Thémire fait un salut aimable aux deux jeunes gens. Charles n'est pas fâché que l'affaire se termine ainsi, il prévoyait déjà une scène dans le genre de celle des Vendanges de Bourgogne. Le champagne arrive, les deux clercs d'avoué ne font que vider et tendre leurs verres, à peine si Mongérand a le temps de faire sauter le bouchon. Thémire chante son air du Calife : ces messieurs la claquent à tour de bras. Enfin, après avoir lestement vidé quatre bouteilles de champagne, la société quitte le Cygne-Rouge. Les deux jeunes clercs s'éloignent après avoir renouvelé à Thémire l'assurance de leur admiration, et celle-ci se pend au bras de Charles et à celui de Mongérand, qui la laissent dans un fiacre, lequel ramène la compagnie près de la rue Saint-Antoine.

Cette partie est bientôt suivie de plusieurs autres ; Charles n'en refuse aucune. Plusieurs fois, en se rendant avec Thémire à un rendez-vous que Mongérand leur a donné, ils ont rencontré un gros monsieur qui a regardé Charles avec attention.

— C'est mon raffineur ! a dit tout bas Thémire. N'ayez l'air de rien, il vous prend pour mon frère.

Charles n'a rien dit, les regards de cet homme ne lui semblent pas bienveillants. Il se promet alors de ne plus faire le frère de Thémire ; mais le lendemain il accepte une nouvelle partie. Pendant qu'il ne cherche qu'à s'amuser, sans s'inquiéter de l'avenir, sa femme travaille et veille près de ses enfants ; et lorsqu'elle lui demande ce qu'il peut faire si souvent avec Mongérand, il lui répond : — Nous nous menons, nous philosophons.. Ça me fait trop de peine de te voir travailler... c'est pour cela que je le sors.

Un jour en se dirigeant encore avec la grosse Thémire vers les Champs-Élysées, où ils doivent retrouver Mongérand, Charles aperçoit sur les boulevards le monsieur que Thémire appelle son sucrier. Il vient à eux, et dit à la demoiselle sans même saluer Charles :

— Où allez-vous?

— Promener un peu avec mon frère... que voilà.

— Oui, oui, je sais... vous me l'avez assez dit... c'est bon.

Le monsieur s'est éloigné brusquement pendant que le prétendu frère lui ôte son chapeau.

— Il n'est pas très-poli, votre raffineur, dit Charles.

— Oh ! c'est un original ! il ne faut pas faire attention à ses lubies ! Ah, Dieu ! si Mongérand voulait !... une chaumière avec lui me suffirait !... je ne serais plus exposée aux boutades de ce gros ours !

— Oui, mais je crois que Mongérand n'aime pas les chaumières !

— Vous croyez !... c'est dommage... j'étais née pour garder des moutons, moi !... mais il me faut un berger !... il serait impossible de vivre sans un berger !

On rejoint Mongérand, Charles lui fait part de la rencontre qu'ils ont faite, cela ne lui semble mériter aucune attention, il ne songe qu'à bien dîner ; c'est toujours là ce qui l'occupe dans ses parties avec sa maîtresse, qui serait en effet fort malvenue si elle lui offrait une chaumière.

On s'est rendu chez un traiteur en renom. On a dîné dans une petite salle où dînent d'autres sociétés, et on est encore au dessert lorsque deux nouveaux venus entrent dans la salle : c'est le raffineur avec un gaillard de sa corpulence.

Thémire, en reconnaissant son monsieur, se met de la compote dans le nez ; Charles pâlit ; Mongérand, qui tenait son verre, boit tranquillement en disant : — Eh bien ! nous allons voir ce qu'ils veulent, ces messieurs !

On ne reste pas longtemps dans l'incertitude : le gros homme s'approche de la table où est sa belle. Il la regarde, ainsi que Mongérand, en roulant des yeux furibonds, et s'écrie :

— C'est donc ainsi qu'on se promène avec son frère?

— Eh bien ! après? dit Mongérand.

— Nous nous sommes promenés aussi... bégaie Thémire, et ensuite mon frère, ayant rencontré son ami, l'a engagé à dîner avec nous.

— C'est vrai, dit Charles. — C'est vrai !... reprend le raffineur en s'approchant de Charles, c'est vrai que vous en avez menti... — Monsieur... — Vous n'êtes pas le frère de Thémire... c'est des contes cela. — Monsieur... — Vous êtes d'accord avec cet autre polisson pour me duper... Mais tenez, voilà déjà votre affaire à vous !...

Ces mots ne sont pas achevés qu'un vigoureux soufflet est appliqué sur la joue de Charles. Avant qu'il ait le temps de revenir à lui, Mongérand a sauté par-dessus la table et saisi le raffineur à la gorge ; Charles, furieux, s'est élancé sur l'autre individu et lui casse un plat sur le nez. Tout cela a été si prompt, que les personnes qui dînent là n'ont pas encore eu le temps de quitter leur place. Thémire crie, pleure, beugle ; les garçons accourent, tout le monde se lève. On parvient à séparer les combattants.

— Sortons, messieurs, dit Mongérand, de telles insultes ne se terminent pas ainsi. Il est inutile de casser d'autres assiettes. C'est du plomb qu'il nous faudra.

— C'est bien ce que je veux, répond le raffineur ; mais auparavant j'étais bien aise d'entamer la conversation.

Les quatre hommes sortent ensemble. Thémire est restée à table. Elle pleure, elle se lamente, elle se donne des coups de tête contre le mur, et fait ce qu'elle peut pour se trouver mal. Au bout de quelques minutes, Mongérand et Charles reviennent, le premier l'air aussi gai qu'avant la querelle, le second est beaucoup plus sérieux.

— Ah ! vous voilà ! dit Thémire ; et elle court se jeter dans les bras de Mongérand, qui, heureusement pour lui, était adossé au mur.

— Eh bien ! c'est fini ! — Fini !... quoi ?... déjà?... — Parbleu ! nous n'allons pas nous battre ce soir ; on ne voit plus clair ! c'est pour demain... six heures !... le rendez-vous est pris, et personne n'a envie d'y manquer !... n'est-ce pas, Charles ? — Non, sans doute ! — Comment ! vous vous battrez demain?... — Oui, caressante, et je crois que c'est le cas de boire une fine bouteille de plus ! non que nous ayons besoin de vin pour avoir du courage, mais parce que ce monsieur nous a donné de l'humeur et qu'il faut le chasser !

On se remet à table ; mais Mongérand seul est gai. Charles veut en vain affecter de rire, il retombe à chaque instant dans de tristes réflexions ; et Thémire, qui quelques heures plus tôt ne désirait qu'une chaumière et un berger, laisse voir maintenant qu'une rupture avec le raffineur lui serait très-désagréable.

— Allons, mes enfants ! dit Mongérand, égayez-vous donc ! Parce que nous avons demain une petite partie avec ces messieurs, ça ne doit pas nous gêner ce soir !... Je suis fâché que Charles soit mêlé dans cette affaire ! mais il a reçu un soufflet, et il faut qu'il tue son homme !... Demain matin à six heures moins un quart je serai à ta porte, Charles !... sera-t-il nécessaire que je monte ? — Non... oh ! garde-t'en bien !... je ne te ferai pas attendre ! — J'en suis persuadé, car ceci n'est plus une plaisanterie !... J'aurai des pistolets, tu n'auras pas besoin de t'occuper de cela. Ce qui me contrarie, c'est qu'il faut d'abord que ce soit toi qui te battes contre ce gros animal qui t'a frappé ; en sorte que, si tu le tues tout de suite, comme je l'espère, je n'aurai pas le plaisir de lui donner son compte !

— C'est Thémire, s'écrie Mongérand : pauvre petite, toujours exacte à son poste !...

— Comment !... est-ce que vous voulez tuer mon fabricant de sucre ? dit Thémire avec inquiétude. — Oui, chère Thémire ! si vous voulez bien le permettre !... — Mais... pourtant !... si vous le tuez... il ne pourra plus m'entretenir, et... — J'en suis fâché ; ça lui apprendra à être moins brutal !... — Mais j'aimerais mieux !... — Il n'y a pas de mais dans cette affaire-là !... — Écoutez donc, Mongérand, vous me feriez beaucoup de tort, et... — Ah ! sacrebleu ! en voilà assez !... taisons-nous tout de suite et soyons aimable, ou je croirais que vous aimiez votre sucrier !...

Thémire se tait, mais elle fait la moue. Enfin on songe à partir, et pour la première fois, pendant que son amant paye la carte, Thémire en regarde le montant et murmure entre ses dents : — Que c'est bête de manger tant d'argent à la fois !...

Charles a hâte de quitter sa société et d'être seul ; il a laissé aller Mongérand et sa belle, mais en s'éloignant l'ancien hussard lui crie encore :

— A demain !

— Oui, à demain ! se répète Charles en prenant lentement le chemin de sa demeure : demain il faut que je me batte !... et pour qui ?... pour une femme... que je méprise !... car c'est pour m'être dit son frère que j'ai reçu ce... Ah ! je pensais souvent que cela finirait mal !... Si Léonie savait cela !... Je ne veux rentrer que lorsqu'elle sera endormie ; si elle me voit... mon trouble, mon embarras lui donneraient peut-être des soupçons !... En dans ce duel... si j'étais tué !... Ah ! ne pensons pas à tout cela !... soyons homme, comme dit Mongérand !...

Charles se promène jusqu'à près de minuit, cherchant toujours à chasser les tristes réflexions qui viennent en foule l'assiéger. Enfin il rentre chez lui ; il a sa clef. Léonie est endormie ainsi que ses enfants, dont les deux petits lits sont près du sien. Charles s'arrête quelques instants pour examiner ses enfants ; en ce moment il lui semble qu'il les aime davantage : c'est toujours ainsi ; on aime bien plus ce que l'on craint de perdre ; on ne peut plus se séparer de ceux que l'on

tremble d'embrasser pour la dernière fois. Les jolis traits de Laure ont déjà la douceur de ceux de sa mère ; la figure riante de Félix semble sourire encore en dormant.

— Qu'ils sont gentils ! se dit Charles en les considérant. Et demain je vais me battre !... les priver peut-être de leur père !... de celui qui devrait veiller sur leur enfance !... les protéger !... les chérir !... Ah ! je suis un vaurien !... un gredin !... je me déteste !... je me hais !... je ne fais que des sottises !...

Charles gesticulait en s'animant ; Léonie se retourne dans son lit, il s'arrête, il craint de l'éveiller ; il se hâte de se coucher, espérant qu'un peu de sommeil calmera ses sens ; mais c'est en vain qu'il cherche à s'endormir, il compte toutes les heures de la nuit. Ce n'est point la crainte du combat du lendemain qui le tient éveillé : Charles ne manque pas de courage ; mais c'est le regret de se trouver dans une affaire où le triomphe même ne peut lui faire honneur.

Le jour est revenu. A cinq heures Charles est debout ; il embrasse bien doucement sa femme ; il a de la peine à s'éloigner d'elle ; cependant il veut être sorti avant qu'elle soit éveillée. Il s'est habillé, il va partir !... il retourne près de ses enfants, il veut les embrasser aussi, il se dit que c'est peut-être pour la dernière fois. Déjà il a imprimé ses lèvres sur les joues vermeilles de Félix, il en fait autant à Laure... mais celle-ci ouvre les yeux en balbutiant :

— C'est toi, mon petit papa qui es là !... ah ! tu vas m'emporter dans ton lit, n'est-ce pas ?

— Tais-toi, tais-toi ! ma fille ! dit Charles en faisant signe à Laure de ne point bouger ; reste couchée !... dors !... dors encore, ma chère Laure !... il est de bien bonne heure !... — Mais pourquoi donc es-tu déjà habillé, papa ? — C'est que... j'ai à sortir !... Mais ne fais pas de bruit ! il ne faut pas éveiller ta maman ! — Eh bien ! je vais me rendormir !... mais rapporte-moi un petit pain pour déjeuner, pour moi et mon frère !... tu sais bien, de ces petits pains qui sont si bons !... veux-tu, papa ? — Oui !... oui !... Adieu, chère enfant !... dors, je t'en prie !...

Charles embrasse encore sa fille et se hâte de s'éloigner. Il était temps, il sentait son courage l'abandonner. Enfin il est dans la rue ; il aperçoit Mongérand qui se promène de long en large en fumant sa pipe ; sa vue le ranime, il se hâte d'aller lui prendre le bras.

Justin jeune regardait Léonie de sa mansarde, oubliant son livre.

— Peste !... tu es matinal !... Il n'est pas encore l'heure... mais j'étais toujours venu, parce que je me disais : Je fumerai aussi bien dans sa rue que chez moi. — Partons ; où est le rendez-vous ? — Aux buttes Saint-Chaumont... Oh ! n'allons pas si vite, nous avons le temps... J'ai des pistolets dans ma poche... et des bons !... Ah ! que je te conte... est-ce qu'hier au soir en te quittant je n'ai pas eu aussi une scène avec Thémire !... elle regrette son raffineur, à présent !... Comme c'est ça ! oh ! les capricieuses ! Enfin, nous sommes brouillés à la mort... je m'en moque !... Et toi ?... eh bien !... tu ne m'écoutes pas !... — Si... je t'entends bien ! c

Mongérand continue de parler pendant la route; Charles ne répond que par monosyllabes; il presse le pas, et à chaque instant Mongérand s'écrie : — Sacredié !... ne va donc pas si vite !... si ces messieurs y sont avant nous, ils attendront!

On arrive enfin au lieu choisi pour vider la querelle; l'homme qui a frappé Charles y est déjà avec la même personne qui l'accompagnait la veille.

— Nous sommes peut-être en retard, dit Mongérand; mais je n'ai pas de montre, et j'ai cru que nous avions le temps... Allons, Charles, à toi de commencer avec monsieur... Si tu n'es pas en veine, je te vengerai; car, comme c'est moi qui étais l'amant de la séduisante Thémire, il me semble que ça me regarde un peu !...

Le gros homme ne répond rien ; il se contente de passer ses pistolets à son témoin : on charge les armes, on mesure les pas.

— Tiens, Charles, dit Mongérand en présentant un pistolet à son ami, c'est à toi de tirer le premier... souviens-toi de mes leçons !...

Charles prend l'arme vivement; toujours comme empressé d'en finir, il ajuste et lâche aussitôt son coup, qui n'atteint pas son adversaire. Celui-ci le vise alors, le vise longtemps, et bientôt Charles tombe baigné dans son sang.

CHAPITRE XVIII. — Un Ouvrier.

Léonie avait été surprise en s'éveillant de ne point voir son mari près d'elle. Charles, qui rentrait ordinairement fort tard, n'avait pas l'habitude de se lever de bonne heure. D'abord elle craint que son mari ne soit pas rentré depuis la veille; mais la petite Laure l'a rassurée en lui disant : — Oh! j'ai vu papa, moi, ce matin ; il m'embrassait, et ça m'a éveillée. — Il t'a embrassée ce matin?... — Oui, maman... et puis il m'a recommandé de ne point faire de bruit pendant que tu dormais... — Et il ne t'a pas dit où il allait de si grand matin?... — Non... Mais il ne sera pas longtemps; car il doit nous rapporter un petit pain au lait pour déjeuner moi et mon frère.

Léonie pense que son mari avait encore quelque rendez-vous avec Mongérand, ou que peut-être, ayant enfin l'espoir d'obtenir un emploi, il est sorti pour cela; elle habille ses enfants ; en retarde l'instant du déjeuner dans l'espoir que Charles reviendra ; mais l'heure se passe sans ramener chez lui le père de famille.

Le petit Félix, qui a deux ans, dit qu'il a faim; Laure veut encore attendre le pain que son père lui a promis.

— Oh ! c'est bien inutile, ma fille, dit Léonie en soupirant, ton père a oublié ce qu'il t'a promis... n'y compte plus... Déjeune avec ton frère, ma chère Laure, n'attends pas davantage.

On déjeune plus tristement qu'à l'ordinaire; c'est la première fois que Charles n'est pas témoin de ce premier repas du matin. Léonie éprouve une inquiétude dont elle ne peut se rendre compte, et Laure répète de temps à autre : — Méchant papa !... qui ne nous apporte pas ce que je lui ai demandé... quand il reviendra, je ne l'embrasserai pas... n'est-ce pas, maman?... — Oh! si... si, ma fille !... il faut toujours l'aimer autant !... il ne faut pas faire comme lui !...

Léonie reprend son ouvrage et sa place accoutumée près de la fenêtre, quoique bien rarement elle regarde ce qui se passe dehors. En travaillant, en voyant jouer ses enfants, en écoutant le babil de sa petite Laure, Léonie n'avait pas l'habitude de trouver le temps long; mais alors les heures lui semblent éternelles, car elles s'écoulent sans ramener son mari. Quoique inhabile à ses absences, Léonie n'a pas sa résignation habituelle; Charles est sorti de si grand matin que cela lui paraît extraordinaire; elle questionne encore sa fille, elle lui demande si son père était plus en toilette, s'il paraissait triste ou gai; Laure ne sait que lui répéter : — Il m'a bien embrassée, et il avait peur que tu ne t'éveilles...

— Il avait peur que je ne m'éveillasse !... se dit Léonie qu'une terreur nouvelle vient de saisir. Mon Dieu !... pourquoi tant de crainte ?... devait-il encore... Il avait été là la veille avec Mongérand !... Ah ! je tremble !... et il ne revient pas!

La matinée est passée, trois heures sonnent, et Charles n'a pas reparu chez lui. Léonie ne peut plus travailler, elle ne peut plus rester en place; s'il y avait un portier dans la maison, elle serait déjà descendue le questionner, savoir si son mari n'a rien dit pour elle; mais il n'y en a pas, et Léonie n'a point l'habitude de causer avec ses voisins; elle ne sait même pas qui loge au-dessous et à côté d'elle. Il n'y a dans la maison qu'une seule personne qu'elle connaît, ou que du moins elle rencontre plus souvent que d'autres sur l'escalier; c'est un jeune homme qui semble avoir tout au plus dix-huit ans, et qui habite une petite chambre, dans les mansardes, dont la fenêtre est presque en face de celle où travaille habituellement Léonie.

Ce jeune homme s'appelle Justin ; il a vingt-deux ans; mais sa voix est si douce, sa physionomie si naïve, ses manières si timides , qu'on lui donnerait tout au plus dix-huit ans. Il est poli avec tout le monde, complaisant, serviable, et le ton avec lequel il parle à une femme ferait rougir beaucoup de nos élégants de salon. Pourtant Justin n'est qu'un ouvrier, un ébéniste; à la vérité, il n'a jamais cassé de lanternes, grossi les émeutes et fait de la politique, ce n'est pas là son goût ; il préfère travailler, se perfectionner dans son état, devenir

adroit, habile, gagner de l'argent pour aider sa mère et ses sœurs. Plusieurs de ses camarades se sont quelquefois moqués de lui ; quelques-uns ont été jusqu'à lui dire : — Tu ne te mêles pas de ce qui se passe, tu es dans les éteignoirs.

Mais Justin, qui ne souffre ni les reproches ni les moqueries, et qui, avec sa petite voix douce, a autant et peut-être plus de courage que les plus braillards, Justin a répondu :

— Je cherche à m'instruire ; je lis les ouvrages qui peuvent éclairer mon esprit, former mon jugement; de ces lectures-là il me reste toujours quelque chose; je me trouve plus heureux quand j'ai acquis une connaissance nouvelle : mais je lis cela quand j'ai bien travaillé; car, avant tout, il faut que je nourrisse ma mère, que je me vête convenablement, et je n'ai pas envie de tendre la main ni d'emprunter à personne. Vous, qui négligez votre travail pour vous occuper de politique, en êtes-vous plus heureux, plus contents?... Si je vous voyais toute la journée rire et chanter, cela pourrait me séduire ; mais bien loin de là !... depuis que vous avez cette manie, vous êtes continuellement de mauvaise humeur !... toujours dans un état de colère, d'irritation... toujours prévoyant des malheurs! Vous faites de la bile pendant tout le cours de l'année, et chaque jour vous cherchez à la répandre !... Quelle triste existence !... et c'est avec cela que vous croyez me tenter?... non pas, vraiment!... Dieu me garde d'être toute l'année de mauvaise humeur !...

C'est pourquoi Justin, qui allait peu avec ses camarades, restait souvent dans sa petite chambre. Tout en lisant contre sa fenêtre, il avait aperçu sa voisine d'au-dessous, cette jeune femme qui travaillait sans cesse, ne s'interrompant que pour caresser ses enfants. Léonie, quoique les chagrins eussent déjà flétri son teint et creusé ses joues, était encore jolie, et puis il y avait dans sa figure quelque chose de doux, de décent, de mélancolique, qui intéressait sur-le-champ. Ce n'était pas cette mine éveillée d'une grisette qui nous plaît le nous autres en sortant d'un salon où une tournure décente est de rigueur; pour un ouvrier habitué à se trouver souvent avec des grisettes, c'était bien mieux! et, quoique la mise de Léonie fût aussi simple que celle de ces demoiselles, il y avait une grande différence dans la manière de la porter : c'est cette différence qui charmait Justin.

Il pouvait contempler Léonie tout à son aise : car en travaillant la jeune femme ne levait jamais les yeux que pour les porter sur ses enfants, elle ne voyait point le jeune ouvrier, qui, de la fenêtre de sa mansarde, la regardait quelquefois pendant des heures entières, oubliant son livre, oubliant même qu'on l'attendait chez sa mère. Justin restait là, suivant chaque mouvement de Léonie, et Justin soupirait; il n'osait pas s'avouer qu'il était amoureux de sa voisine, et cependant il n'était pas assez novice pour ne point comprendre ce qui se passait au fond de son cœur. Mais s'il éprouvait de l'amour pour la jeune femme, c'était un amour bien pur, c'était bien d'aucune souffrance coupable ; c'était presque cet amour d'une jeune fille sage qui borne ses désirs à voir celui qui lui plaît, et qui dans ses rêveries orne son image de toutes les grâces, de toutes les vertus. Un tel amour est rare chez un jeune homme de vingt-deux ans, mais lorsqu'on possède une chose rare, on la garde précieusement; et c'est ainsi que Justin gardait son amour dans le fond de son cœur.

Ce qui surprenait la jeune ouvrier, c'est que le mari de sa jolie voisine passât presque tout son temps loin de sa femme; c'était aussi de le voir rester froidement chez elle, n'ayant l'air ni aimable, ni amoureux; car, placé quelquefois derrière son rideau, Justin voyait encore lorsqu'il ne voulait pas avoir l'air de regarder ; il ne concevait pas que Charles reçût presque avec indifférence les caresses de celle que, lui, restait pendant des heures entières à contempler.

Depuis que Justin avait Léonie pour voisine, il sortait encore moins; à peine avait-il fini son ouvrage, qu'il retournait à la hâte dans sa petite chambre, qu'il n'aurait plus quittée pour un bel appartement. Il refusait toutes les parties de plaisir qu'on lui proposait, il ne se promenait plus, et se disait : — Elle ne sort jamais, chez son mari ne la mène ni au spectacle, ni à la promenade ; et puis bien rester aussi chez moi. Il lui semblait presque qu'il lui tenait compagnie.

Justin n'osait pas parler à Léonie, et cependant il aurait bien voulu trouver l'occasion de lui rendre service, de lui être bon à quelque chose, afin d'obtenir d'elle un mot, un regard, de ne point lui être totalement inconnu; il ne concevait pas même la pensée de lui laisser voir l'impression qu'elle avait faite sur son âme; et pourtant, après avoir passé des heures à sa fenêtre, il s'en retirait en disant tristement : — J'y resterais bien toute l'année qu'elle ne ferait pas attention à moi !...

Mais lorsque Justin entendait sa voisine ouvrir sa porte et descendre l'escalier pour aller faire quelque emplette , il ouvrait aussi la sienne et restait sur son carré à écouter si la voisine revenait. Dès qu'il entendait en bas le son de ses pas, il descendait à son tour, afin d'avoir le plaisir de la rencontrer et se disait : — Je vais la voir de tout près... je vais frôler sa robe peut-être... Ah ! que je vais être heureux !... Et il descendait en tremblant, le cœur tout palpitant d'espoir, de bonheur; mais dès que Léonie arrivait près de lui, le pauvre garçon devenait si ému qu'il baissait les yeux en se collant contre le mur, et Léonie passait sans qu'il sût seulement si elle l'avait regardé.

Une fois cependant Léonie venait de se promener avec ses enfants en revenant, elle avait porté Félix, qui ne marchait pas encore beaucoup ; la jeune mère remontait son escalier en tenant son fils sur un bras, en donnant une main à sa fille. La fatigue la forçait à faire une pose après chaque étage, des gouttes de sueur coulaient de son front, lorsque Justin, qui rentrait chez lui, était venu près d'elle. Ce jour-là, il avait eu plus de courage, il avait pris Félix du bras de sa mère en s'écriant : — Permettez-moi, madame, de vous épargner un peu de fatigue... Il avait lestement porté l'enfant jusqu'à sa porte, et s'était sauvé sans attendre qu'on le remerciât. Depuis ce jour, Léonie lui faisait un salut obligeant quand elle le rencontrait.

En ce moment que Léonie attend Charles, qu'elle se tourmente, qu'elle écoute au moindre bruit si c'est son mari qui revient, des pas se font entendre dans l'escalier, ils approchent, ils sont tout près... — Ah ! c'est lui ! s'écrie Léonie, et elle court ouvrir la porte qui donne sur le carré ; c'est Justin qu'elle aperçoit.

Léonie reste comme accablée, un soupir profond lui échappe, tandis que ses lèvres murmurent : — Ce n'est pas lui !

Les enfants sont aussi accourus, et ils répètent tristement : — Non, ce n'est pas mon papa !

Justin remarque le chagrin, l'inquiétude de Léonie ; le désir de lui être utile le rend moins timide, il se hasarde à parler :

— Qu'avez-vous, madame ? vous semblez inquiète ; serait-il arrivé quelque chose à monsieur votre mari ?...

— Non... non, monsieur, je l'espère du moins ; mais il est sorti aujourd'hui de si bonne heure... et sans me parler... Ce matin, monsieur, vous ne l'avez pas par hasard rencontré dans l'escalier ?

— Non, madame. — J'ai sans doute tort de me tourmenter, souvent il ne rentre que fort tard le soir... — Oh ! oui, car vous êtes presque toujours seule...

Justin rougit après avoir prononcé ces mots ; il craint d'avoir dit une chose inconvenante, mais Léonie n'y a pas fait attention. Le jeune homme s'empresse de reprendre : — Si vous saviez, madame, de quel côté à peu près peut être votre mari... je courrais... j'irais m'informer... puis je reviendrais vous dire... je serais si heureux de pouvoir vous être bon à quelque chose !...

— Ah ! je vous remercie, monsieur, mais je ne sais rien... j'ignore toujours où il est... Il devait revenir bien vite, à ce que m'a dit ma fille... mais il aura rencontré quelque ami... qui l'aura emmené... je vous remercie, monsieur. Rentrez, mes enfants.

Léonie a salué Justin, elle a refermé sa porte ; le jeune ouvrier est resté là, sur le carré, heureux d'avoir parlé à Léonie, mais fâché de la voir triste et de ne pouvoir lui rendre la tranquillité. Il cherche en lui-même ce qu'il pourrait faire ; mais où irait-il s'informer de celui qu'on attend, puisque sa femme même ne sait où il est ?... Cependant Justin redescend l'escalier ; arrivé dans la rue, il se promène tantôt d'un côté, tantôt de l'autre, ne s'éloignant pas beaucoup de sa demeure, mais portant ses regards au loin, espérant apercevoir le mari de sa voisine.

Il y a près d'une heure qu'il fait ce manège lorsqu'un groupe de monde s'avance entourant quelque chose qu'il ne peut distinguer. Justin ne voit dans tout cela que celui qu'il cherche ; mais ce monde s'est arrêté devant l'allée de sa maison. Justin revient sur ses pas, il se fait jour à travers les gens rassemblés là et dont les yeux expriment la compassion... il aperçoit un brancard sur lequel est étendu un homme blessé et sans connaissance. Cet homme, il l'a reconnu, c'est le mari de Léonie.

— O mon Dieu !... serait-il mort !... et sa pauvre femme qui l'attend !... dit Justin en poussant un cri de désespoir.

— Et non, non, sacredié ! il n'est pas mort ! répond Mongérand, qui est près des porteurs du brancard et pérore avec les curieux, mais il n'en vaut guère mieux... Cependant un chirurgien là-bas a dit qu'il en reviendrait peut-être... Au reste, s'il meurt, je l'ai déjà vengé ; son adversaire a reçu aussi une prune dans le nénet droit. Allons, enfants... il faut monter cet homme-là, et rien qu'au quatrième... excusez !...

— Ah ! monsieur... un moment ; de grâce... Et sa femme... sa pauvre femme !... que je la prévienne d'abord, elle en mourrait sans cela !... — Comme vous voudrez, petit ; d'ailleurs vous pensez bien qu'on ne va pas monter cet homme-là comme une balle de coton, il faudra des précautions et du temps.

Justin est déjà sur l'escalier, il le monte quatre à quatre, il frappe à la porte de Léonie ; elle accourt ouvrir, croyant encore que c'est son mari. Mais la figure pâle et défaite de Justin à la glace d'effroi, elle lit un malheur dans ses yeux.

— Qu'y a-t-il ?... De grâce, monsieur, que venez-vous m'apprendre ? dit-elle en tremblant, et Justin ne sait comment répondre ; il craint de parler, il balbutie : — C'est que... votre mari... — Mon mari... eh bien !... vous l'avez vu ? — Oui... madame... — Il lui est arrivé quelque chose... je le vois dans vos yeux. — Ne vous effrayez pas, madame... votre mari s'est battu en duel, à ce qu'il paraît... — Battu en duel !... mes pressentiments ne me trompaient donc pas !... — C'est blessé... mais il guérira, madame... il guérira... — Mais où est-il ?... Ah ! monsieur, conduisez-moi près de lui. — On le ramène... le voici, madame.

Le triste cortège arrivait en effet. A l'aspect de son mari sans con-

naissance et dont la pâleur est effrayante, Léonie ne peut plus résister à ce qu'elle éprouve, un gémissement lui échappe, ses yeux se ferment, elle tombe dans les bras de Justin qui la reporte chez elle, où Laure jette des cris affreux en revoyant son père et sa mère dans cet état.

Au milieu de cette scène de douleur, Mongérand, qui a toujours son même sang-froid, fait placer Charles dans son lit, tandis que Justin s'efforce de rappeler Léonie à la vie.

— Oh ! ce n'est pas la femme qui m'inquiète ! dit Mongérand ; une femme pleure, et puis ça se sèche... c'est à l'homme qu'il faut songer ! Allons, vous autres, je vous ai payés grassement !... allez chercher un chirurgien !... et vous, jeune homme, envoyez-nous une garde !... une voisine !... une portière !... Comment, sacrebleu ! est-ce qu'il n'y a pas de femme dans cette maison !... Mais non , au fait, restez, j'irai moi-même chercher une garde ! et puis je reviendrai pas !... Car je suis sûr que la femme de Charles va m'en vouloir !... Et pourtant c'est pas du tout ma faute !... son mari a reçu un soufflet pour Thémire, c'est vrai, mais je ne pouvais pas prévoir ça !... C'est à six heures environ qu'il a été blessé ; si on ne l'a pas ramené plus tôt, c'est que d'abord je l'avais fait porter dans un café, où il a reçu les premiers secours, et que ce n'était pas facile ensuite de trouver des porteurs !... Mais la jeune femme rouvre les yeux !... je me sauve ! Je vais vous envoyer du monde !... Ah ! polisson de raffineur !... il a eu la monnaie de sa pièce.

Mongérand est sorti : Léonie vient de rouvrir les yeux, elle rappelle ses idées, puis court à son mari, qu'elle couvre de baisers et de larmes en s'écriant : — Il ne m'entend pas !... Ils l'ont tué !...

— Non, madame, il n'est qu'évanoui ! dit Justin ; c'est la suite du transport !... Je cours chercher un chirurgien !... — Oh ! oui... le meilleur... le plus habile !... ramenez-le avec vous !... — Sur-le-champ !... Mais je vais... vous ne pouvez rester seule !... tous ces hommes sont partis !... mon Dieu !... ils n'agissaient que pour de l'argent !... oh !... je sais !... oui !...

Justin part précipitamment ; il frappe à l'étage au-dessous, il frappe à toutes les portes de la maison ; partout il dit : — De grâce, montez au quatrième chez une dame dont le mari est blessé ! On n'est point compatissant partout ; il y a des voisines qui ferment leur porte et restent chez elles , mais il en est d'autres qui se rendent à cette prière et montent chez Léonie, à laquelle elles prodiguent leurs soins pendant que Justin cherche un chirurgien.

Le jeune ouvrier revient bientôt avec un homme de l'art ; Charles a repris connaissance, il a reconnu sa femme, ses enfants, mais il n'a pas la force de parler. Le chirurgien visite sa blessure, la trouve grave et déclare qu'il ne peut encore prononcer sur son état ; après avoir donné ses instructions, il va s'éloigner... Léonie se jette à ses genoux en s'écriant : — Monsieur... vous reviendrez ce soir !... tous les jours !... toutes les heures, s'il le faut !... Ah ! monsieur, rendez-moi mon mari aucun sacrifice ne me coûtera pour un si grand bienfait !

Le chirurgien la relève, la rassure et s'éloigne en lui promettant d'être assidu auprès de son époux. Il part ; les dames de la maison s'éloignent aussi ; Justin seul reste , il tâche de consoler Laure , qui pleure en voyant son père malade. Félix, plus heureux, est encore dans l'âge où le malheur nous frappe sans nous attrister.

Léonie s'efforce de ranimer son courage, elle sent qu'elle en a plus besoin que jamais ; elle s'assied au chevet du lit , elle les yeux fixés sur le blessé , attentive à tous ses mouvements, elle se promet de ne point le perdre de vue une minute jusqu'à ce que ses jours soient hors de danger.

Justin est toujours là, elle ne s'aperçoit pas ; il s'approche d'elle et lui dit timidement : — Je vais aller chercher une garde... n'est-ce pas, madame ? car vous ne pouvez toujours rester là pour veiller votre mari !... — Oh ! si !... je veux y rester toujours !... — Mais, madame, vous vous tuerez !... et ces pauvres enfants, que deviendraient-ils s'ils ne vous avaient plus ?... Ah ! madame, par pitié pour eux !... ménagez vos forces !... permettez-moi au moins de vous remplacer !... là , près de ce lit !... vous y resterez le jour... mais la nuit, moi , j'y veillerai !... Je suis jeune, fort : cela ne me fera aucun mal, à moi ; tandis que cela vous rendrait malade aussi !... vous, qui déjà vous fatiguez tant à travailler ! Madame, c'est un service que je vous demande cela comme une grâce !... ne me refusez pas !...

Justin avait les mains jointes en suppliant Léonie ; celle-ci lève sur lui ses yeux pleins de larmes, puis lui tend la main en murmurant :

— Mon Dieu ! que vous êtes bon, monsieur !... je n'avais pas encore pensé à vous remercier ! Ah ! je ne sais comment nous avons mérité tant d'intérêt !... Mais si le chagrin que j'éprouve ne m'a pas encore permis de vous témoigner toute ma reconnaissance, croyez que je n'en suis pas moins touchée de ce que vous avez déjà fait pour nous !...

— De la reconnaissance !... Ah ! madame, c'est moi qui suis trop heureux si je vous suis utile ! Si vous saviez tout ce que j'éprouve !... tout ce que... je !...

Justin ne trouve plus de paroles : il s'embrouille , se tait et baisse les yeux , tout honteux, sans oser toucher à cette main qu'on lui présente et qu'il brûle de presser contre son cœur. En ce moment, on frappe fortement à la porte ; Justin va ouvrir : une femme d'une cinquantaine d'années, longue, sèche, jaune, en bonnet rond, en

billé, s'avance en disant : — Est-ce ici qu'il y a un malade et que
l'on attend une garde? c'est un grand monsieur, un beau brun, ma
foi !... qui est venu me dire de venir ! et c'est qu'il me pressait !... et
c'est qu'il me poussait !... il ne me laissait pas le temps de mettre un
bonnet !... j'ai dit : C'est un homme bien *prompte* que ce mon-
sieur-là !...

Léonie a écouté la garde... elle semble réfléchir; Justin donnerait
tout ce qu'il possède pour qu'elle le renvoyât et lui permit de passer
les nuits près du blessé. Mais Léonie ne juge pas convenable d'accepter
les offres du jeune ouvrier; elle pense qu'après avoir *travaillé* une
grande partie de la journée, il doit avoir besoin de repos; et, quoique
décidée à veiller aussi tant que son mari sera en danger, elle sent qu'il
lui faut quelqu'un pour l'aider; elle répond à la garde : — Oui, madame,
c'est ici que l'on a besoin de vous!

Justin laisse tristement retomber sa tête sur sa poitrine; Léonie s'approche de lui, et le remercie encore avec cet accent qui arrive si vite
au cœur.

— Je ne mérite pas tant de remercîments, madame, répond Justin,
mais si vous aviez besoin de quelque chose,... s'il fallait courir au bout
de Paris, fût-ce au milieu de la nuit, je suis là, madame, au-dessus
de vous!... veuillez ne pas l'oublier!...

Madame Fripet (c'est le nom de la garde) est déjà en train de s'installer dans la chambre, de regarder où l'on pose chaque tasse, chaque
vase, de remuer, de déranger, d'aller, de venir, tout en donnant un
coup d'œil à son malade; puis elle rajuste l'oreiller, retire le rideau,
remet quelque chose sur le lit; enfin c'est comme un soldat qui arrive
dans une nouvelle caserne et veut en reconnaître toutes les localités.
Les enfants regardent madame Fripet aller, venir, passer et repasser,
comme si c'était Croquemitaine; Léonie elle-même se sent gênée en
ayant chez elle cette figure étrangère; et en effet, est-il rien de plus
ennuyeux, de plus insupportable que de voir quelqu'un que l'on ne
connaît pas bouleverser tout chez soi et s'y ériger en maître? Mais,
dans l'espoir que son mari sera mieux soigné, Léonie supporterait bien
d'autres contrariétés.

Madame Fripet fait son état en conscience; elle y met même beaucoup d'amour-propre; mais elle fatigue, elle assomme à force de
soins; et, comme elle se croit plus savante que le médecin, il ne
faut rien refuser de ce qu'elle veut que l'on prenne. Non contente de
s'occuper de son malade, quand elle est dans une maison, madame
Fripet veut y soigner la santé de toutes les personnes qui la composent, même de celles qui se portent bien.

Le chirurgien est venu dans la soirée; il donne ses ordres à la garde,
qui secoue la tête et a l'air de dire : — Je sais mieux que vous ce qu'il
faut faire ! Léonie cherche à lire dans les yeux du chirurgien ce qu'elle
doit craindre ou espérer.

— Je ne puis encore vous rassurer entièrement, dit le docteur, la
blessure est fort grave !... Attendons avant de prononcer !...

— Cet homme-là m'a l'air d'un âne, dit la garde lorsque le chirurgien est parti; est-ce qu'on ne doit pas toujours prononcer sur
l'état d'un malade?... Mais que cela ne vous inquiète pas !... je sais,
moi !... et je vaux bien des médecins !... j'ai fait revenir à la vie des enfants
qui étaient tous morts !... il y en a un qui avait des convulsions in-
ternes et externes; ça le prenait depuis le *bibus* jusqu'à la racine des
cheveux !... — Mais mon mari, madame?... — Je le prenais dans mes
bras, je le mettais à la fenêtre, et flic... flac !... je le retournais
comme un petit paquet!... et le médecin prétendait que l'enfant n'a-
vait point de convulsions !... — Mon mari, madame?... — Votre mari
s'est battu, à ce qu'il paraît !... et pourquoi s'est-il battu? — Hélas!
je n'en sais rien !... — Bah !... il ne vous l'avait pas dit? — Hum !...
c'est sans doute pour quelque femme !... — M. Mongérand ne vous en
a pas parlé? — Qu'est-ce que c'est que ça, Mongérand?... — La personne qui a été vous chercher. — Ah ! ce beau brun !... il jurait
comme un charretier ! il a l'air d'un bien mauvais sujet !... je ne le
connais pas; il est entré chez moi en criant comme un sourd !... il m'a
dit : Hâtez-vous !... Et me voilà; et ma foi, un peu plus tard il
ne me trouvait plus; car j'ai rencontré en route une dame qui venait
me chercher pour sa demoiselle qui est en couche de son troisième;
j'ai dit : Je suis désolée, mais je ne suis pas vacante !... — Mais mon
mari, madame?... pensez-vous qu'il guérira? — Pourquoi pas ?...
est-ce qu'on ne guérit pas toujours quand on est bien soigné ?... et je
puis dire que je m'y entends; mais il ne faut pas qu'on se permette la
moindre imprudence!... rien sans ma permission, ou je ne réponds plus
de mon malade !

Léonie se tait; elle couche ses enfants et va s'asseoir près du lit de
son mari; elle déclare qu'elle passera la nuit à cette place, ce qui
donne beaucoup d'humeur à la garde, qui trouve que c'est empiéter
sur ses droits; mais Léonie, décidée à ne point lui céder sur ce chapitre, la laisse dire, et reste près de son mari : alors, après avoir
longtemps murmuré entre ses dents, madame Fripet se décide à s'endormir sur une chaise, pour apprendre à Léonie à se permettre de
veiller pour elle.

Pendant douze jours, l'état de Charles est fort alarmant; le chirurgien vient deux fois par jour le visiter. Léonie n'a pas pris une heure
de repos; elle n'a pas voulu quitter le chevet du lit de son mari,
quoique le chirurgien lui ait dit plusieurs fois : — Vous n'êtes pas rai-

sonnable, madame, vous ruinez votre santé ; vous avez besoin de sommeil ! — Ah ! monsieur, répond la jeune femme, je ne pourrai le
goûter tant que mon mari sera en danger !... vous voyez donc bien
qu'il est inutile que je me couche !...

La conduite de Léonie donne infiniment d'humeur à madame Fripet, qui répète toute la journée : — Alors, si madame a la prétention d'être la garde, je ne vois pas trop pourquoi elle m'a fait venir;
il me semble cependant que je sais mon état !

Et pour prouver qu'elle sait son état, madame Fripet a mis tout sens
dessus dessous dans le modeste petit ménage; on ne trouve plus une
place pour s'asseoir, plus une cafetière qui ne soit pleine. Madame Fripet fait de la même tisane dans trois bouilloires, elle met du sirop dans
tous les verres, du sucre dans toutes les tasses; elle est sans cesse en
mouvement, et ne fait point un pas sans avoir au moins madame Fripet à la main; elle bouscule les enfants quand ils se trouvent sur son passage; elle dit à la petite Laure : — Allons donc! tortue !... ôte-toi de
là !... et au petit Félix : — Si j'étais ta mère,... tu aurais souvent le
fouet !...

Les enfants courent se réfugier près de leur mère ; Laure demande
si madame Fripet s'en ira bientôt. Léonie console ses enfants, et leur
dit de prendre patience jusqu'à ce que leur père soit hors de danger.

Justin est venu tous les matins et tous les soirs s'informer de l'état
de Charles, et demander s'il peut rendre quelque service à Léonie.
Quand Justin paraît, les enfants poussent des cris de joie et courent à
lui. Justin est déjà leur ami ; il ne leur parle pas comme madame Fripet ; il les embrasse, les caresse et souvent leur apporte des gâteaux.
Léonie n'ose point défendre au jeune ouvrier d'offrir des friandises à
ses enfants; elle craint de l'humilier; il a l'air si content quand Laure
et son frère sont joyeux; et la jeune mère est elle-même si heureuse
du plaisir que l'on cause à ses enfants !

On est venu plusieurs fois s'informer de la santé de Charles de la part
de Mongérand, qui n'est pas soucié de se présenter lui-même. Tantôt
il envoie un garçon marchand de vin ou en criant, avec
ordre de se faire payer sa commission ; une autre fois, c'est un homme à
moitié gris, qui frappe comme un sourd, entre en criant, et répand
autour de lui une odeur d'ail et d'eau-de-vie qui prend aux yeux.
Léonie reçoit fort sèchement tous ces messages; elle a soin de faire dire
à Mongérand que son mari ne peut voir personne.

Enfin l'état du malade s'améliore; le chirurgien répond de sa guérison. Léonie oublie toutes ses peines, toutes ses souffrances, en sachant
qu'elle n'a plus à craindre pour les jours de son époux; elle embrasse
ses enfants; dans sa joie, elle embrasserait même madame Fripet;
mais la garde, pour modérer sans doute cet élan de bonheur, a soin
de dire, après le départ du chirurgien : — Votre mari peut guérir !...
je ne dis pas non!... mais il ne l'est pas encore!... il peut survenir des
accidents... se déclarer des rechutes!... Oh ! il n'est pas hors de danger!... Il y avait un enfant que je gardais et que le médecin disait
aussi être guéri!... moi, j'étais certaine qu'il avait des convulsions in-
ternes! j'avais jugé cela à son *meconium*; je lui fis prendre de l'éther,
de la menthe; l'enfant mourut au bout de huit jours.

Léonie n'écoute pas madame Fripet; elle aime mieux croire le chirurgien, et elle a raison; l'état de Charles s'améliore chaque jour.
Alors Léonie pense à envoyer chez madame Darville; tant que son
mari a été en danger, elle n'a pas voulu affliger sa mère en le lui faisant savoir; maintenant elle ne craint plus de lui faire dire de venir
voir son fils, et elle pense que la vue de sa mère ne pourra que hâter
la guérison de son mari.

C'est à Justin que Léonie s'adresse pour faire sa commission près de
madame Darville. Le jeune ouvrier, enchanté de pouvoir rendre un
service à sa voisine, s'acquittera de son message avec tous les ménagements nécessaires. Il part en promettant de se hâter; en effet, il ne
tarde pas à revenir; mais sa figure est triste, et Léonie s'écrie : —
Auriez-vous encore quelque malheur à m'annoncer?

— La mère de M. votre mari est malade, répond Justin; elle
a su que son fils s'était battu et avait été dangereusement blessé...
quelqu'un s'est hâté de l'en instruire; depuis ce temps elle ne quitte
plus son lit.

— Pauvre dame! et elle s'est privée de tout pour nous!... maintenant elle n'a plus que le strict nécessaire!... Mon Dieu! que je suis
malheureuse de ne pouvoir plus être utile aux autres!... Hélas!... bientôt nous-mêmes,... il nous faudra encore changer de logement!... c'est
dans une mansarde que j'élèverai mes enfants!...

— Que dites-vous, madame? vous penseriez à quitter cette maison!...
— Je ne sais... peut-être... Enfin, mon mari est sauvé, je dois me
trouver bien heureuse... Mais sa mère sait-elle du moins qu'il est hors
de danger? — Oui, madame; d'après ce que m'a dit la portière de sa
maison, il paraît que les personnes que M. Mongérand envoyait chez
vous avaient ordre d'aller ensuite donner des nouvelles à madame Darville. — Ce Mongérand!... mon Dieu.... j'entendrai donc toujours
parler de cet homme-là!

Léonie a remercié Justin, qui s'éloigne le cœur serré, parce que la
jeune femme a parlé de quitter la maison. Léonie désire se débarrasser
de madame Fripet; elle pense aussi qu'il lui faudra bientôt qu'elle paye le
chirurgien qui a soigné son mari, et elle n'a plus l'argent nécessaire
pour fournir à ces dépenses; mais elle possède encore quelques bijoux,

de belles robes, des châles, débris de sa fortune passée; elle fait un paquet de tout cela, et se décide à le vendre. C'est sans regret, c'est sans verser une larme qu'elle va se priver de ces objets qui ont tant de prix aux yeux des femmes; elle se dit :

— Charles est sauvé! le reste est bien peu de chose auprès de son existence.

La garde est payée et congédiée. Il semble qu'on respire plus librement chez Charles lorsque madame Fripet n'y est plus. Les enfants ne craignent plus de rire et de jouer; Léonie donne à boire à son mari quand cela lui plaît, et Charles peut causer avec sa femme sans qu'on le gronde de parler! Heureux! cent fois heureux ceux qui possèdent près d'eux une épouse, des enfants qui peuvent, au jour de la souffrance, les entourer de leurs soins caressants!

Depuis que madame Fripet n'est plus là entre les deux époux, Léonie a demandé plusieurs fois à son mari ce qui avait amené le duel qui a failli lui coûter la vie. D'abord Charles n'a point répondu à ces questions; mais un matin, pressé de nouveau par sa femme, il lui avoue la vérité.

— Ainsi donc, s'écrie Léonie, tu as manqué de perdre la vie pour une maîtresse de Mongérand!... pour une femme qui a encore un autre amant et que tu dois mépriser!... et tu aurais privé tes enfants de leur père, moi de mon mari, pour une telle créature!

— Ma chère amie, j'avais reçu un soufflet; c'est pour moi que je me suis battu et non pas pour cette femme. — Tu n'aurais pas reçu cet outrage si tu n'avais pas été en mauvaise société. — C'est possible. — Désormais au moins seras-tu plus raisonnable? Cesseras-tu de faire toutes les volontés de tes amis? — Oh! je te promets que je ne ferai plus la folie de personne. — Tu n'iras plus avec Mongérand? — Est-ce qu'il n'est pas venu pendant ma maladie? — Non, il a envoyé. — Et ma mère sait-elle?... — Oui, Mongérand s'est chargé de lui faire savoir ton duel; elle est malade depuis ce temps. — Le bavard!... J'irai voir ma mère dès que je pourrai sortir... malheureusement mes forces ne reviennent pas vite. — Le chirurgien a dit que ta convalescence serait longue, qu'il fallait bien te ménager... — C'est fâcheux! — Est-ce que tu t'ennuies avec nous? — Non, mais... je voudrais faire quelque chose. Je te vois travailler sans cesse, tu te fatigues trop. — Il faut bien que je te gagne quelque argent... nous n'en avons plus! ta maladie nous a coûté beaucoup. — C'est désolant... mais quand je serai en état de sortir, tu verras!... je ferai des affaires... Ma pauvre petite Laure... elle a un béguin comme des enfants de portier, quand elle devrait avoir une toque élégante. Et toi!... tu es mise comme une ouvrière, maintenant... ô damné de sort!... c'est vrai qu'il y a un peu de ma faute. — Calme-toi, mon ami, guéris-toi... puis nous verrons.... — Tu as raison... c'est de la bêtise de se chagriner. Donne-moi mon violon que je m'amuse encore.

Depuis que Charles est en convalescence, Justin n'ose plus venir tous les jours demander de ses nouvelles, mais il a repris sa place à la fenêtre, et voit de nouveau travailler Léonie qui maintenant, quand elle lève la tête, le salue avec amitié. Justin se dit en soupirant : — Si je ne dois plus lui parler, du moins je ne suis plus un étranger pour elle!

Charles est entièrement rétabli; il peut sortir, il est allé voir sa mère, qui semble recouvrer ses forces en embrassant son fils. — Ma pauvre Charles! lui dit-elle, j'ai fait pour toi ce que j'ai pu... cette maladie t'a gêné... je le conçois... j'ai fait remettre aux gens qui venaient de la part de ta femme ce dont je pouvais disposer encore... — Comment, ma mère... que voulez-vous dire? — Ah! ta femme t'avait caché cela peut-être... pour ne point t'affliger... mais il vaut mieux s'adresser à ma mère qu'à des étrangers... Seulement j'aurais voulu que Léonie ne m'envoyât pas si souvent des ivrognes... probablement elle n'avait pas le choix, et connaissant la fidélité de ces gens-là... J'aurais voulu faire plus pour vous... mais tu sais que je n'ai plus que mes rentes viagères!...

Charles se contente de remercier sa mère, de lui faire de belles promesses pour l'avenir. Il se doute qu'il y a du Mongérand dans cette affaire, et cette fois il est fort en colère contre lui; mais il juge inutile de dire cela à Léonie. A son retour chez lui, Charles voit avec surprise des commissionnaires emporter une partie de ses meubles.

— Mon ami, dit Léonie, il faut encore que nous déménagions : ce logement est trop cher pour nous; j'en ai loué un... dans les mansardes... dans une maison qui donne sur le canal... Mais tous nos meubles n'y tiendraient pas : j'en ai donc vendu une partie... et d'ailleurs, cela nous servira pour vivre pendant quelque temps.

Charles fait la moue, mais au bout d'une minute il reprend sa gaieté et s'écrie :

— Après tout, quand j'aurai de l'argent, j'achèterai d'autres meubles, et de plus beaux. Tu as bien fait.

Quelques jours après, on déménage pour aller prendre possession de deux petites chambres au cinquième; Léonie est plus triste à chaque changement de lieu. Cette fois, avant de quitter le logement qu'elle habitait, ses yeux cherchent à la fenêtre, elle voudrait remercier ce jeune ouvrier qui lui a montré tant de dévouement pendant la maladie de son mari, mais elle n'aperçoit pas son voisin; le jeune ouvrier était sorti en même temps que les commissionnaires qui emportaient les meubles de Charles.

CHAPITRE XIX. — La Mansarde et le Violon.

Le nouveau logement qu'occupent Charles et sa famille est dans une assez belle maison nouvellement bâtie sur les bords du canal; mais les deux petites pièces qui composent tout l'appartement sont situées au dernier étage de la maison, et font tellement mansarde, qu'on ne peut marcher droit que dans la première chambre; le papier qu'on a mis sur les murs est en grande partie décollé ou arraché; tout dans ce séjour respire la misère, et quoique Béranger ait dit :

Dans un grenier qu'on est bien à vingt ans!

un grenier n'a rien de séduisant, et à vingt ans même quand on y reste, c'est qu'on ne peut pas faire autrement.

Léonie sent quelques larmes mouiller ses yeux en entrant dans son nouveau domicile, elle les essuie bien vite et s'occupe de tout approprier; la petite Laure soupire et dit tout bas à sa mère : — J'aimais bien mieux l'autre logement!... Quant à Charles, il s'est assis dans un coin, il a pris son fils sur ses genoux et il tâche de lui apprendre :

En avant, Fanfan la Tulipe.

Léonie se remet à broder, à festonner; dès le matin elle prend son ouvrage, elle voudrait avec son aiguille pouvoir soutenir son ménage; mais elle se tue, et voit avec effroi que son travail ne pourra jamais suffire aux besoins de sa famille. Charles sort un peu moins, parce que n'ayant plus d'argent à dépenser, il ne s'amuse plus autant dehors. Chez lui, il joue du violon, c'est son occupation favorite; quoiqu'il ne soit pas fort, et joue souvent faux, il s'écrie : — J'aurais dû me faire musicien... c'était ma vocation. Mais on a voulu me mettre dans le commerce... on a eu tort... je ne forcerai jamais la vocation de mon fils!... il sera avocat ou médecin, artiste ou militaire; je lui ferai tout apprendre, et je lui laisserai le choix.

Léonie ne répond rien, mais elle regarde tristement son fils, dont les vêtements sont bien usés, elle lève les yeux vers le ciel.

Quand Charles sort, il ne manque pas en rentrant de s'informer si Mongérand est venu : — Non, grâce au ciel! répond Léonie.

— Grâce au ciel! c'est bientôt dit... mais enfin il me doit de l'argent... et... — Mon ami, il ne vous le rendra jamais... regardez cela comme perdu. — Perdu!... nous verrons... Je veux avoir une explication avec lui... je ne sais pas où il se cache, je ne peux plus le trouver... Oh! sois tranquille, Léonie, je n'ai plus envie d'aller voir Mongérand, je suis trop en colère contre lui, et si je désire le rencontrer, c'est pour lui laver la tête... Tu dis cela, Charles, mais je te connais!... tu es trop bon enfant, comme disent tes amis, pour en vouloir longtemps à quelqu'un; si tu revois Mongérand, tu lui pardonneras bien vite : il vaut mieux ne plus lui parler.

Il s'est à peine écoulé quinze jours depuis que l'on habite la mansarde, lorsque la mère de Charles cesse de vivre. Léonie, qui est restée près d'elle à ses derniers moments, a toujours eu soin de lui cacher la triste situation où son mari l'a réduite, et du moins madame Darville meurt sans savoir toute la vérité. Pour être utile à son fils, la mère de Charles avait contracté des dettes. Le mobilier qu'elle laisse suffit à peine pour les acquitter. La situation de Charles n'est donc point changée par cet événement.

Depuis que Léonie voit avec effroi ses enfants menacés de la misère, elle a plus d'une fois pensé à son frère, à cet Adrien qui est parti fort jeune pour les pays étrangers. Adrien avait toujours témoigné un tendre attachement à sa sœur, et Léonie se disait : — Si mon frère avait fait fortune, s'il revenait riche! ô mes enfants, je suis bien sûre que vous ne manqueriez plus de rien.

Mais cet espoir lui est encore ravi : Adrien venait de perdre par un naufrage tout le fruit de ses spéculations; il était arrivé au Havre sans un sou, s'était hâté de se faire envoyer la part qui lui revenait de la succession de son oncle Formerey. Avec cette somme, il s'était embarqué sur-le-champ, sans même venir à Paris voir sa sœur. L'amour-propre du jeune marin était humilié du peu de succès de ses entreprises, et il s'était promis de ne point revoir ses parents, ou de ne se présenter devant eux que possesseur d'une fortune indépendante.

Deux mois se passent, et Charles n'a pas entendu parler de Mongérand; les Vanflouck ainsi que tous ses amis de café s'éloignent à son approche, car on devine presque toujours sur la mine d'un homme quand il ne peut plus régaler les autres. Un matin, après avoir longtemps raclé du violon, Charles va, suivant sa coutume, flâner sur les boulevards. La petite Laure, qui était descendue chercher quelque chose, rentre d'un air tout joyeux en criant :

— Ah! je suis bien contente... nous ne nous ennuierons plus tant ici... notre bon ami, notre bon voisin de là-bas... tu sais bien, maman, ce jeune homme qui nous donnait des gâteaux? — M. Justin? — Oui, M. Justin, eh bien! il loge aussi dans cette maison... — Qui l'a dit cela, ma fille? — Je viens de le voir... il est entré là!... en face de notre porte sur le carré. — C'est qu'il allait voir quelqu'un de sa connaissance apparemment. — Mais écoute donc, il m'a dit en m'embrassant : Si vous avez besoin de moi, je suis encore votre voisin. Il y a dit cela?... c'est singulier. — Veux-tu que je lui dise de venir nous voir?...

Léonie ne répond rien; elle réfléchit, mais Laure est déjà sur le carré où elle crie : — Monsieur Justin, venez chez nous, maman le veut bien. Une minute après, le jeune ouvrier paraît sur le seuil de la porte, où il s'arrête timidement.

— Eh bien! monsieur Justin, pourquoi donc n'entrez-vous pas? dit Léonie en saluant le jeune ouvrier. Est-ce notre nouveau logement qui vous fait peur?... Hélas! vous voyez que nous n'avons pas gagné au change.

Justin fait quelques pas en tournant et retournant son chapeau dans ses mains. Il s'arrête devant Léonie, en murmurant : — C'est vrai, madame, ce logement est bien vilain pour vous!

— Pas plus pour moi que pour moi; que voulez-vous? il faut savoir supporter l'adversité. Si je n'avais pas d'enfants, je braverais la misère... mais pour eux, j'aurais voulu...

Léonie s'arrête, détourne les yeux, essuie quelques larmes, puis reprend d'une voix plus rassurée : — Est-il vrai que vous soyez aussi notre voisin dans cette maison?

— Oui, madame, depuis hier...j'habite la chambre en face de votre porte... Je ne me plaisais plus dans la maison... où vous n'habitiez plus... l'habitude de vous voir travailler... je vous cherchais toujours à votre croisée... enfin, quand cette chambre ici à côté a été libre, je l'ai bien vite louée... Et... cela ne vous fâche pas, madame, que je sois venu me loger près de vous?

— Pourquoi cela me fâcherait-il?... je n'ai pas oublié l'intérêt que vous nous avez témoigné pendant la maladie de mon mari, et tout ce que vous avez fait pour nous alors.

— Ah! madame, si je pouvais encore vous être bon à quelque chose, je serais si heureux, si content!... Pour vous, je voudrais tant!...

Justin s'animait; Léonie lève les yeux sur lui; il rougit et ne peut plus continuer; les regards de Léonie avaient alors quelque chose d'imposant, de sévère, qui avait coupé la parole à l'ouvrier : c'est que la jeune femme venait de concevoir quelques soupçons sur le secret motif du dévouement que lui témoignait Justin.

On garde quelques instants le silence. Justin est embarrassé, Léonie est plus sérieuse; cependant elle fait signe à Justin de prendre une chaise, et celui-ci reste toujours debout.

— Pourquoi ne vous asseyez-vous pas, monsieur Justin? dit Léonie en reprenant son ouvrage.

— Madame... je craindrais de vous gêner... et puis il faut que j'aille travailler... Vous êtes ébéniste, je crois? — Oui, madame. — Avez-vous encore votre mère? — Dieu merci! madame, j'ai ma mère et deux sœurs qui m'aiment tendrement! — Cela fait votre éloge... vous êtes laborieux, rangé, vous parviendrez!... Mais il faut venir nous voir quand mon mari est ici; il sera charmé de faire connaissance avec quelqu'un aussi obligeant que vous.

Justin fait une légère grimace, il répond enfin : — Je me rends justice, madame, je ne suis qu'un ouvrier... et je sais que vous n'avez pas toujours habité les mansardes; ma société ne conviendrait sans doute pas à monsieur votre époux.

— Vous vous trompez!... ah! plût au ciel qu'il n'en eût jamais vu d'autres!... un ouvrier comme vous vaut bien mieux que les amis qu'il avait!

Léonie soupire en disant cela, et le silence règne de nouveau. Justin toujours debout, les yeux baissés, voudrait dire adieu, et ne voudrait pas s'en aller; enfin le petit Félix s'approche de lui et dit en s'agrippant à son pantalon :

— Avez-vous des gâteaux aujourd'hui?

— Non, je n'en ai pas ce matin, répond Justin, mais demain...

— Mon fils, dit Léonie d'un air sévère, c'est fort mal de demander des gâteaux à des personnes qui viennent ici... tu as l'air d'un gourmand. Monsieur Justin, cela me contrarierait si vous leur apportiez toujours quelque chose... et vous ne voudriez pas me désobliger?

— Non certainement, madame; mais j'espérais... que vous voudriez bien me permettre... vos enfants sont si gentils... je les aime tant!...

— Eh bien! il faut vous marier, monsieur Justin; vous serez père de famille, et je suis sûre que vous serez bien heureux près de votre femme et de vos enfants.

Justin ne répond rien, mais il pâlit; puis tout à coup et sans lever les yeux sur Léonie, il sort en balbutiant : — Je vous salue, madame.

Lorsque Justin est sorti, Léonie, fâchée d'avoir été obligée de parler sévèrement à son fils, le prend sur ses genoux, le caresse, le couvre de baisers, en lui disant :

— Pauvre petit!... ne sois pas fâché!... ton papa t'en donnera, des gâteaux.

— Papa? il ne m'en donne jamais...

— Moi, je n'ai rien demandé! dit Laure en allant se pendre au bras de sa mère.

— Oh! mais toi, tu es grande!... tu as cinq ans et demi!... tu es déjà raisonnable.

— Ah! c'est égal, j'aime bien les gâteaux aussi.

— Pauvres enfants?... que j'aurais voulu voir si heureux!... dont je me serais plu à prévenir tous les désirs, à satisfaire tous les vœux!...

faut-il donc vous voir privés de tout ce qui est le bonheur à votre âge!... faut-il ne pouvoir jouir de votre joie enfantine à l'aspect d'un jouet, d'un bonbon! Déjà des privations!... déjà connaître la pauvreté!... ô mon Dieu! mon Dieu!...

Léonie versait d'abondantes larmes en embrassant ses enfants. Laure voit les pleurs de sa mère et s'écrie : — Tu as du chagrin, maman... c'est peut-être parce que nous avons désiré des gâteaux!... oh! ne pleure pas... nous n'en demanderons plus jamais... je te le promets!...

Léonie ne répond que par des baisers. Charles rentre ce moment; il semble de mauvaise humeur.

— Qu'as-tu donc, mon ami? lui dit sa femme. — C'est cet imbécile de portier qui vient de me dire que les locataires se plaignent parce que je joue du violon!... Est-ce qu'on n'est pas libre maintenant? Ça m'amuse, moi, de faire de la musique! La dame d'ici dessous prétend que je la réveille trop tôt avec mon instrument... C'est sans doute une mijaurée. J'ai dit au portier : Si la dame d'au-dessous n'est pas contente, elle n'a qu'à venir me le dire elle-même. — Ah! Charles, ne nous faisons pas des ennemis de nos voisins!... Tu pourras prendre ton violon plus tard. — Je le prendrai plus tôt, au contraire. — Cette dame est peut-être âgée, malade? — Non, je me suis informé de cela. C'est une dame jeune encore, qui demeure seule... quelque femme galante!... Je ne veux pas me gêner pour elle. D'ailleurs, je veux apprendre la musique à mes enfants; je veux les faire danser; j'en suis bien le maître, il me semble!

Et Charles décroche son violon et se met à jouer une contredanse, frappant la mesure avec son pied, et jouant à tour de bras. Il ne quitte que lorsqu'il ne peut plus faire aller son archet. Le soir, en revenant de se promener, il prend encore son instrument; en vain Léonie l'engage à ne point jouer si fort; Charles y met de l'entêtement, et comme ses enfants, habitués à l'entendre, dorment au son de son instrument, il n'est nullement disposé à le quitter, lorsqu'on frappe plusieurs coups à leur plancher.

— Entends-tu? dit Léonie. — Quoi? — La voisine qui frappe. — Ça m'est bien égal; elle n'a qu'à danser. — Mais, mon ami, il peut être plus de minuit... Nous ne savons plus l'heure ici... — Non, non, il n'est pas minuit!... D'ailleurs, ça m'égaye de jouer du violon!... Et puis... je deviens très-fort! — Si cela pouvait t'être utile à quelque chose au moins!... Moi, je sens mes forces diminuer tous les jours!... — Couche-toi, je vais te jouer une polonaise pour t'endormir.

Léonie allait se coucher lorsqu'on frappe à leur porte.

— Voilà une visite bien tard! dit Charles. — Serait-ce le petit voisin dont tu m'as parlé aujourd'hui?... — Oh! je ne pense pas qu'il se présente à cette heure!... Qui est là? — Ouvrez... c'est la voisine d'au-dessous. — Ah! c'est la voisine! dit Charles en riant; elle a vu que ses coups de balai ne servaient à rien, et elle vient elle-même.

Léonie va ouvrir. Une dame en camisole de nuit, coiffée d'un bonnet assez élégant, et tenant un bougeoir à la main, entre dans la mansarde en disant : — Certainement, monsieur, vous le faites par méchanceté; on n'a jamais mis tant d'obstination à jouer du violon... Il est minuit passé, et...

Au lieu de répondre à la dame, Charles pousse un cri de surprise; Léonie en fait autant en disant : — C'est madame Rozat!...

La voisine les examine alors tous deux en avançant son bougeoir, et s'écrie à son tour : — Que vois-je? monsieur et madame Darville!... ici!... dans ce grenier!... je vous vois dans cette mansarde!... Ah! mon Dieu! est-ce bien possible!...

— Oui, madame, répond Léonie en avançant une chaise à madame Rozat, c'est bien nous!... Le sort ne nous a pas été favorable, et, comme vous le disiez, nous habitons presque un grenier.

— Oh! mais ce n'est que momentanément! s'écrie Charles, on doit beaucoup d'argent, et quand on me remboursera, nous prendrons un autre local.

— En vérité je n'en reviens pas! dit madame Rozat en s'asseyant. Ah! mon Dieu!... des personnes qui avaient un établissement!... en si peu de temps!... Ça me suffoque!

— Mais vous-même, madame, dit Léonie, qui désire mettre un terme aux doléances de madame Rozat, comment se fait-il que vous demeuriez seule maintenant?... — Est-ce que vous ne savez pas que je suis séparée d'avec mon mari? — Séparée d'avec votre mari!... — Oui, Dieu merci! depuis près de deux mois... Ah! il me semble que je suis dans le paradis depuis ce temps-là!...

— Vous vous êtes quittés? et Rozat était toujours à vous caresser! — Ah! ah!... Est-ce que vous croyez à ce qu'on fait devant le monde, monsieur Darville! Ah! j'en ai vu de cruelles!... M. Rozat est un être indécrottable!... le plus affreux caractère, faux, sournois, méchant, brutal!... oui, brutal!... car, après m'avoir embrassée devant la société, il me pinçait, me tapait même quand nous étions seuls!... Ah! il faut se défier de ces moutons de bonne compagnie, qui semblent à chaque instant prêts à se mettre aux genoux de leur femme; en général, c'est presque toujours pour cacher leurs vilaines choses que l'on affecte de si gracieuses manières. Bref, nous nous sommes quittés; il y a longtemps que nous aurions dû le faire!... Mon fils est au collège, M. Rozat paye sa pension; il est bien obligé de m'en payer aussi une à moi, et il le veut d'une façon fort agréable : je reçois mes amis, je donne de petits thés de petits punch ; mais, comme j'aime à dormir, je vous en prie, monsieur Darvillé, ne me tenez pas éveillée avec votre violon !... c'est trop désagréable !

— Soyez tranquille, madame, dit Léonie, maintenant que mon mari sait que c'est vous qui êtes notre voisine, son violon ne vous incommodera pas.

— Ce sera bien aimable de votre part. Ah ! mon Dieu ! je suis bien désolée... que vous soyez comme ça malheureux !... Quand on a connu les personnes, et qu'on les retrouve ensuite... c'est contrariant ! je suis même étonnée que vous puissiez jouer des contredanses !... Est-ce que c'est votre état maintenant ? — Non, madame, c'est pour mon plaisir.

— Ah, Dieu ! où est le temps où vous donniez de si belles boucles d'oreilles à votre femme !... je me le rappelle encore !... Mais je vais me coucher, car je suis bien lasse, et demain j'ai beaucoup à faire, je donne une petite soirée. Adieu, monsieur et madame, j'ai bien l'honneur de vous saluer... Ne vous dérangez pas, je vous en prie ; j'ai mon bougeoir.

Madame Rozat est partie, et Léonie ne peut s'empêcher de dire : — Que la pitié de cette femme est insultante !... et faut-il être obligé de l'endurer !

Charles ne répond rien, il raccroche son violon et se couche sans dire un mot : la vue de madame Rozat ne lui a pas été non plus agréable.

La santé de Léonie s'affaiblit de jour en jour, et pourtant elle veut sans cesse travailler, veiller pour que ses enfants ne manquent pas au moins du nécessaire. Justin ne pouvant plus apercevoir sa voisine par la fenêtre, parce que les siennes ne donnent pas en face, se permet quelquefois le matin de s'informer de sa santé en entr'ouvrant la porte du carré.

— Entrez donc, monsieur Justin ! crie Charles au jeune ouvrier ; mais celui-ci prétexte toujours l'heure de son travail, qui ne lui permet pas de s'arrêter, et se sauve sans vouloir s'asseoir. Lorsque Charles n'est pas là, Justin, après avoir allongé la tête, entre doucement dans la chambre, s'approche de Léonie, se tient debout devant elle, et tout en répétant à chaque instant qu'il faut qu'il s'en aille, reste en contemplation devant sa voisine.

Un matin que Justin est là depuis longtemps, regardant Léonie lorsqu'elle a les yeux sur son ouvrage, mais baissant les siens dès qu'elle le regarde, elle lui dit en souriant : — Est-ce que vous n'oubliez pas l'heure de votre travail ?

Justin pousse un gros soupir et répond : — C'est vrai, madame, quand je suis... là... je ne peux plus m'en aller :... mais puisque vous me le dites... c'est que je ne peux pas vous renvoyer, monsieur Justin, mais c'est que j'ai remarqué que vous n'avez jamais le temps de causer quand mon mari est là, tandis que vous vous arrêtez volontiers lorsqu'il est absent ; je vous avoue que cela me semble singulier !

Justin rougit, et murmure entre ses dents : — Madame... c'est... je n'ose pas vous dire pourquoi... je crains de vous fâcher !... — Je ne pense pas, monsieur Justin, que vous ayez rien à me dire qu'une femme honnête ne puisse entendre ; expliquez-vous donc !... — Eh bien ! madame, c'est que je n'aime pas monsieur votre mari ! — Vous ne l'aimez pas ! reprend Léonie en souriant ; et que vous a-t-il donc fait ? — Il ne m'a rien fait, certainement !... mais c'est plus fort que moi... je ne l'aime pas !... car je vois bien qu'il ne vous rend pas heureuse... comme vous devriez l'être !... Vous, madame, faite pour vivre dans l'opulence, vous habitez un grenier, et vous vous tuez à travailler pour nourrir vos enfants !... tandis que lui ne fait rien que se promener ou jouer du violon du matin au soir !... Ah ! ça me fait mal de voir cela ! et j'ai bien de la peine à ne pas lui dire ce que j'en pense !...

— Monsieur, dit Léonie avec sévérité, qui vous a dit que mon mari me rendait malheureuse, que notre infortune fût sa faute ? Qui vous a permis de juger de sa conduite ? N'est-il pas maître de son temps, de ses actions ? a-t-il des comptes à vous rendre ? S'il ne travaille pas, que cela me plaît apparemment ; m'avez-vous jamais entendue proférer une plainte, un reproche contre mon mari ?

— Oh ! non, madame ; mais... — Alors, monsieur, vos conjectures sont plus qu'indiscrètes !... Dire du mal de mon mari, c'est en dire de moi-même !... c'est bien plus encore !... car je pourrais pardonner des offenses qui me seraient personnelles, tandis que je n'excuserai jamais celles qui atteindraient Charles !

— Mon Dieu ! madame, j'ai eu tort de vous dire cela, je le sens bien !... je ne voudrais tant vous voir heureuse !

— C'est assez, monsieur Justin ! votre travail vous appelle, ne tardez pas davantage !

Justin a les larmes aux yeux ; il fait quelques pas vers la porte et revient à Léonie en balbutiant : — Madame, je vous en prie, pardonnez-moi ! je ne suis qu'un ouvrier... je n'ai aucun usage du monde !... sans quoi je ne vous aurais pas dit cela !... Ah ! madame, je serais si désolé si vous restiez fâchée contre moi !

— Eh bien ! je l'oublierai, monsieur Justin ; mais vous me ferez le plaisir de n'entrer chez nous que lorsque mon mari y sera.

Justin ne répond rien ; il embrasse les enfants, salue Léonie et s'en va bien triste, en songeant qu'il ne pourra plus la voir, la contempler à son aise.

Cependant l'hiver est venu, et Léonie ne peut acheter à son fils les vê-

tements chauds dont il a besoin ; elle se désole, et passe une partie des nuits à travailler ; Charles se frappe le front, donne des coups de poing sur la cheminée, des coups de pied sur le plancher, s'appelle gredin, misérable, pendard, puis va passer une heure à écouter les paillasses en plein vent, à regarder les caricatures politiques. Quant à madame Rozat, elle a repris le pied chez ses anciennes connaissances, et elle s'arrange même de manière à ne point les rencontrer dans l'escalier, probablement parce que cela lui ferait trop de peine : suite de son excessive sensibilité.

En revenant d'une de ses promenades, Charles est arrêté par son portier :

— Monsieur joue du violon... par conséquent monsieur est musicien, que je présume ? dit le portier sans ôter son bonnet de coton, parce qu'il parle à quelqu'un qui habite dans les mansardes.

— Eh bien ! après ? répond Charles avec impatience, est-ce que madame Rozat se plaint encore ? — Non, non, monsieur... oh ! ce n'est plus de ceci qu'il est la question... c'est un de mes amis... domestique ici près, rue Saint-Louis ; je dis ici près, mais dans le fait ce n'est pas trope loin !... en prenant la rue de la Tour... — Voyons, venez au fait ! monsieur Bertrand ? — C'est donc mon ami, le domestique, Braillard, vous l'avez peut-être vu quelquefois dans ma loge... un petit sec.... — Eh non ! je ne connais pas M. Braillard !... mais qu'est-ce qu'il veut ? — Voilà : il est venu ce matin me voir, me dire que la fille de son maître va se marier... La demoiselle a vingt-neuf ans sonnés, elle n'est pas jolie, et vous comprenez qu'on n'est pas fâché de la marier, d'autant qu'il paraît que, tout en étant laide, la demoiselle tenait à épouser un joli homme ; mais ce sont des gens qui ont quelque chose, et vous me direz, il y en a bien qui n'ont rien et qui se marient toute de même !... Mais, monsieur Bertrand, qu'est-ce que vous me fait, tout cela !... — Ah ! c'est que Braillard m'a donc dit : On va dans dix jours marier mademoiselle, et demain on donne un petit bal d'accordailles dans lequel mon maître présente son gendre à toute sa famille ; ce sera très-brillant, ce sera un véritable bal de société, et je suis en quête d'un violon pour faire danser toute la nuit, c'est-à-dire toute la nuit... ça finira peut-être à deux ou trois heures ! on ne sait pas trope ! Connais-tu un joueur de musique ? me dit Braillard. Moi, d'abord je dis non ; puis voilà que je pense à vous, monsieur. Eh mais ! que je dis à Braillard, tiens, au fait, nous avons dans le cinquième un joueur de violon de première force, car on l'entend de toute la maison quand il s'y met, et je pense que cela serait bien votre affaire !... Eh bien ! me dit Braillard, propose-lui la chose pour demain !... il faut être à la maison à huit heures du soir !... on donne quinze francs. Je dis : c'est pas trope, mais c'est très-raisonnable ! ensuite, comme il y a un souper, il est très-probable qu'on aura soin du musicien, et la nuite un morceau de pouce n'est pas désagréable. Alors je me suis chargé de dire cela à monsieur, et je pense qu'il ne sera pas fâché de...

— Non, je ne fais pas danser les autres ! reprend Charles avec humeur ; et il remonte aussitôt son escalier, tandis que le portier s'écrie : — Tiens ! c'est encore trope drôle !... refuser de gagner quinze francs ; et sa petite fille a des souliers percés !... j'ai bien vu cela, moi !... Qu'est-ce qu'il fait donc danser alors ? les rats et les souris probablement !

Charles est rentré chez lui ; sa femme a les yeux rouges ; depuis quelques jours la santé du petit Félix lui donne des inquiétudes ; il est moins gai, il ne joue plus ; elle le tient dans ses bras, elle craint qu'il n'ait froid ; et la petite Laure souffle dans ses doigts en courant dans la chambre pour s'échauffer : Charles est touché de ce tableau, il s'assied dans un coin, en disant : — Au fait !... si je les faisais danser !... quinze francs !... c'est quelque chose !

Il se rapproche de sa femme et lui dit : — Tu ne gagnes pas quinze francs par jour avec ton aiguille, n'est-ce pas ?... — Hélas !... c'est avec bien de la peine que je gagne quinze sous... Mais pourquoi me demandes-tu cela ?... — C'est tout à l'heure... le portier m'a parlé... enfin on me propose de faire danser toute une nuit une société... et on m'offre quinze francs pour cela...

Léonie regarde son mari avec anxiété, car ses enfants ont froid, et elle ne pense pas qu'il y ait rien de trop pénible à faire pour leur procurer ce qui leur manque.

— Eh bien ! mon ami, dit-elle enfin, qu'as-tu répondu ? — Tu penses bien que ça ne m'amuse pas d'aller faire le crincrin... j'ai appris le violon pour mon agrément et non pour faire danser.

— Oui ! dit tristement Léonie, je sens tout ce que cela aurait de désagréable pour toi... mais, quand le malheur nous accable, on est souvent bien heureux d'avoir pour ressource les talents que l'on s'était donnés pour son agrément. Enfin tu as... — J'ai refusé.

Léonie ne dit rien, elle baisse les yeux et serre son fils contre son cœur. Charles, qui a faim, ouvre une armoire et ne trouve que du pain. Il s'écrie : — Où est donc le dîner ? — On ne m'a pas payée aujourd'hui chez la lingère... nous n'avons pas autre chose. — Diable ! c'est un fichu repas... Scélérat de Mongérand !... hum !... si je le rencontrais !... je ne sais pas ce que je lui ferais... me laisser dans l'embarras... après avoir emprunté à ma...

Charles achève sa phrase entre ses dents ; il grignotte son pain quelque temps, puis se lève en s'écriant : — Allons, décidément je les ferai danser !...

Léonie lève la tête, ses yeux se sont ranimés ; elle s'écrie aussitôt :

— Mais ce portier?... si tu as refusé... — Oh ! son ami Braillard ne doit pas encore être revenu... Laure ! va dire au portier que décidément j'accepte ce qu'il m'a proposé pour demain. Va, Laure, va vite, ma chère enfant.

Laure descend, et Charles reprend : — Je ne suis pas fâché de n'avoir point accepté tout de suite.... il ne faut pas avoir l'air d'attendre après cela. Mais, au fait ! ces gens chez qui j'irai ne me connaissent sans doute pas !... et comme tu dis, quand on a du talent, il faut le mettre à profit.

Laure remonte, il était encore temps, Braillard était justement chez son ami Bertrand ; en recevant la réponse de Charles, il a dit :

— Où allez-vous? dit le sucrier. — Promener un peu avec mon frère que voilà. — Oui, oui, c'est bon.

— C'est alors une chose convenue pour demain à huit heures très-précises ; et il a donné sur un papier l'adresse de son maître, que Laure apporte à son père.

Charles lit sur le papier : M. Tigré, ancien fourreur, et il met l'adresse dans sa poche en disant : — Fort bien ! je n'ai jamais entendu parler de M. Tigré. Léonie respire ; un peu de bonheur renaît sur ses traits; ses enfants sont plus gais, parce qu'ils la voient sourire ; Charles s'exerce toute la soirée à jouer des trenis et des poules, mais cette fois le son de son instrument ne fatigue pas l'oreille de sa femme.

Le lendemain, Léonie s'occupe de la toilette de son mari; elle ne veut pas qu'il paraisse sale au milieu du monde où il va se trouver; elle sait que la mise impose, même dans un joueur de contredanses, et on trouvera que Charles joue moins mal, s'il se présente bien vêtu. Les effets de son mari ne sont plus neufs ; mais, à force de les battre, de les brosser, elle parvient à les rendre encore fort présentables. Charles s'habille longtemps avant l'heure, sa femme le regarde, l'admire ; car sa femme l'aime toujours, et si son mari n'avait pas pris de mauvaises manières dans les dernières sociétés qu'il a fréquentées, il serait encore fort bien : mais, en ce moment, Léonie oublie ses torts; elle ne voit que le service qu'il va rendre à sa famille, et Charles l'a si peu habituée à en recevoir de lui que cela lui fait encore plus de plaisir.

La nuit est venue. — Il ne faudra pas manquer l'heure, mon ami, dit Léonie. — Sans doute... mais tu sais bien que je n'ai plus de montre. — Laure, va voir chez M. Justin, s'il y est, tu lui demanderas l'heure au juste. — Oui, maman.

La petite Laure va chez le jeune ouvrier, dont la porte est entr'ouverte ; il ne la ferme jamais qu'au moment de se coucher, dans l'espoir d'apercevoir ou d'entendre au moins sa voisine. Justin fait un mouvement de joie en voyant Laure entrer chez lui.

— Désirez-vous quelque chose, ma bonne amie? votre maman a-t-elle besoin de moi?—Monsieur, c'est que je viens vous demander l'heure, parce que mon papa va au bal ce soir, et il ne faut pas qu'il manque;

car c'est lui qui fera danser, il emportera un violon pour ça... C'est bien gentil de savoir jouer du violon pour faire danser, n'est-ce pas, monsieur?

Tout en disant cela, la petite fille regardait deux gros gâteaux qui étaient sur une table, elle ne pouvait s'empêcher d'y reporter incessamment les yeux; la pauvre enfant n'avait mangé dans la journée que du pain et un peu de sucre, sa mère ne devant être payée que le lendemain.

Justin est allé regarder sa montre : — Il est sept heures, dit-il à la petite, qui est encore en contemplation devant ce qui est sur la table.

— Merci, monsieur Justin. Laure va s'éloigner, mais le jeune homme qui voit ce qu'elle regarde, lui dit : — C'est pour vous et votre frère que j'avais acheté cela... mais je n'ose pas vous les offrir, de peur de fâcher votre maman... qui m'en veut déjà.

— Oh ! ça ne la fâcherait peut-être pas aujourd'hui... car elle a l'air de bien bonne humeur ce soir. — Vraiment... Eh bien ! nous verrons... tout à l'heure.

Laure n'ose rester plus longtemps, elle retourne dire l'heure à ses parents. Charles a encore le temps de s'exercer sur son instrument et de tâcher de se rappeler toutes les contredanses qu'il sait. Enfin, l'heure s'écoule, et il se dispose à partir ; il met son violon sous son bras, embrasse ses enfants et Léonie, qui le serre tendrement contre son sein, en lui disant : — Je t'attendrai, je ne dormirai pas...— Si fait, si fait, dors... tu sais bien que cela peut durer jusqu'à cinq ou six heures; ce n'est pas la peine de te fatiguer encore à m'attendre... adieu!... Pourvu que je ne m'embrouille pas dans les figures, c'est tout ce que je demande.

Léonie reconduit son mari et l'éclaire dans l'escalier, les deux enfants ont suivi leur mère; quand ils remontent, ils trouvent Justin devant sa porte, tenant les gâteaux dans sa main. Justin fait un profond salut à sa voisine, qui lui dit d'un air aimable : — Bonsoir, monsieur Justin.

La manière dont Léonie a dit ces mots rend un peu de courage au jeune ouvrier. Il s'approche en disant : — Etes-vous toujours fâchée contre moi, madame? — Oh ! mon Dieu, non, ne parlons plus de cela...

Madame Fripet garde-malade.

Mais il est près de huit heures, je vais coucher mes enfants, et en faire autant, car je suis bien fatiguée... — Madame, si vous vouliez me permettre... de leur offrir ces gâteaux... ce sera me prouver que vous avez tout à fait oublié ce que j'ai dit l'autre jour. — En ce cas, je le veux bien, monsieur Justin.

Dans le fond de son cœur, Léonie était bien contente que ses enfants pussent recevoir ce léger présent. Justin le leur donne, enchanté d'avoir obtenu son pardon. Laure et son frère prennent le gâteau, avec toute la joie de leur âge, augmentée encore par les privations qu'ils ont endurées. Enfin on se dit bonsoir, et chacun rentre chez moi le cœur content : il faut quelquefois si peu de chose pour rendre bien des personnes heureuses !...

Chapitre XX. — Le Bal des Accordailles.

Charles se dirige vers la rue Saint-Louis, tenant son violon et son archet sous son bras gauche, faute d'étui pour mettre son instrument, et répète tout le long du chemin : — Après la première figure, c'est un *été*... ensuite une *poule*... ensuite... Oh ! je me rappellerai bien les figures ; il s'agit seulement de me rappeler les contredanses qui vont avec ces figures-là... Ma foi, tant pis !... je jouerai au hasard !... J'ai dans l'idée que chez M. Tigré, on n'en saura pas plus que moi... Je leur jouerai pour finale : *En avant, Fanfan la Tulipe* !... c'est l'air que je possède le mieux... Ah ! voilà le numéro indiqué... une porte cochère... un lampion sur la borne... ce doit être là... Et dire que je vais à ce bal faire danser pour quinze francs... tandis qu'autrefois... Ah ! ma mère a bien fait de mourir... si elle avait appris cela... elle aurait eu trop de chagrin !... Coquin de Mongérand !... Et il lui a emprunté de l'argent en mon nom pendant que j'étais malade !... Je le traiterai comme il le mérite quand je le verrai... Allons.. entrons !.. Je penserai à mes pauvres enfants... ça me donnera du courage pour jouer !

Charles passe la porte cochère et crie au concierge :

— M. Tigré ?
— Au second, à gauche... C'est éclairé, d'ailleurs.

Charles monte au second, il sonne ; un domestique à l'air important vient lui ouvrir, et s'écrie en apercevant son violon :

— Ah ! vous êtes le musicien qui loge chez mon ami Bertrand, n'est-ce pas ?
— Justement.
— Ah ! bien .. c'est très-bien !... C'est moi qui vous ai retenu... C'est moi qui ai fait le prix avec Bertrand... vous savez, quinze francs ?...
— Oui, oui, je le sais.
— Et soyez tranquille, j'aurai soin de vous... Je vous donnerai à boire tant que vous voudrez... Faudra pas vous gêner quand vous aurez soif... je vous donnerai du vin pur... Vous aimez mieux ça que de l'eau sucrée, vous autres !..

Un homme d'une cinquantaine d'années, dont la taille ne va pas à quatre pieds et demi, qui a une perruque blonde, des favoris bien noirs, de gros mollets et un œil de verre, sort du salon en disant :

— Qui est-ce qui s'avance, Braillard ? est-ce mon gendre ?
— Non, monsieur, c'est la musique.
— Ah ! bon ! la musique, très-bien ; nous allons danser tout de suite ; ma fille pétille de danser. Venez, monsieur le musicien.

M. Tigré fait entrer Charles dans un salon qui n'est pas grand, et dans lequel sont déjà entassées plus de trente personnes. A l'aspect de tournures roides, empesées, de toilettes de mauvais goût, Charles voit sur-le-champ qu'il n'a pas affaire à des habitués des Tolbecque, des Collinet, des Musard : cela le rassure ; il espère qu'on ne lui demandera pas des contredanses nouvelles, ce qui l'embarrasserait beaucoup.

— Voilà la musique... On va danser ! crie M. Tigré en entrant dans le salon.

Un murmure de satisfaction répond à cette annonce. Une très-grande dame s'avance en regardant dans les jambes de la société ; c'est madame Tigré qui cherche son mari ; elle lui dit : — Où allez-vous placer la musique, monsieur Tigré?... il n'est pas facile de trouver un endroit ; nous avons tant de monde !... Et mon gendre n'est pas encore arrivé !... Cela contrarie Flore ; elle en est toute boudeuse !... — Elle va danser, ça lui fera prendre de la patience. Messieurs, mesdames, un peu de place pour la musique, s'il vous plaît !

On parvient à trouver un petit coin dans un angle du salon. Braillard, qui a suivi son maître, semble vouloir tout faire ; il dérange les chaises, repousse les fauteuils, va remonter les quinquets, et dit à Charles :

— Voulez-vous un pupitre ?
— Non... c'est inutile ; je joue par cœur.
— Vous jouez par cœur ? diable !...

Et Braillard retourne tirer M. Tigré par son habit en lui disant à l'oreille :

— Le musicien joue par cœur !... Dites donc, monsieur, c'est un fameux artiste que Bertrand nous a procuré là !...
— Braillard, allez donc faire de l'eau sucrée ; crie madame Tigré d'un air impératif.
— Oui, madame. Mais avant de retourner à l'antichambre, Braillard revient près de Charles lui dire à l'oreille : — Quand vous aurez soif, ne vous gênez pas, je vous soignerai... du vin pur !...

Au milieu de la foule, Charles a distingué une demoiselle, petite, mal faite, jaune, couverte de taches de rousseur, et dont on cherche en vain le nez au milieu de deux énormes joues, qui, en se rapprochant, ressemblent à tout autre chose qu'à une figure. Cette demoiselle ne cesse d'aller et de venir dans le salon, de regarder dans l'antichambre et de s'écrier :

— Mon Dieu ! il ne vient pas !... Qu'est-ce qu'il fait donc ?...

C'est la fille de la maison, Flore Tigré, dont on célèbre les accordailles.

Un monsieur, déjà âgé, pointu depuis la tête jusqu'aux pieds, dont le nez et le menton semblent vouloir piquer toute la compagnie, s'approche de mademoiselle Flore et lui dit : — Ma nièce, aurai-je le plaisir de danser la première avec vous ?

— Mon oncle César, vous êtes bien honnête ; j'ai déjà refusé d'aller avec mes deux cousins, parce que je croyais danser la première avec mon futur ; mais puisqu'il n'est pas encore arrivé, je danserai avec vous.

— Alors, je vais mettre mes gants.

Et l'oncle César tire de sa poche des gants pistache dans lesquels il essaie de faire entrer ses longs doigts crochus. Charles fait résonner les cordes de son violon ; aussitôt une vive expression d'hilarité se peint sur toutes

Le père Duhaut première clarinette du salon des Deux-Amis à la Courtille.

les physionomies ; il semble que ce soit la première fois de leur vie que ces gens-là entendent un violon. Chacun se tourne en souriant vers le musicien ; Charles fait deux ou trois accords.

On se met en place ; Charles joue au hasard les contredanses qu'il se rappelle. Quant aux figures, les danseurs les font aller sur tous les airs. Le premier quadrille se passe assez bien ; pendant le second, un jeune homme s'avise de dire : — La figure, s'il vous plaît ! — A volonté, répond Charles. — A volonté... tiens, je ne la sais pas !... — A volonté, c'est le cavalier seul ! crie l'oncle César, qui aime beaucoup cette figure-là.

Pendant que Charles joue son second quadrille, M. Tigré est venu s'asseoir à côté d'une dame qui est près du musicien, et celui-ci entend la conversation suivante :

— Mon cousin, je suis bien curieuse de faire connaissance avec votre gendre.... — Vous allez le voir, il ne peut pas tarder... je gage qu'il s'occupe de quelque galanterie pour Flore... C'est un charmant garçon !... d'une amabilité, d'une gaieté... oh ! c'est un luron !... bel homme, beau brun... un ancien militaire. — Décoré ? — Non... mais il allait l'être quand il s'est retiré du service. — Il était officier ?... — Certainement... il allait être colonel quand il a pris sa retraite... il avait eu un duel avec son général... Oh ! c'est un homme qu'il ne faut pas regarder longtemps... — Mais il me semble, mon cousin, que ce mariage s'est arrangé bien vite, et qu'il n'y a que peu

de temps que vous connaissez celui qui va être votre gendre. — C'est
vrai... il y a tout au plus deux mois... c'est au théâtre de la Gaîté que
nous avons fait sa connaissance ; j'y étais avec mon épouse et ma fille...
je sors dans un entr'acte... quand je reviens, un homme s'était permis
de prendre ma place, nonobstant les observations de ma fille et de mon
épouse... moi, je veux ma place... néant... je crie, je menace... vous
avez que je ne suis pas endurant !... J'allais aller chercher la garde,
lorsqu'un bel homme s'avance, et, sans plus de façons, prend mon
particulier, l'enlève et le jette sous une banquette voisine. Vous concevez que je fus sensible à ce service... la conversation s'engagea ; à
la fin du spectacle, ce monsieur sortit avec nous et offrit son bras à
mon épouse ; nous le trouvâmes si aimable que nous l'engageâmes à
venir nous voir ; le lendemain il était chez nous ; il revenait tous les
jours matin et soir. Je vis bientôt qu'il en tenait pour ma fille, et de
son côté Flore nous dit : Mes chers parents, voilà l'homme que j'avais
rêvé... ce sera mon mari, ou je me ferai sœur du pot. Alors, ma cousine, vous concevez que je jugeai convenable d'aller au fait ; d'ailleurs
Émile (c'est le nom de baptême de mon gendre), Émile n'est point
un garçon à cérémonies. Je lui dis : Mon ami, vous semblez courtiser
ma fille ; nous sommes de braves gens, il faut aller au but... Flore est
à marier, je lui donne soixante mille francs comptant, et à notre mort,
comme fille unique, elle a tout le reste ; ça vous convient-il ? Il se frappa
le front, parut réfléchir un moment, puis s'écria : Ça me convient
beaucoup !... Je lui demandai ce qu'il avait, lui ; il me répondit avec
la plus grande franchise qu'il n'avait rien que des espérances. Je sais
que j'aurais pu trouver mieux ; mais pendant que j'avais cet entretien
avec son amoureux, Flore se pâmait dans la chambre de sa mère : on
était obligé de la tenir à quatre. D'ailleurs Émile est d'une fort bonne
famille, j'ai pris des informations. Bref, tout a été vite conclu, décidé,
et d'aujourd'hui en huit nous les conduirons à l'église... Tout est déjà
commandé pour ce jour-là... je me flatte que nos costumes seront dans
le dernier goût... il faut que cela fasse époque... je me suis fait enseigner les magasins en vogue ; je me suis commandé un habit noir et
un pantalon demi-collant chez Wetzel ; ma fille aura une robe faite
par mademoiselle Palmyre, un bouquet de fleurs d'oranger de chez
Nattier ; enfin le chapeau de mon épouse sortira de l'élégant magasin
de modes de mademoiselle Alexina Larose ; si on trouve quelque chose
à redire à notre toilette, on sera bien difficile !... Mais je crois que j'entends mon gendre.

Une rumeur, un mouvement subit qui avaient lieu dans l'assemblée
étaient en effet causés par l'arrivée du futur. Mademoiselle Tigré, qui
était en train de danser, ne finit point sa figure ; elle s'écrie : — Ah !
le voilà, le voilà, je l'entends !... et elle va au-devant d'un grand monsieur habillé en noir, qui entre alors dans le salon en tenant deux gros
bouquets à la main ; il sourit à tout le monde de l'air le plus dégagé,
commence par baiser la main de Flore, qui lui mange des yeux, lui
donne un bouquet, en présente un autre à madame Tigré, frappé sur
l'épaule du papa, salue la famille, embrasse les tantes, les cousines, et
dans tout ce mouvement finit par se trouver devant Charles, qui reste
stupéfait en le reconnaissant Mongérand.

Les embrassements et les présentations étant terminés, on s'écrie :
— Allons, dansons... en place !... — Mon gendre Émile Mongérand
va danser avec Flore ! crie M. Tigré ; ma cousine Cloutaut, nous
allons leur faire vis-à-vis.

Mais Charles est toujours immobile ; il regarde Mongérand et ne fait
point aller son archet.

— Allons donc, la musique !... crient plusieurs danseurs. En cet
instant Mongérand aperçoit Charles, qui a les yeux attachés sur lui ; il
devine soudain la cause du silence obstiné du violon ; sans paraître
embarrassé il court à Charles, prend sa main et la secoue fortement,
en s'écriant : — Eh ! je ne me trompe pas !... c'est mon brave La
Valeur !...

— Comment !... vous connaissez notre joueur de violon ?... dit M. Tigré pendant que la société regarde d'un air étonné le gendre et le
musicien.

— Si je le connais ! reprend Mongérand, parbleu ! c'est un de mes
anciens hussards... un brave... qui m'a sauvé deux fois la vie... Ah !
sacrebleu !... je suis enchanté de le revoir ici... ce pauvre La Valeur !...
c'est son nom le guerrir...

— Ah ! c'est un de ses anciens hussards ! dit madame Tigré, je comprends, alors !...

Pendant ce temps, Mongérand faisait à Charles des yeux très-signi-
ficatifs, et lui disait entre ses dents :

— Tais-toi !... ne dis pas de bêtises surtout !...

— Mongérand, tu es un scélérat !... un infâme !...

— Tais-toi donc !

— Tu as emprunté à ma mère sous mon nom !...

— C'est pour rendre tout cela que je suis ici...

— Tu ne peux pas épouser cette demoiselle, puisque tu es marié...

— Qu'est-ce que ça te fait ?... ce sont mes affaires... ma femme doit
être morte, j'ai dans l'idée que je suis veuf... Allons, fais-nous danser...

— Mais...

— Chut !... Combien doit-on te donner ?

— Quinze francs.

— Je t'en ferai avoir trente-six.

— Mais je ne puis souffrir...

Mongérand, cessant de parler bas à Charles, s'éloigne de lui en
lui disant :

— Allons, mon brave ! je suis charmé que ta famille se porte bien !
joue-nous une de ces jolies contredanses dont tu nous régalais en garnison !... Plaçons-nous, ma divine Flore !

Et Mongérand va se mettre avec sa future en face de M. Tigré et de
la cousine Cloutaut ; le quadrille est triplé ; les danseurs n'attendent
plus que le signal du violon pour s'élancer. Charles, après avoir hésité
encore, reprend enfin son instrument et fait danser Mongérand.

— Très-bien ! comme un ange, la musique ! crie Mongérand à
chaque minute.

— Il nous joue bien souvent Fanfan la Tulipe ! dit un jeune
homme qui danse près du futur. — Monsieur, on ne saurait mieux
jouer ce qui est joli ; et je ne connais rien de plus dansant que cet
air-là !

Mongérand dit cela d'un air si positif que l'on se rend à son avis.
La contredanse finie, le futur reconduit Flore à sa place en lui pressant la taille extrêmement bas ; manière que l'on trouverait un autre
cavalier si Mongérand n'avait pas fasciné la famille Tigré. L'ancien
fourrier va à tous ses parents en leur disant : — Eh bien ! comment
trouvez-vous mon gendre ?... hein ! n'est-ce pas qu'il est aimable !...
qu'il a des manières aisées, l'habitude du beau monde !... on voit que
c'est tout de suite !

La maman Tigré va en dire autant de son côté, elle appuie surtout
sur le physique. Son gendre est, suivant elle, le plus bel homme de
Paris ; il est certain que madame Tigré, habituée à la taille de son
mari, pouvait prendre Mongérand pour un Patagon.

Les parents et connaissances répondent comme on fait toujours en
pareille circonstance, en enchérissant encore sur les éloges donnés au
futur gendre ; une seule demoiselle, assise près de Flore, se permet
de lui dire : — Il sent bien la pipe, ton futur !... — C'est ce qu'il faut
répond mademoiselle Tigré en lançant sur la jeune fille un regard
courroucé ; et celle-ci baisse les yeux en balbutiant : — Ah ! je ne
savais pas !...

Après la contredanse, Braillard est venu prendre Charles par le bras,
il l'entraîne dans l'antichambre devant une table sur laquelle est un
verre qu'il emplit de vin jusqu'aux bords, en disant : — Buvez-moi
cela !... s'il y a de l'eau dedans, je ne veux pas être Braillard !... j'en
suis sûr, c'est moi qui le mets en bouteilles.

Pendant que Charles se rafraîchit, Mongérand vient aussi dans l'antichambre ; voyant Braillard arrêté près de Charles, il lui dit : — On
vous attend au salon !... mon beau-père vous y cherche ! Braillard
s'incline et s'empresse de courir au salon. Alors Mongérand peut causer avec Charles.

— Ma foi ! mon pauvre Charles, je ne m'attendais pas à te rencontrer ici !

— Je le crois... tu le vois, j'en suis réduit à jouer du violon pour
faire danser.

— Quand on en joue avec autant de grâce que toi, on est trop
heureux !

— Mais, Mongérand, je ne te conçois pas !... comment oses-tu te
présenter à ces bonnes gens pour épouser leur fille ?

— Que veux-tu... je n'avais rien d'abord qu'à venir dîner très-
souvent chez le père Tigré ; tout à coup la petite fourreuse devient
folle de moi !... le père m'offre sa fille avec soixante mille francs !
toute la famille était à mes pieds !... je n'ai pas eu la force de dire
non. — Tu n'avais qu'à dire que tu es marié ! — Pas si bête !... — Mais
tu ne peux pas épouser la demoiselle ?... — En attendant je suis fêté,
choyé, caressé, gobergé ; on me prête même de l'argent !... le beau-
père, auquel j'ai fait entendre que je me trouvais gêné, m'a offert sa
bourse !... digne beau-père !... il ressemble un peu à un léopard,
n'est-ce pas ?... — Mais si quelqu'un de la réunion te connaissait, te
disait... — Bah ! je me suis marié à Lyon... tous ces braves parents
qui sont là n'ont jamais été plus loin que Saint-Cloud ! — Mais... —
Chut !... assez causé Charles !

Flore entrait en effet dans l'antichambre, elle court à Mongérand
en s'écriant d'un air qu'elle croit enfantin : — Qu'est-ce que tu faites
donc ici, au lieu d'être au salon ? — Je soigne mon ancien hussard !...
je le rafraîchis !... Au régiment c'est un brave que j'aimais comme
mon cheval !... — Mais je m'ennuie, moi, là-dedans sans vous !... —
Ah, sacredié, vous êtes trop aimable !... — Et puis j'aurais bien envie
de valser un peu... — Nous valserons beaucoup, ma mignonne ! je
valse comme un Bavarois !... — Ah, voyez-vous, c'est qu'il y a la
fille de ma tante Clodomir qui a la prétention de valser mieux que
moi... — Nous la jetterons par terre en valsant, si ça vous fait plaisir
— Non, mais je veux tourner plus longtemps que là !... Je suis si é-
tourdie, vous ne me laisserez pas tomber, n'est-ce pas ? — Je tomberai
plutôt avec vous... — Comment trouvez-vous ma fu... fille ? — Superbe
— On vous trouve bien aimable aussi ! — C'est l'effet que je produis
ordinairement... — Ah ! allons valser !... — Allons valser, vien
vieux troupier !... tu vas nous jouer une valse soignée... mets de
de colophane à ton archet pour que ça roule mieux !

Mongérand rentre au salon en tenant déjà Flore sous les bras comme s'il valsait. Charles est très-embarrassé, il ne sait pas de valse ; cependant le futur se dessine déjà avec sa prétendue, ils marchent au pas et Mongérand crie : — Place !... place !... comme s'il allait faire la course. Trois couples viennent de se disposer à les imiter ; on n'attend plus que le violon pour partir ; Charles a l'air de s'accorder, mais il n'en finit pas, et pendant ce temps le papa Tigré court dire à tous ses parents : — Vous allez voir valser mon gendre avec Flore !... ils sont capables de ne plus s'arrêter !...

Le violon en est toujours à ses accords, les valseurs s'impatientent ; Mongérand fait des yeux terribles à Charles en lui criant : — Eh bien, la Valeur ! est-ce pour ce soir ?... est-ce que tu veux faire une guitare de ton violon ?...

Charles, ne trouvant rien de mieux, se décide à jouer : Trou là là. Les valseurs partent ; mais ils ont beaucoup de peine à aller, parce que l'air de Trou là là n'est pas en trois temps. Mongérand, plus habile, en a sur-le-champ fait une sauteuse, et il fait sauter Flore à travers les autres valseurs restés en chemin.

— Est-ce que vous ne sauriez pas une autre valse, monsieur ? vient dire un des danseurs à Charles ; celui-ci ne répond qu'en jouant Trou là là un peu plus fort. Mais Mongérand ne s'arrête pas, il enlève Flore ; il laisse à peine à l'œil le temps de la suivre, et M. Tigré s'écrie : — Vous voyez bien que cet air-là est bon... et que mon gendre valse supérieurement... Ah, mon Dieu, comme ils tournent ! c'en est effrayant.

Mademoiselle Flore avait déjà perdu trois petits peignes ; tout un côté de sa coiffure flottait sur ses épaules ; la sueur ruisselait de son visage ; mais elle ne demandait pas à s'arrêter et balbutiait : — Ma cou...sine Clodomir... doit être... furieuse !... et Mongérand se contentait de chantonner en donnant des coups de pied à tout ce qui se trouvait sur son passage — Trou trou trou... là là là... Ah ! sacredié, comme c'est ça !...

La valse, ou pour mieux dire la sauteuse allait toujours, lorsqu'un monsieur d'un certain âge entre dans le salon. M. Tigré va au-devant de lui en s'écriant :

— Eh ! c'est mon vieil ami Richard... c'est bien aimable à toi d'être venu.

— Ma foi, c'est à peine si j'ai pris le temps de me reposer... Je suis arrivé de Lyon ce matin, j'ai trouvé ta lettre chez moi, et me voici.

— Ce cher Richard !... Ma femme, c'est notre ami Richard, notre ancien correspondant de Lyon.

Madame Tigré vient saluer le nouveau venu, qui leur dit :

— Vous allez donc marier Flore ?

— Oui, mon ami, c'est arrangé... conclu... d'aujourd'hui en huit la grande cérémonie.

— Où donc est-elle, cette chère Flore ?

— Elle valse avec son prétendu... ce bel homme brun... Tiens, ils vont passer... Prends garde à tes pieds... Il y a vingt minutes qu'ils tournent !

M. Richard examine le futur, et, plus il le regarde, plus sa physionomie prend une expression singulière.

— Eh bien, comment trouves-tu mon gendre ? demande M. Tigré.

— Mais je le trouve... je n'y conçois rien... ce n'est pas possible... Comment, ce n'est possible que tu le trouves... le voilà... je te le montre... Comment te nommes-tu ? — Emile Mongérand... — C'est bien cela... c'est lui ! — Tu le connais ? — Oui, certes, je le connais !... Mais tu plaisantes, n'est-ce pas... ce ne peut pas être là ton gendre ? — Si fait, pardieu, c'est bien lui... Pourquoi donc cela ne serait-il pas ? — Parce que cet homme-là est marié... Marié ?... Oui, mon ami, très-bien marié... Parbleu ! j'en sais quelque chose, je lui ai servi de témoin à Lyon, où il ne connaissait personne, et j'ai encore vu sa femme il n'y a pas huit jours !... — Ah ! quelle horreur !

Madame Tigré s'était laissée aller sur une chaise, qui se renverse sur la tante Clodomir. Dans son désespoir le papa Tigré s'est écrié : Mon gendre est marié ! et ces mots circulent déjà de bouche en bouche ; les jeunes filles se regardent d'un air content, parce que c'est toujours un grand plaisir quand on peut se moquer d'une demoiselle ; les vieux parents s'approchent d'un air hébété ; la maman Tigré s'évanouit, son époux court après sa fille et Mongérand, qui valsent toujours, et leur crie :

— Arrêtez !... arrêtez la valse !... c'est une chose indigne !... ça ne s'est jamais vu !...

— Mais, mon père, puisque je ne suis pas étourdie, crie Flore en sautant.

— Prenez garde à vos jambes, beau-père !

L'ancien fourreur ne peut attraper sa fille, mais l'oncle César, qui vient d'apprendre ce dont il est question, court à Charles et lui enlève son violon. Le coup hardi met nécessairement fin à la danse.

— Pourquoi donc finir ? dit Mongérand, nous aurions encore été longtemps. Le vieux Tigré, qui peut à peine parler tant il est en colère, s'avance vers son ami Richard en disant à Mongérand : — Reconnaissez-vous monsieur ?

Mongérand regarde le nouveau venu, fait une légère grimace, puis répond :

— Qu'est-ce que c'est que monsieur !

— Quoi, monsieur Mongérand ! vous ne reconnaissez pas celui qui a eu le plaisir de vous servir de témoin à Lyon, quand vous vous êtes marié, il y a six ans et demi environ. — Marié... à Lyon !... s'écrie Flore à son tour. Qu'est-ce que c'est que ces histoires - là ... je gage que ce sont des méchancetés... Je ne veux pas qu'on dise du mal de mon futur !... Voyons, papa, répondez... qu'est-ce qu'on a donc ici... on est tout sens dessus dessous.

— Ma fille, monsieur te trompait !... Il nous trompait... Répondez, monsieur... êtes-vous marié ?

— Je me suis marié jadis, c'est vrai !... mais je dois être veuf !

— Non, monsieur, vous ne l'êtes pas, répond le vieux Richard, car j'ai vu dernièrement madame votre épouse et elle se porte fort bien. — Ça n'est pas vrai ! — Monsieur !... — Ou bien alors c'est moi qu'on a trompé en m'écrivant qu'elle était morte !

— Ah, mon Dieu ! mon Dieu ! s'écrie Flore en pleurant, en avait bien besoin de venir nous apprendre ça !

— Monsieur ! dit l'oncle César en s'avançant vers Mongérand d'un air déterminé, savez-vous qu'on ne se joue pas ainsi d'une famille qui est depuis trente ans dans la fourrure, et que nous pourrions...

— Je sais !... je sais que vous m'ennuyez !... Allez vous faire lanlaire, vous et votre nièce... nous ne marions plus, bonsoir...

— Il faut le chasser d'ici ! crient tous les jeunes cousins, indignés de la manière peu respectueuse dont Mongérand vient de répondre à l'oncle César, tandis que Flore est allée s'évanouir près de sa mère.

— Qui est-ce qui a parlé de me chasser ? s'écrie Mongérand en se dessinant fièrement au milieu du salon. Qu'il s'avance, il aura affaire à moi... Charles, viens te mettre à ma gauche, et opérons une retraite honorable.

Depuis le commencement de la scène, Charles, qui prévoit que cela va s'aggraver, cherche à s'éclipser ; mais il voudrait ravoir son violon, que lui a pris l'oncle César. Tout à coup il se voit enveloppé, poussé par tous les jeunes gens de la société, qui viennent de se réunir pour forcer Mongérand à s'en aller. Celui-ci veut tenir tête, repousser la foule ; il est contraint de céder à la force : déjà, ainsi que Charles, il touche à la porte du carré, quand l'oncle César passe à Charles son violon en lui disant : — Tenez ! voilà votre crincrin. Mais au moment où Charles va s'en saisir, Mongérand s'empare et casse le violon sur le nez de M. César en disant : — Tenez ! voici mes adieux !

Cette action met en fureur toute la société, on n'use plus de ménagements pour mettre Mongérand et Charles dehors : c'est d'une manière fort brutale qu'on leur fait descendre l'escalier. Enfin la porte de la maison se referme sur eux.

— Sacrée f..... noce ! dit Mongérand, ça allait si bien sans ce vieil imbécile de Lyon qui arrive exprès pour gâter la fête ! et ma femme qui vit toujours... ai-je du guignon !... Et bien, Charles... mon pauvre ami... eh bien !... tu es tout décontenancé !...

— Je n'en peux plus... je suis meurtri... abîmé de coups !... Les impertinents... c'est qu'ils m'allaient pas de main morte !... — Et mon pauvre violon ! — Ah ! ma foi, il est en bouillie, je l'ai fait avaler à l'oncle César ! — Ah, mon Dieu !... — Ne vas-tu pas gémir comme un enfant !... viens avec moi, allons souper ; il m'en reste encore quelques écus, débris de ce que le beau-père m'avait paumé ; allons nous restaurer, nous refaire, et oublier le verre à la main la sensible Flore et sa respectable famille...Viens, te dis-je... je t'achèterai un autre violon quand je rencontrerai un aveugle. Allons !... pas de souci !... en route !

Mongérand prend le bras de Charles, et celui-ci se laisse encore emmener.

CHAPITRE XXI. — Généreux mensonge.

Léonie s'était endormie, bercée par l'espoir d'un heureux lendemain. Elle pensait que son mari, encouragé par le présent secours qu'il allait offrir à sa famille, ne voudrait plus vivre dans une honteuse oisiveté. Elle se flattait qu'il allait l'aider à élever leurs enfants, et cet espoir lui avait procuré un sommeil plus paisible.

Cependant vers six heures elle est inquiète ; Charles n'est pas revenu. Elle s'étonne que le bal se soit prolongé si tard. Il est jour, et déjà les ouvriers se rendent à leurs travaux. Léonie ne s'alarme pas encore ; pourtant son cœur est oppressé ; elle ouvre la porte pour entendre plus vite Charles lorsqu'il montera l'escalier... Personne ne monte encore. Enfin une voix se fait entendre, elle vient d'en bas ; c'est quelqu'un qui parle très-haut dans la cour. Ce n'est pas la voix de Charles ; cependant Léonie, qui s'étonne qu'une autre que son mari vienne de si bonne heure dans la maison, descend doucement un étage, puis un autre ; il lui semble que l'on parle de son mari ; elle arrive enfin près de la loge du portier.

C'est Braillard, le domestique de M. Tigré, qui a veillé toute la nuit, parce que ses maîtres se sont couchés, et qui, au point du jour, s'est empressé de venir conter à son ami Bertrand les événements de la nuit.

— Comment, est-ce possible ! dit le portier, une affaire comme ça !... Mais je suis sûr que ça ira plus loin que la police correctionnelle!... Vouloir épouser une femme quand on est déjà dans l'impuissance d'une autre ; je crois que ça s'appelle *polygrame!* — Justement!... c'était un polygrame que le futur!... c'est ce que toute la famille s'est écriée, en disant à mon maître qu'il devrait le poursuivre *derrière les tribunaux!*...

— Ah! mon pauvre Braillard, quel remue-ménage cela a dû faire chez vous!...

— Nous en sommes tous malades!... Mais mademoiselle Flore est la pire!... c'est qu'elle adorait ce perfide!... ce polygrame de Mongérand!... Elle était folle de lui.

— Mongérand!... se dit Léonie en frémissant; mon Dieu!... il a nommé Mongérand*.

— De c't'affaire-là, votre bal a-t-ù être triste. — Mais d'abord cela allait très-bien... toute la famille d nsait!... Le monsieur qui connaissait ce Mongérand n'est venu que f rt tard. — Et le violon de la maison que je vous ai envoyé, en avez-vous été content? — Ah! à propos du violon!... je ne t'ai pas tout conté!... Il paraît que ça fait encore un bon sujet que celui-là!... Figure-toi qu'il connaissait l'autre!... c'était le complice de notre épouseur. — Buh! en vérité!... — Oui, Bertrand, ils s'entendaient ensemble!... L'autre l'appelait *La Valeur.* Si bien que quand on a voulu le mettre à la porte, ton gredin de musicien a prêté main-forte à Mongérand; ils ont cassé le nez à M. César, l'oncle de mamzelle. Oh! alors tu conçois qu'on ne les a plus ménagés, ils ont été abîmés de coups!... laissés pour morts dans la rue.

Un cri douloureux interrompt le récit de Braillard : c'est Léonie qui vient de tomber sans connaissance devant la loge du portier.

— Ah, mon Dieu! dit Bertrand en reconnaissant Léonie, c'est la femme du musicien!... elle t'aura peut-être entendu!... Pauvre femme!...

Avant que le portier et Braillard se décident à aller chercher du secours, Justin a pris Léonie, et la soulève dans ses bras; il avait entendu sa voisine ainsi, et était descendu quelques moments après elle. Il fait tous ses efforts pour rappeler Léonie à la vie : elle ne l'entend pas; une pâleur effrayante couvre son visage.

— Monsieur Bertrand, allez, allez chercher un médecin, du secours! s'écrie Justin; hâtez-vous pendant que je vais la reporter chez elle!...

— Mais, monsieur!... c'est que... si...

— Je payerai votre peine,.. je payerai les médecins!... je réponds de tout... Mais allez donc!...

Le portier se décide, il part; Justin remonte au cinquième en tenant Léonie dans ses bras; il la porte chez elle, la place sur son lit; elle est toujours dans le même état. Justin ne sait que faire : il se désole, il pleure, car il croit que Léonie va mourir. Il se jette à genoux devant elle, prend une de ses mains glacées, qu'il tâche de réchauffer dans les siennes, en balbutiant :

— Ah! ne mourez pas, madame, ne mourez pas! le ciel ne permettra pas que vous soyez toujours malheureuse.

Une petite voix répond seule à Justin : c'est celle de Félix qui s'est éveillé, qui se plaint, qui demande à boire; une vive rougeur colore les joues de l'enfant, dont la respiration est courte et oppressée. Justin ne sait que lui donner; il court à l'enfant à la mère, ouvre les armoires, cherche du sucre, veut allumer du feu, ne peut venir à bout et se désespère. Enfin le portier arrive avec un médecin. Le docteur saigne Léonie; elle revient à elle, mais pour tomber dans un délire affreux : elle appelle son mari, elle croit le voir assassiné, et elle accuse Mongérand d'avoir causé tous ses maux. Le médecin déclare qu'il faut qu'on veille près d'elle tant que durera un délire, et Justin jure de ne pas la quitter. Le docteur examine ensuite le petit Félix; il lui trouve une forte fièvre, et écrit des ordonnances; pendant ce temps, Justin, qui a été à sa chambre, revient et glisse une pièce d'or dans la main du médecin en le suppliant de sauver Léonie. Le médecin le rassure, lui promet de donner tous ses soins à la malade; puis, en sortant, remet furtivement sur une chaise la pièce d'or que Justin l'avait forcé d'accepter. Le médecin est parti; le portier, auquel le jeune ouvrier a remis de l'argent, est allé faire faire les ordonnances. Justin est maintenant obligé de consoler Laure qui s'est éveillée et qui pleure amèrement, parce que sa maman ne la reconnaît pas.

— Calmez-vous, chère petite, dit Justin, votre maman n'aura pas toujours ce délire cruel; nos soins, ceux du médecin, lui rendront la santé... Ne pleurez plus ; car vous vous rendriez malade aussi, et vous ne pourriez plus soigner votre maman.

Cette raison frappe Laure; elle essuie ses larmes en murmurant : C'est vrai, monsieur Justin!... il ne faut pas que j'aie l'air d'un enfant!... Je ne pleurerai plus que la nuit!... quand maman dormira!... Mais mon papa, où donc est-il?

Justin se prépare à répondre, lorsqu'on entre dans la mansarde. C'est Charles qui revient seulement alors du cabaret où il a passé la nuit avec Mongérand, et dont les yeux, plus petits qu'à l'ordinaire, n'annoncent pas que la sobriété ait été sa compagne de nuit.

Charles est entré dans la chambre, tenant son archet à la main; il s'arrête surpris en apercevant Justin assis à côté du lit, et la petite Laure qui pleure près de lui. — Qu'y a-t-il donc? s'écrie-t-il d'une voix qu'il veut rendre imposante.

Justin se lève ; il le conduit près du lit, lui montre sa femme, qui jette autour d'elle des regards égarés, et lui dit : — Elle vous a cru mort!... assassiné!... **Vous n'êtes pas rentré depuis hier!... Voyez, monsieur, dans quel état vous la retrouvez!...** ainsi que votre pauvre petit!...

Charles considère sa femme, son fils; un changement rapide s'opère dans ses traits, il passe sa main sur son front en murmurant : — Léonie!... ma femme!... Elle ne m'entend plus!... Maudite nuit!... Oui!... je suis un malheureux!... un misérable!... Adieu, adieu, Laure!...

— Où voulez-vous aller, monsieur? — Me jeter dans le canal... c'est ce que j'ai de mieux à faire maintenant!... — Vous défaire de la vie!... Ah! monsieur!... est-ce donc là tout votre courage?... Après avoir réduit votre femme, vos enfants à cette triste situation, vous les abandonneriez, au lieu de faire tous vos efforts pour les rendre plus heureux!... Non, non, monsieur, ce n'est pas ainsi qu'un honnête homme, qu'un père de famille doit se conduire!... Votre mort donnera-t-elle du pain à vos enfants?...

— Vous avez raison, monsieur Justin; vous êtes un brave jeune homme!... J'allais encore faire une sottise... mais j'y aurais peut-être regardé à deux fois avant de me mettre dans l'eau : c'était la suite de mon étourdissement. Ah!... je commence à me remettre... Qui a pu rendre ma femme si inquiète?... Je ne suis pas revenu de la nuit, c'est vrai, mais ce bal où j'étais allé pouvait durer jusqu'au jour!... Il y a eu une scène... c'est vrai... mais ce n'est pas ma faute!... Mongérand m'a emmené souper chez un traiteur... Tout en causant nous nous y sommes endormis; comme Léonie devait me croire au bal, je n'avais vu aucun mal à passer la nuit à table. Ce qui me chagrinait en revenant ce matin, c'était de ne plus avoir mon violon, qui a été cassé dans la bataille, et de ne pas rapporter à ma femme l'argent que j'espérais gagner hier.

— Que cela vous chagrine pas, monsieur; j'ai quelques épargnes que je dois à mon travail, permettez-moi de me charger de toutes les dépenses qu'occasionnera la maladie de votre épouse et de votre fils... de vous prêter ce dont vous aurez besoin : vous me rendrez quand vous le pourrez.

— Monsieur Justin, je ne sais comment reconnaître... Ah! c'est un service que je n'oublierai jamais... un jour j'espère pouvoir m'acquitter... Ne parlons pas de cela; tout ce que je vous demande, monsieur, c'est, lorsque madame aura recouvré ses facultés, de ne pas lui dire que je vous rends ce léger service, laissez-lui penser que c'est par votre travail que vous gagnez quelque argent. Elle en sera plus contente, et moi je n'en serai pas moins heureux de pouvoir vous obliger.

Charles serre la main à Justin en murmurant : — Vous êtes meilleur pour moi que tous mes amis!... Quant à Mongérand... j'étais bien fâché contre lui... mais il m'a assuré que j'avais tort de lui en vouloir.

— Cependant, d'après quelques mots qui m'ont échappé au portier et à un homme qui était en bas... je crois que ce M. Mongérand est cause des événements de cette nuit... — Chut!... si ma femme entendait. — Elle sait tout, et c'est ce qui l'a mise en cet état. — Elle vous en voudra davantage à Mongérand... il a juré que c'était pour la rembourser qu'il s'était fait le futur de mademoiselle Tigré... Si vous le connaissiez, je vous assure que c'est un homme avec lequel on ne peut pas rester fâché... il voulait absolument faire sa paix avec ma femme... Je lui ai dit, où il est, qu'il vienne qu'il me le crie de monter.

— Ah! monsieur, par pitié pour madame votre épouse, n'en faites rien!... elle est un peu plus calme en ce moment, mais si elle reconnaissait la voix de celui qui lui paraît la vue lui est odieuse, cela pourrait lui faire beaucoup de mal!... — Vous croyez?...

— Oui, papa, dit la petite Laure en s'approchant de son père; maman a dit qu'elle serait bien malheureuse si M. Mongérand revenait ici. Eh bien! en ce cas, je vais lui dire de s'en aller.

Charles va, pour se lever lorsqu'on ouvre la porte, et Mongérand passe sa tête dans la chambre en disant : — Eh ben! sacrebleu! tu m'as donc laissé dans la cour pour attendre la saison des neiges!... voyons, où est ta femme? que je fasse ma paix avec elle... j'aime à vivre en paix avec tout le monde.

Charles va au-devant de Mongérand en lui faisant signe de se taire. Justin fronce le sourcil et ferme avec soin les rideaux du lit de Léonie.

— Qu'est-ce qu'il y a donc ici? reprend Mongérand, est-ce qu'on ne parle qu'en pantomime? — Ma femme est bien malade!... elle a appris, je ne sais comment, les événements de cette nuit... elle m'a cru assassiné... elle a la fièvre, le délire... — Ce n'est rien!... eu le délire cinq ou six fois, moi!... il faut le faire transpirer! — Mon fils... mon petit Félix est tombé malade aussi!... tout m'accable à la fois!... — Une maladie d'enfance!... demain il n'y pensera plus. Mon ami, quand on a du talent, quand on est de la force que tu montres, on ne doit point s'inquiéter de l'avenir... tu as ta fortune dans les doigts. Monsieur, figurez-vous que cette nuit il a joué du violon comme un Turc!... — Mais je n'ai plus de violon, puisque tu l'as brisé en te battant!... — C'est vrai!... que veux-tu! un mouvement de colère, je n'avais que cela sous la main!... — Tu m'as promis de m'en avoir un autre... — Oui, je te l'ai promis...je m'en souviens, mais cette nuit nous avons dépensé tout le fond de ma bourse... Mo qui vivais depuis quelque temps comme un coq en pâte... la petite fourreuse m'accablait de douceurs... il faut que ma femme de Lyon ne soit pas morte ! c'est indigne de sa part!.!.

En disant cela, Mongérand prend une chaise et va pour s'asseoir lorsqu'il aperçoit sous lui la pièce de vingt francs que le médecin a laissée et qui n'a encore été vue de personne.

— Si tu n'as plus d'argent, comment m'auras-tu un violon ? dit Charles ; et cependant je n'ai plus que cette ressource pour gagner quelque chose... nous sommes justement dans la saison des bals... J'aurais trouvé l'occupation.

— Qui t'empêche, en attendant, d'en acheter un toi-même ? répond Mongérand en lui montrant la pièce d'or. Il parait que tu n'es pas aussi gêné que tu veux le dire, puisque les jaunets traînent chez toi.

Charles fait un mouvement de surprise :

— De l'or, ce n'est pas à moi... monsieur Justin, cette pièce vous appartient-elle?

— Non, monsieur, reprend le jeune ouvrier avec un peu d'embarras, je ne sais pas ce que vous voulez dire.

— Alors elle sera tombée de ma poche, dit Mongérand ; c'est un débris de ma fortune que je ne savais pas avoir : cela me servira pour t'acheter un violon... Viens avec moi, je connais un musicien des Funambules qui en a toujours à revendre... il serait même possible qu'il te procurât une place à son spectacle... dans l'orchestre... ça serait gentil, ça... viens... — Non, je ne quitterai pas ma femme tant qu'elle sera dans cet état. — Alors j'y vais seul, ce soir tu auras ton affaire.

Mongérand met la pièce dans son gousset, donne une petite tape sur la joue de Laure, frappe sur l'épaule de Charles et s'éloigne en lui disant :

— Je vais t'acheter un *stradivarius*!...

— Monsieur Charles, dit Justin, si vous tenez à voir votre femme rendue à la santé, ne laissez plus venir cet homme chez vous... Tenez... voyez... elle est plus agitée... on dirait que la voix de ce M. Mongérand a redoublé son mal.

— Eh bien ! dit Charles en considérant tristement sa femme, je dirai au portier de ne plus laisser monter Mongérand... après toutefois qu'il m'aura apporté le violon.

La journée s'écoule; l'état de Léonie est toujours un abattement total, pendant lequel elle semble privée de ses facultés : cette atonie n'est remplacée que par des accès de délire effrayants. Justin redouble de soins, de zèle ; il pourvoit à tout, il va lui-même chercher tout ce dont on a besoin, et trouve encore le temps de consoler Laure et de ranimer le courage de son père.

Le soir, Mongérand a remis chez le portier un violon qui vaut bien six francs. La consigne qu'on avait donnée à M. Bertrand était inutile : Mongérand ne se soucie pas de monter chez quelqu'un où il faut parler bas.

Le médecin est revenu, il trouve le petit Félix plus mal, il craint une fièvre cérébrale que l'enfance supporte toujours difficilement. Il voudrait que son berceau ne fût pas placé dans la même chambre que le lit de sa mère, afin que l'enfant respirât un air plus sain. Justin offre de transporter le petit garçon dans sa chambre, et le médecin approuve son projet : on voit qu'il souffre de trouver ces deux malades dans un si misérable réduit.

Justin a porté chez lui le berceau du petit garçon ; mais, pour veiller l'enfant, il faudra qu'il s'éloigne de la mère. L'époux de Léonie est là, il est vrai, et pourtant Justin a bien de la peine à se décider à la quitter ; il songe enfin qu'en veillant sur l'enfant c'est encore être utile à la pauvre mère, et il compte pendant la nuit venir plus d'une fois s'informer de son état.

Qu'elle est cruelle, cette nuit de veille et d'alarmes ! ce n'est qu'avec peine qu'on a décidé Laure à se coucher ; elle aussi voulait veiller près de sa mère, espérant toujours en obtenir un mot, un regard, en être reconnue. La nuit n'apporte aucun changement chez Léonie, tandis que l'état de son fils devient plus alarmant. La fièvre cérébrale s'est déclarée, et c'est le point du jour Justin est allé rechercher le médecin. Celui-ci prodigue à l'enfant tous les secours de son art, mais il semble peu en espérer. — Pauvre mère ! dit-il, il est peut-être heureux que maintenant elle ne voie rien de ce qui se passe autour d'elle !

Charles se berce toujours d'espérances, il ne peut croire qu'un enfant soit en danger. Se rappelant que parmi ses amis de café l'un arrachait les dents et pratiquait la médecine, il veut le voir, lui dire l'état de son fils, de sa femme, et prendre ses avis ; il sort vers le soir, espérant que Laure près de sa mère et Justin, qui se partage entre elle et son fils.

Deux heures se sont écoulées depuis le départ de Charles, le petit Félix est plus mal. Justin se désole, il voudrait avoir quelqu'un avec lui ; mais qui appeler dans cette maison ? Le portier ne veut pas quitter sa loge, et madame Rozat a déclaré qu'elle n'entrait jamais chez les gens malades.

— Cet enfant est bien mal, dit Justin, peut-être une crise va-t-

elle se déclarer !... peut-être y aurait-il quelque secours que j'ignore !... Mais il y a un pharmacien dans la rue... allons le chercher... je le prierai tant... qu'il consentira à m'accompagner.

Le jeune ouvrier sort de chez lui et entre chez Charles. Laure est près de sa mère, qui est plus calme depuis le matin et semble enfin livrée au sommeil. Justin fait signe à la petite de venir.

— Votre frère est plus malade, ma pauvre Laure ; je vais voir à ramener quelqu'un... pouvez-vous rester quelques instants auprès de lui? — Oh ! oui, monsieur Justin, car maman va mieux ; je crois qu'elle dort... Je veux bien garder mon frère... et je lui conterai une histoire... pour l'amuser. — Hélas ! il ne vous entendra pas, chère enfant ; mais je vais me hâter... venez.

Laure entre chez Justin, elle s'assied près du berceau de son frère, dont l'agitation l'effraie. — Que faut-il lui donner? dit-elle. — Il ne veut rien prendre... veillez-le seulement. — Oui, monsieur, et puis je prierai le bon Dieu pour qu'il rende la santé à mon frère et à maman. — Oui, priez-le, pauvre petite... de qui donc exaucerait-il les prières s'il était sourd à celles d'un enfant !...

Justin descend précipitamment et se rend chez le pharmacien voisin ; mais le maître est absent, les garçons ne peuvent sortir, et d'ailleurs ils n'oseraient rien ordonner sans l'avis d'un docteur. Justin va chez plusieurs autres, il en décide un à l'accompagner ; mais, avant qu'on soit prêt à le suivre, le temps s'écoule, enfin on part. A la porte de sa demeure, Justin rencontre Charles, qui rentrait aussi sans avoir pu retrouver l'ami qu'il voulait consulter. On monte à la hâte ; quand on entre chez Justin, la petite Laure s'avance avec précaution et dit à voix basse :

— Ne faites pas de bruit ! mon frère ne remue plus du tout. Il s'est endormi aussi.

Charles court au lit de son enfant ; les craintes de Justin étaient fondées, le petit Félix n'existe plus.

Un cri douloureux échappe à Laure quand elle entend dire que son frère est mort ; Justin la prend et la serre dans ses bras en lui disant :

— Chère enfant, par pitié pour votre mère, modérez votre douleur, et, si elle reprend connaissance, gardez-vous bien de lui dire que votre frère n'est plus ; car alors elle mourrait aussi. Et vous, monsieur Charles, venez... éloignez-vous de ce spectacle déchirant pour votre cœur... Venez près de l'épouse qui vous reste, tâchons du moins de lui conserver la vie, et surtout cachons-lui bien le malheur qui vient de vous frapper.

Charles, accablé par la douleur, se laisse emmener par Justin sans proférer une parole. Il va s'asseoir près du lit de Léonie en cachant sa tête dans ses mains. Justin dit tout bas à Laure : — Allez près de votre père, embrassez-le... ne le quittez pas... que vos caresses lui rappellent qu'il n'a pas tout perdu.

Après avoir donné tous ses soins au pauvre petit, Justin se charge encore des tristes détails que nécessite sa mort. Pour prix de ses peines, le jeune ouvrier demande au ciel de sauver Léonie ; le sommeil réparateur dans lequel elle est tombée semble au médecin d'un favorable augure, il pense qu'en s'éveillant sa connaissance sera revenue.

— Et que lui répondrons-nous, dit Charles, quand elle nous demandera son fils ?

— Nous dirons que le médecin qui soigne madame, trouvant que votre fils n'était pas bien portant, a conseillé de lui faire respirer l'air de la campagne... j'ai une tante qui habite à quatre lieues d'ici, à Gagny, je dirai que je l'ai mené chez elle, où l'on en prend bien soin. Sans doute il faudra un jour que votre femme apprenne la triste vérité, mais attendons au moins qu'elle ait recouvré assez de force pour supporter ce malheur ; il me semble qu'il ne faut jamais se hâter d'apprendre ce qui doit causer du chagrin ! Nous préviendrons le médecin pour qu'il ne nous démente pas. Approuvez-vous ce que j'ai imaginé, monsieur ?

— Oui, répond Charles, cachons-lui autant que nous pourrons la mort de son fils !...

— Laure, tu as bien entendu, ma fille... on dira que ton frère est à la campagne !.. que c'est M. Justin qui l'y a mené.

— Oh ! oui, papa !... n'aie pas peur que je dise rien qui fasse du mal à maman !

Huit heures après cette conversation, Léonie sort de ce long sommeil qui a chassé la fièvre qui la dévorait. Elle porte autour d'elle des regards inquiets, cherche son mari, sa fille, le sourire reparaît sur ses lèvres ; elle leur tend les bras, ils courent l'embrasser.

— Ah ! j'ai été bien malade, n'est-ce pas? murmure-t-elle d'une voix faible : Charles!... je t'ai cru assassiné!... c'était un rêve!

— C'était du moins une histoire toute défigurée par cet imbécile de portier!... Il y a bien une dispute... mais cela ne me regardait pas... tu vois que je ne suis pas blessé!...

— Ah ! c'est toi, ma Laure !... et voilà monsieur Justin !... — Oui, qui ne nous a pas quittés, qui n'a pris aucun repos depuis que tu es malade!... — Bon jeune homme !... cela ne m'étonne pas de lui!... Mais mon Félix ?... où est donc mon fils? Je sentais bien qu'il me manquait quelque chose.

— Ma chère Léonie, reprend Charles en s'efforçant de ne point paraître ému, j'espère que tu approuveras ce que j'ai fait : notre fils était un peu souffrant, le médecin a prétendu que l'air de la campagne lui serait nécessaire ; M. Justin a une tante à Gagny, il m'a offert de lui confier notre enfant, et...

— O mon Dieu !... vous m'avez emmené mon fils !... s'écrie Léonie avec douleur.

— Madame, reprend Justin, songez que c'est pour qu'il recouvre la santé !... Mais êtes-vous sûr qu'on aura bien soin de lui ?... l'aime-ra-t-on chez votre tante ? — Oui, madame, je vous le promets !... — Est-ce loin ? — A quatre lieues. — Vous irez le voir souvent pour m'en donner des nouvelles ?... — Oui, madame !... — Et moi-même dès que je serai mieux j'irai le voir... l'embrasser... n'est ce pas, Charles, que ma première sortie sera pour aller près de mon fils ?...

Justin détourne la tête, la petite Laure fait semblant d'aller chercher quelque chose pour cacher les larmes qui s'échappent de ses yeux. Charles se hâte de répondre : — Oui, oui, quand tu seras tout à fait rétabli !... d'abord il ne faut penser qu'à ta santé. — Mais vous ne me trompez point, n'est-ce pas ?... mon Félix n'était pas plus malade !... — Non, madame ; de grâce, calmez-vous !... — Allons !... puisque c'est pour son bien, je dois approuver ce que vous avez fait je sais bien qu'ici... près de quelqu'un de malade, ce pauvre petit n'était pas très-bien... il ne faut pas n'aimer ses enfants que pour soi ; Laure, tu ne me quitteras pas, et nous parlerons de ton frère... Ah ! je me sens bien faible encore !... — Repose-toi, Léonie, ne parle plus, c'est l'ordre du médecin...

Léonie cède aux désirs de son mari. Le médecin vient ; Justin lui a parlé, il l'a prévenu, et le médecin approuve le mensonge que l'on a fait à la malade. Il la trouve mieux ; mais il déclare qu'il lui faut de grands soins, un long repos, et surtout que de longtemps elle ne songe à aucun travail, si on veut qu'elle recouvre entièrement la santé.

Justin a suivi le docteur sur l'escalier, où il lui fait tous ses efforts pour lui faire accepter le prix de ses soins ; il ne peut y parvenir : — Mon cher ami, lui dit le docteur en souriant, j'ai mes habitudes dont je ne m'écarte jamais : je me fais payer fort cher quand je vais chez des gens riches ; mais, quand je monte dans une mansarde, c'est toujours gratis : cela fait compensation.

Léonie s'inquiétait beaucoup pour savoir qui pourvoyait à leurs besoins. Dès qu'elle en trouve le moment, elle demande à son mari si le jour où il a été jouer du violon il a reçu ce qu'on lui avait promis.

— Oui, sans doute, dit Charles, et même, pendant ta maladie, j'ai trouvé d'autres occasions plus lucratives encore... Comme notre jeune voisin était là pour te veiller, j'ai accepté, afin d'augmenter nos ressources.

— Ah ! tant mieux, mon ami, cette nouvelle me soulage. Je me disais comment a-t-il pu subvenir aux dépenses de ma maladie... je pensais que ce jeune homme... M. Justin t'avait prêté peut-être, car je le crois bien capable de nous offrir tout ce qu'il possède... mais il serait pourtant cruel d'être à la charge de ce pauvre garçon... qui n'est qu'un ouvrier et ne doit pas être riche non plus... — Sans doute, mais, puisque cela n'est pas, il ne faut plus te tourmenter. — Et ce Mongérand qui était à cette soirée où il a été cause d'une nouvelle querelle... tu ne le revois plus, n'est-ce pas ?... tu étais si en colère contre lui ?... — Oh ! il m'a demandé excuse... il voulait même te voir... faire sa paix avec toi... — Epargne-moi sa vue, je sens qu'il me ferait mal... Tu étais si fâché contre lui... c'est donc ainsi que tu tiens tes résolutions ? — On ne peut pas toujours être fâché... — Ne va plus avec lui, Charles, il te détournerait des occupations que la Providence veut bien t'envoyer... — Sois donc calme ; à présent je suis connu, je suis lancé... je serai... en état de conduire un orchestre.

Léonie croit tout ce que lui dit son mari ; elle se félicite qu'il puisse soutenir sa famille à l'aide de son faible talent sur le violon. Charles désire en effet trouver l'occasion de s'occuper ; mais depuis la soirée de M. Tigré, personne n'a songé à l'employer, et n'allant plus dans aucune société, par qui pourrait-il être recommandé ? Justin ne va qu'à son travail, quelquefois chez sa mère ; ce n'est pas là où l'on pourrait employer le violon de Charles.

Léonie est mieux, sa faiblesse est extrême, elle n'est pas encore en état de se lever et encore moins de s'occuper ; c'est ce qui l'afflige le plus. Justin, qui vient passer près d'elle tous les moments qu'il ne donne pas au travail, et qui voit combien elle s'inquiète de ne pouvoir être utile à sa famille, invente chaque jour quelque ruse nouvelle pour lui faire croire que son mari a beaucoup d'occupation ; quand il arrive il dit à Charles : — On est venu vous demander chez le portier, on a écrit une adresse pour que vous alliez à une soirée avec votre violon ! Une autre fois il dit avoir rencontré quelqu'un qui l'a prié de lui procurer un musicien pour une noce, ou une fête. Charles, qui est dans le secret, sort en emportant son instrument ; alors Léonie est plus tranquille, un peu de sérénité reparaît sur son visage, et Justin, qui la dégage du poids de la reconnaissance, se trouve payé par le rayon de joie qu'il a vu briller dans ses yeux.

Mais l'absence de son fils est une grande privation pour la pauvre mère ; pour se dédommager de ne point le voir, elle parle sans cesse de lui ; elle ne souhaite recouvrer ses forces que pour aller plus tôt à la campagne où elle le croit ; dans toutes ses espérances, dans ses projets pour le retour de la belle saison, son fils occupe une place. Il est pénible d'entendre quelqu'un se flatter d'un bonheur que l'on sait qu'il ne goûtera jamais ! Justin et Laure ont le cœur déchiré en entendant Léonie parler du petit Félix, et se faire une fête de le revoir ; Charles, pour ne point entendre sa femme, sort presque tous les soirs ; il est censé aller jouer du violon à une soirée, et va dépenser avec Mongérand une partie de l'argent que le jeune ouvrier lui a remis en cachette. Pendant son absence, Justin, de retour de son travail, vient tenir compagnie à Laure et à sa mère ; assis près du lit de la convalescente, prenant quelquefois Laure sur ses genoux, Justin écoute en soupirant Léonie, qui parle toujours de son fils.

— Mon pauvre Félix ! que j'aurai du plaisir à le revoir ! dit Léonie en serrant dans ses mains la petite main de sa fille ; je sens combien il m'est cher par la peine que me cause son absence !... Ma bonne Laure, je ne t'en aime pas moins tendrement pour cela... mais toi et ton frère vous êtes tout mon bien, toutes mes espérances pour l'avenir !... mon cœur ne vous sépare pas dans ma pensée !... Oh ! tu aimes bien ton frère aussi, n'est-ce pas, Laure ?... et je suis sûre que tu t'ennuies comme moi de ne pas le voir... hein... réponds donc ?...

— Oui, maman... je m'ennuie de ne plus le voir, répond Laure en faisant son possible pour retenir deux grosses larmes qui roulent dans ses yeux.

— Eh quoi ! chère enfant, cela te fait pleurer ! est-ce de chagrin de ne pas voir ton frère ?...

— Oui, maman, c'est de chagrin...

— Pauvre petite !... il t'embrasse-moi... mais nous le reverrons bientôt... Monsieur Justin... vous qui êtes si bon... si complaisant pour moi... ah ! si vous vouliez me rendre bien contente !...

— Parlez, madame, que faut-il faire ?...

— Il faudrait aller à Gagny, chez votre tante, afin de voir mon fils et de me rapporter de ses nouvelles...

— J'irai, madame...

— Pourrez-vous y aller demain ?...

— Oui, madame.

— Ah ! tant mieux... A quelle heure part la voiture ?... quand serez-vous revenu ?...

— Je partirais bon matin, je serai de retour à quatre heures...

— Ah ! vous le verrez... vous l'embrasserez bien pour moi... vous lui demanderez s'il ne m'oublie pas là-bas !... et vous me répéterez tout ce qu'il vous aura dit !...

— Oui, madame.

Le lendemain Justin feint d'aller à Gagny ; et en revenant l'après-dîner, il faut qu'il donne à Léonie des nouvelles de son fils ; il la voit encore si faible, si souffrante, qu'il se garde bien de lui laisser entrevoir la triste vérité. C'est ainsi qu'on entretient l'erreur de Léonie, et la pauvre mère continue à se bercer d'illusions.

Chapitre XXII. — L'Orchestre d'une Guinguette.

Mongérand a vendu le bel habit noir qu'il avait acheté avec la bourse du papa Tigré, il a troqué son chapeau neuf contre une casquette, moyennant cent sous qu'il a reçu de retour ; enfin, du costume brillant qu'il avait au bal des accordailles, il ne lui reste plus que le pantalon noir collant, qui fait un singulier effet avec le vieil habit de chasse que porte l'ancien hussard ; mais comme Mongérand n'a pas une figure de bonne composition, ceux qui trouvent sa mise bizarre ne se permettent pas de lui rire au nez.

Charles n'avait pas toujours de l'argent pour payer des petits verres. Justin, s'apercevant de la conduite du voisin, faisait souvent lui-même l'achat des provisions nécessaires au petit ménage de Léonie, en disant à celle-ci que c'était pour obliger Charles et lui éviter la peine d'aller acheter lui-même, qu'il se chargeait de ses commissions. Léonie feignait de croire Justin, mais elle n'était pas constamment dupe de ses mensonges ; et un sourire amer, un soupir qui lui échappait prouvaient qu'elle devinait une partie des obligations qu'elle avait au jeune ouvrier.

Mongérand était de fort mauvaise humeur de n'avoir plus Flore à tromper, Thémire à promener, et la bourse d'un ami à dépenser. Charles s'ennuyait de n'entrer au café que pour lire le journal ou se chauffer au poêle ; il était mécontent de lui, de sa conduite passée, de son oisiveté présente, et il cherchait à s'étourdir, parce que, pour beaucoup de personnes, c'est plus tôt fait que de se corriger.

Un matin Mongérand aborde Charles d'un air plus gai que d'ordinaire ; il a une main sur sa hanche et quelque chose de triomphant dans la physionomie, si bien que Charles lui dit :

— Que t'est-il donc arrivé ? — J'ai obtenu enfin du succès dans mes démarches !... nous sommes placés, mon cher. — Comment... nous !... tous deux ?... — Eh oui ! tous deux... j'ai même encore une place à donner... Quand je m'y mets, moi, ça va bien !... — Et où donc sommes-nous placés ? — Pardieu, dans un orchestre... Vraiment !... à l'Opéra ?... — Pas tout à fait ; mais il faut bien commencer... c'est à la Courtille... au bas de Belleville... au salon des Deux-Amis... où nous déploierons nos talents... — Ah ça ! est-ce que tu es musicien,

toi?... — Ça ne te regarde pas... sois tranquille... je ferai mon affaire...
— Et c'est dans une guinguette? — Eh ben!... qu'importe?... pourvu qu'on nous paye bien... et c'est de ce dont je suis certain... je me suis fait donner des arrhes que nous allons manger sur-le-champ... Suis-moi, des huîtres nous attendent... et tu vas faire connaissance avec le brave homme qui nous procure cette bonne aubaine.

Charles suit Mongérand dans un petit cabaret borgne; ils entrent dans une salle où le couvert est mis et les huîtres ouvertes : là est un vieux bonhomme, tout bourgeonné, tout enluminé, qui est enveloppé dans une mauvaise houppelande noisette couverte de pièces de différentes couleurs.

— Père Duhaut, dit Mongérand en entrant, je vous présente mon ami Charles, le premier violoniste pour la contredanse!

Le vieux bonhomme ôte son chapeau, et salue une table qui est en face de lui.

— Qu'est-ce qu'il fait donc? dit Charles. — Ah! ne fais pas attention, c'est qu'il est aveugle, ce qui ne l'empêche pas de jouer de la clarinette comme un Tyrolien!... Allons, père Duhaut, à table! les huîtres sont servies!

— Ah! volontiers! reprend le père Duhaut en se disposant à s'asseoir sur une pile d'assiettes; mais Mongérand va lui prendre le bras et le conduit à sa place, où le vieux musicien prouve qu'il n'a pas besoin de voir pour manger; car ses mains tâtonnent sans cesse sur la table; et quand il ne trouve plus rien dans les plats, il va tâter dans les assiettes de ses voisins.

— Mon cher Charles, dit Mongérand en versant à plein verre d'un petit vin blanc que les huîtres faisaient passer, tu vois dans le père Duhaut un des meilleurs musiciens de la Courtille; il y a quarante-cinq ans au moins qu'il y fait danser!... n'est-ce pas, vieille clarinette? — Ma foi oui! car j'ai commencé à dix ans environ!... Où est mon verre?... — Là!... vous le tenez... à votre santé! Le père Duhaut est devenu aveugle, mais cela ne lui a rien ôté de ses moyens!... — Ma foi non!... je crois au contraire que cela m'a rendu l'oreille plus juste!... Si bien que le père Duhaut, ayant à juste titre la confiance de tous les traiteurs qui donnent à danser, depuis le Grand-Saint-Martin jusqu'à l'Ile d'Amour, vient de se trouver chargé de reformer l'orchestre du bal des Deux-Amis. — Ma foi oui! parce que les musiciens qui le faisaient, donc que j'en étais aussi, viennent de tomber dans la conscription, eh! eh!... — Comment, est-ce que tu viens aussi de tomber à la conscription, toi, ma pauvre vieille clarinette? — Oh! moi, il y a beaucoup que c'est fini!... Est-ce qu'il n'y a plus d'huîtres? — Non, père Duhaut!... et dans ce moment je vous préviens que vous prenez mes coquilles!... Mais voici des côtelettes de cochons que vous aimez, je pense!... — Ma foi oui!... eh! eh!... je suis bon là, moi!... Enfin, Charles, ayant eu l'occasion de faire la connaissance du respectable père Duhaut, un soir qu'en revenant de la Courtille il s'obstinait à battre son chien qui s'avisait d'être amoureux, je vins à lui parler de toi, de ton rare talent sur le violon, de la manière originale dont tu as arrangé en valse l'air de Trou là là; il désirait te connaître et t'employer; mais je lui avais fait entendre que tu voulais être chef d'orchestre : aujourd'hui il t'offre de conduire la musique des Deux-Amis, dont il fera partie. N'est-ce pas, vieille clarinette, que tu y joueras? — Ma foi oui! d'autant que j'étais libre pour le quart d'heure!... — Prenez garde, père Duhaut, vous mettez vos doigts dans le plat!... — C'est que je cherche mon pain!... — Vous avez tout mangé, mais je vais vous en donner d'autre!... Ah! sacrebleu, il y a une clarinette, le clarinette!... — Ah çà! écoutez, mes enfants! pour faire un bon orchestre il faut être quatre!... — Nous serons quatre! — Une clarinette... — C'est vous. — Une contre-basse. — Je vous l'aurai; j'en ai une dans ma manche, qui sort du Conservatoire. — enfin une grosse caisse. — Oh! je m'en charge!... vous verrez comme j'en joue!... on croira entendre un canon. — Alors c'est convenu!... — Et six francs par personne, n'est-ce pas? — Oui, et vingt sous de plus pour le chef d'orchestre. — C'est très-bien, ma vieille!... Tu m'as déjà donné cent sous, c'est encore quatorze francs que tu nous dois!... — C'est le maître du bal qui payera!... c'est lui qui a bien voulu avancer les cent sous, parce que je lui ai répondu de lui avoir un orchestre pour ce soir!... — Fort bien!... Ah çà, on trouvera là des instruments, j'espère? car chez moi je n'ai pas plus de grosse caisse que de petite!... — La contre-basse et la grosse caisse sont à l'orchestre du bal!... ça n'en sort jamais!... — A la bonne heure; quant à Charles, il apportera son violon!... il en a un de premier choix. — Si nous pouvions faire une petite répétition ce matin? — Non, père Duhaut, c'est égal; des artistes comme nous n'ont pas besoin de répéter! ça ira mieux que nous ne voudrons!... — Ma foi oui, au fait!... Est-ce qu'il n'y a plus rien à manger? — Non, père Duhaut, car, sacrebleu! vous allez comme un requin!... — En ce cas je m'en vais remonter à la Courtille!... avec un compagnon de route!... A ce soir, à six heures... aux Deux-Amis!... — Allez, ma pauvre clarinette, comptez sur nous!...

Le père Duhaut va reprendre son chien et le bras d'un ami, Mongérand sort du cabaret avec Charles; il lui dit en route :
— Eh bien! tu es satisfait, j'espère? — Mais... jouer dans une guinguette... — Eh! sacrebleu, il n'y a pas de petits endroits pour le ta-

lent!... les premiers acteurs dont la scène s'honore ont commencé presque tous à jouer aux petits théâtres des boulevards!... d'ailleurs, nous avions besoin d'argent, cela résume tout!... C'est encore quatorze francs que nous aurons à partager! — Non, puisque là-dessus il faudra payer la contre-basse. — Ah! que tu es toujours bon enfant! tu crois donc qu'on donne comme ça six francs à quelqu'un pour qu'il fasse frou frou sur une grosse corde! pas si bête!... je veux trouver un joueur de contre-basse auquel je donnerai dix sous : ce sera bien assez! — Bah! vraiment?... — Tiens, ce petit bonhomme qui est presque toujours à la porte... qui cire les bottes et fait des commissions, ce sera mon affaire!... nous voici près de lui, tu vas voir que je vais l'enrôler pour dix sous...

Mongérand fait un signe au petit Savoyard qui est assis contre la demeure de Charles; l'enfant se hâte de venir savoir ce qu'on désire de lui.

— Petit, tu fais des commissions, n'est-ce pas? — Oui, moussia. — Mais le soir tu ne dois rien faire, ou ne décrotte plus le soir. — Non, moussia. — Veux-tu ce soir gagner dix sous dans la soirée et peut-être des rafraîchissements en sus? — Oui, moussia, je veux bien. — Tu resteras avec nous depuis six heures du soir jusqu'à minuit. — Oui, moussia; et quoi que je ferai? — Sois tranquille, ce ne sera pas difficile. Sois prêt pour six heures moins un quart, tu suivras monsieur quand il sortira de chez lui. — Oui, moussia. — Adieu, Charles; à ce soir, à notre rendez-vous ordinaire... et n'oublie pas d'amener notre contre-basse avec toi.

Mongérand s'éloigne. Charles remonte chez lui, il est tout guilleret, il se frotte les mains, et en entrant il va sur-le-champ décrocher son violon.

Léonie était levée; depuis trois jours elle commençait à quitter son lit pendant quelques heures; elle se traînait jusqu'à une chaise près de la cheminée, où Justin avait soin que le bois ne manquât pas. Là, la triste convalescente, désolée de ne pouvoir encore se livrer au travail, faisait des projets pour l'époque où elle aurait recouvré ses forces, et, tout en caressant, en embrassant sa fille, parlait sans cesse de son fils.

Léonie remarque l'air joyeux de Charles, elle le voit prendre son violon et lui dit :
— Tu as encore trouvé de l'occupation? — Oui, ma chère amie. — Ah! le ciel prend pitié de nous. — Ce soir je suis chef d'orchestre. — Et où donc? — Dans un bal... — Dans quelle société? — Mais de société... publique... — Et qui t'a procuré cela? — C'est... c'est quelqu'un... que tu ne connais pas.

Charles était embarrassé. Léonie s'en aperçoit, elle cesse alors de questionner son mari. Mais lorsqu'il s'approche d'elle, elle lui dit :
— Tu viens de déjeuner en ville. — Eh bien! après?... — Avec qui? — Ah, morbleu! avec qui!... Qu'est-ce que cela te fait?... je ne puis donc plus accepter une politesse de personne!... — Charles, tu es le maître, mais tu sais qu'il y a une personne que tu ne voulais plus voir... — Allons, en voilà assez, laisse-moi étudier pour ce soir; je conduis un orchestre, et je tiens à ce que ça aille bien.

Léonie se tait; Charles repasse ses contredanses; à cinq heures et demie il se dispose à sortir avec son violon sous son bras; sa femme lui dit :
— Mais tu n'as pas mis de linge blanc... tu ne te brosses même pas... — Oh! je suis assez bien! Adieu; je prends ma clef, car on doit danser jusqu'à minuit... Ne te fatigue pas... couche-toi, dors... ça te fera du bien.

Charles est parti. A la porte de la rue il fait signe au petit Savoyard, qui se met aussitôt à le suivre; et ils ne tardent pas à rejoindre Mongérand, qui s'écrie en les voyant :
— Fort bien... Ah! sacrebleu, avec la vieille clarinette, quel sabbat nous allons faire! — Je ne suis pas aussi tranquille que toi... est-ce que ce petit sait jouer de la contre-basse?... — Quand je te dis qu'il suffit qu'il fasse aller l'archet sur les cordes... n'importe laquelle... crois-tu donc que les gens que nous allons faire danser aient l'oreille délicate?... Je ne l'ai pas vu une fois, mais je l'ai vu dix fois dans les bals de village : la contre-basse tenue par un gamin qui ne se doutait pas de la musique. D'ailleurs ne serai-je pas là avec ma grosse caisse?... je vous étoufferai tous quand vous n'irez pas bien!... zon! zon!... Ah! comme je vais taper dessus! En route. Petit, marche sur nos derrières.

On arrive à la Courtille; le père Duhaut était occupé à battre son chien devant la porte de la guinguette dont il venait de composer l'orchestre.
— Nous voici, ma vieille clarinette, nous allons monter... Etes-vous là tous les trois?... — Oui, oui. — Ce monsieur qui joue de la contre-basse y est? — Eh oui!... nous y sommes tous. — Eh bien, suivez-moi, je connais les êtres.

Le père Duhaut entre et va gagner l'escalier qui mène au salon. Le maître de l'endroit, qui est alors dans son comptoir, lui crie :
— Eh bien! père Duhaut, m'amenez-vous un orchestre? — Oui, oui, tous ces messieurs qui me suivent. — Ah! bon... Tiens, il y a un enfant dans vos messieurs. — C'est un enfant qui a le génie de son art! dit Mongérand en s'approchant fièrement du traiteur, et je crois que vous n'avez pas souvent des artistes comme nous!

— Oh! monsieur, je suis bien tranquille, répond le traiteur, sur qui l'assurance de Mongérand fait de l'effet. Montez...messieurs, et commencez tout de suite, s'il vous plaît; il y a déjà beaucoup de danseurs là-haut.

Nos artistes se rendent dans le salon de danse; un grand orchestre est établi au milieu et pourrait contenir à l'aise dix musiciens, on y monte par un petit escalier de bois adapté derrière. Le père Duhaut y grimpe comme un écureuil. Charles le suit, Mongérand en fait autant en criant au petit bonhomme de monter aussi. Là est suspendu le gros tambour, avec l'énorme tampon qui sert de baguette; une contre-basse est un peu plus loin. Mongérand se promène au milieu de tout cela en disant :

— Ah! sacredié, c'est ici que nous allons nous escrimer!

M. Tigre, le fourreur.

— Ma foi oui, dit le père Duhaut en tirant son instrument de sa poche. Ah ça, mais qu'est-ce que le bourgeois disait donc tout à l'heure?... est-ce que ce monsieur qui joue de la contre-basse a l'air d'un enfant?

— Ah!... de loin... parce qu'il est un peu petit. Accordez-vous, mes amis.

Pendant que le père Duhaut donne le la à Charles, Mongérand place le petit Savoyard contre la contre-basse; il lui met l'archet dans la main et lui dit :

— Tiens, voilà tout ce que tu auras à faire... promener ton archet sur ces cordes... n'importe laquelle... Mais comme il y en a trois, pour que ce soit plus joli, tu joueras tantôt sur l'une, tantôt sur l'autre. — Oui, moussia. — Quand je te regarderai, tu en frotteras deux à la fois... et de toutes tes forces, tu entends? — Oui, moussia. — Essaie un peu devant moi.

Le Savoyard promène son archet sur les cordes de l'instrument; mais, au lieu de les faire résonner avec le crin, c'est du côté du bois qu'il joue, ce qui produit un son infiniment désagréable, au point que les habitués du bal des Deux-Amis, qui n'ont cependant pas les nerfs délicats, se mettent à crier :

— Ah! queue musique de chats!

Mongérand donne un coup de pied au petit bonhomme et lui retourne son archet en lui disant :

— C'est pour t'apprendre à être musicien!... Fais attention, drôle!

Le petit bonhomme se frotte l'endroit corrigé en faisant la grimace; le père Duhaut s'approche en disant :

— Qu'est-ce qu'il y a donc?

— Rien, clarinette, c'est la contre-basse qui s'accorde.

— Ah! voyons... donnez-moi votre la, s'il vous plaît.

Mongérand fait signe au petit de jouer de l'archet, le Savoyard fait par hasard la note qu'on lui demande.

— Vous êtes trop haut, dit l'aveugle.

— Je vais m'asseoir par terre, moussia, répond le petit bonhomme.

— Comment! vous allez vous asseoir... qu'est-ce qu'il dit donc, la contre-basse?... — Allons, père Duhaut, commençons... vous perdez un temps infini à vous accorder, et c'est du luxe ici... on s'impatiente en bas.

En effet, les habitués avaient invité leurs dames, ils se mettaient en place et criaient déjà :

— La musique! la musique!

Le père Duhaut sort un rouleau de musique de sa poche et le présente à Charles en disant :

— Vous allez jouer celles-là, n'est-ce pas?... commencez par le premier quadrille.

— Je ne vais pas jouer ça, répond Charles, je ne lis pas la musique à livre ouvert... il me faudrait huit jours pour les apprendre; je vais vous jouer ce que je sais.

— Ah! ma foi, elle est bonne, celle-là, répond le père Duhaut en frappant du pied avec colère. Comment voulez-vous que je fasse ma partie, si je ne connais pas ce que vous allez jouer?... Comment, un si fameux violon ne sait pas lire la musique?... Si j'avais su cela!

— Allons, vieille clarinette, ne fais pas le méchant! dit Mongérand en forçant l'aveugle à s'asseoir, laisse faire le premier violon; fais ta partie, ou ne la fais pas, je m'en fiche!... mais ne grogne pas, ou je te prendrai pour la grosse caisse.

Le père Duhaut met en grommelant le bec de sa clarinette dans sa bouche. Charles part avec son violon, Mongérand attaque la grosse caisse comme s'il voulait la crever; le petit Savoyard frotte ses trois cordes en regardant Mongérand d'un air effaré. Par bonheur, le père Duhaut se trouve savoir les contredanses que joue Charles, cela lui rend sa bonne humeur; il souffle sa partie de toute la force de ses poumons pour lutter avec Mongérand. Le quadrille s'achève ainsi sans encombre, si ce n'est que les danseurs ont dit quelquefois : — Pas si fort, la grosse caisse! Mais Mongérand, qui est enchanté du bruit qu'il fait et qui s'assourdit lui-même, n'a pas entendu l'observation des danseurs.

Valse de Mongérand et de mademoiselle Flore Tigré sur l'air de Trou là là.

— Eh bien! père Duhaut, je crois que cela a fameusement ronflé! dit Mongérand après la contredanse.

— Oui... je les connais, celles-là... mais la basse fait des boulettes...

— Tant mieux, je voudrais qu'elle nous fît tout de suite une tourte... car j'ai faim, moi. Ah ça, est-ce qu'on ne prodigue pas les rafraîchissements aux musiciens, ici? — Ah! si fait... on a une bouteille pour la soirée. — Une bouteille pour tous? — Ma foi, oui! — C'est généreux... Holà! garçon, du vin, des verres, quatre bouteilles tout de suite!

Le garçon regarde Mongérand avec étonnement et répond :

— Quatre bouteilles... on ne donne jamais cela à la musique. — Donne-nous vite ce que je te demande, joufflu... et ne résonne pas, parce que cela me déplait.

Le garçon va consoler son bourgeois; celui-ci lui dit :

— Porte-leur ce qu'ils demandent; ce qu'ils prennent de trop, je le retiendrai sur leur compte.

On porte du vin à l'orchestre, Mongérand verse; il fait boire le petit Savoyard, le père Duhaut et Charles. Pendant ce temps, le bourgeois est monté dans le salon, il crie aux musiciens :

Laure grandissait : — Pauvre enfant ! disait son oncle, j'étais bien sûr qu'il ne viendrait pas te réclamer.

— Allons donc, l'orchestre... vous vous amusez à boire et vous ne jouez pas ! ce n'est pas ça.

Mongérand se contente de rire au nez du bourgeois, et il donne un coup sur la grosse caisse. C'est le signal pour commencer.

— Quelles contredanses jouez-vous? dit le père Duhaut.

— Les mêmes ! répond Mongérand en remontant fièrement sa cravate jusqu'à son nez. Elles ont été trop bien pour ne pas recommencer. — Oui, s'écrie Charles qui commence à s'échauffer, les mêmes ! avec des variations.

Les mêmes contredanses sont jouées; seulement cette fois le petit Savoyard, qui est déjà étourdi, parce qu'il n'a pas l'habitude de boire du vin, se démène comme un possédé avec son archet, afin de faire plus de bruit; ce qui lui vaut de temps à autre un coup d'œil d'approbation de Mongérand.

Après le quadrille, pendant que la grosse caisse emplit les verres de ses collègues, le bourgeois s'approche de l'orchestre en disant :

— On se plaint que le tambour fait trop de bruit... on n'entend pas les autres instruments.

— Qui est-ce qui se plaint de ça? dit Mongérand en se penchant en dehors de l'orchestre avec son verre à la main.

— Dame, ce sont les danseurs. — Dites-leur de s'occuper de leurs jambes et de nous laisser tranquilles... je vais jouer un peu plus fort, et voilà tout. — Mais permettez, monsieur, il me semble que je suis le maître ici... et quand je vous dis de jouer moins fort, vous devez m'écouter... — Le plus souvent ! nous sommes maîtres dans notre orchestre ; allez donc à votre cuisine, c'est là où vous brillez... A votre santé... cher ami !

Le bourgeois, fort mécontent du ton dont Mongérand lui répond, va dire tout bas à la clarinette :

— Père Duhaut ! vous m'avez amené des musiciens bien récalcitrants... ils ne veulent pas m'écouter.

Mais le père Duhaut, qui est attendri par les fréquentes rasades qu'on lui verse, répond en branlant la tête :

— Ah ! ma foi !... ce sont des artistes bien aimables !... Ils me régalent depuis ce matin !...

— Allons donc, la musique ! crie un petit homme en veste, danseur habitué de l'endroit, qui, pendant les entr'actes de la danse, remue continuellement ses jambes et ses cuisses afin de se tenir en haleine. Ça ne va pas là-haut !... Les musiciens ne font que boire au lieu de jouer.

— Qui est-ce qui a parlé des musiciens ? dit Mongérand en s'asseyant à cheval sur sa grosse caisse. Si on a quelque chose à nous dire, je suis là pour répondre !... et pour taper si c'est nécessaire.

Les gens du bal, danseurs et buveurs, regardent Mongérand avec surprise; des murmures se font entendre; on trouve la conduite de la grosse caisse fort impertinente, et, comme il y a parmi les habitués de l'endroit des gaillards qui ont aussi mauvaise tête que Mongérand, ils parlent déjà de monter à l'orchestre et d'en expulser l'artiste qui semble les narguer. Le père Duhaut, qui entend quelques-uns des propos que l'on échange dans le bal, se dirige à tâtons vers le fond de l'orchestre et dit au petit Savoyard : — Il ne faut pas comme ça prendre la mouche et provoquer les danseurs... ici il ne fait pas bon les mettre en colère !...

— Moi, moussia, je n'ai pas pris de mouches du tout !... J'ai bu les deux verres qu'on m'a versa. — Qui est-ce qui est donc là? s'écrie l'aveugle en frappant du pied, est-ce qu'on laisse monter des étrangers dans notre orchestre ?

Le maître de l'endroit s'efforce de calmer le public et de faire croire qu'en disant : Je suis là pour taper, le musicien ne voulait parler que de sa grosse caisse. Cette explication apaise les esprits ; et le bourgeois, saisissant cet instant, court contre l'orchestre et dit à Charles :

— Monsieur le premier violon, je vous somme de commencer tout de suite la contredanse.

Charles juge prudent de faire ce qu'on lui commande, car les regards des danseurs n'ont rien de rassurant. Il prend son violon en disant au père Duhaut :

— La même avec d'autres variations !

Charles vient de recevoir l'aumône des mains de sa fille.

Le quadrille est commencé ; Mongérand est resté à cheval sur son instrument, ce qui ne l'empêche pas de faire sa partie en tapant avec grâce entre ses jambes. Mais à peine la seconde figure est-elle achevée que plusieurs danseurs s'écrient : — Ah çà ! c'est toujours les mêmes airs !... Est-ce qu'ils se moquent de nous là-haut?... Ohé !... l'orchestre !... d'autres contredanses... et plus vite que ça !... Du nouveau... du gentil !...

— Oui, du fignolé !... dit le petit homme en veste. Est-ce qu'ils croient que nous ne saurons pas les danser donc !... — Allons, jouons d'autres contredanses.

Charles s'est arrêté, il se tourne vers le père Duhaut, qui est fort occupé de chercher son verre, qu'il ne trouve plus par terre, parce que la petite contre-basse s'est permis pendant un *tacet* de prendre et de vider le verre de la clarinette.

— Te voilà bien embarrassé! dit Mongérand, joue-leur *Trou là là !*... — Oh, non, je sais d'autres contredanses... Mais saurez-vous faire votre partie? — Va donc! va donc! je suis sûr de ma partie, moi. — Et vous, père Duhaut?

— Je l'avais mis sous ma chaise et je ne trouve plus rien!... répond l'aveugle en continuant de chercher. Charles ne veut pas faire attendre davantage les danseurs, il attaque un autre quadrille; Mongérand va son train avec son instrument; le petit Savoyard, qui est tout étourdi, n'a plus la force de faire aller son archet; le père Duhaut embouche sa clarinette; mais, ne connaissant pas ce que joue Charles, il fait à tort et à travers de petits agréments qui ne vont pas du tout avec ce qu'exécute le violon. Charles a les oreilles déchirées; il regarde l'aveugle avec colère en disant : — Ça ne va pas!... taisez-vous plutôt. Mais le père Duhaut veut absolument accompagner. Charles n'y tient plus; il s'arrête, la clarinette l'imite; la contre-basse s'est endormie; Mongérand continue seul, et les danseurs sont réduits à figurer sur des *solo* de grosse caisse.

Une rumeur générale s'élève dans le bal; tous les regards se portent sur l'orchestre; un garçon boucher des environs crie à Mongérand :

— Dis donc, grand cygne !... au lieu de t'amuser à jouer en Bacchus sur ton tambour, tâche de te taire et de laisser faire le violon et la clarinette, crincrin!... est-ce que tu dors?

— Je suis ici pour jouer de la grosse caisse et je ne me tairai pas, répond Mongérand en ajoutant aux coups de tampon des coups de pied sur les cercles du tambour.

— A la porte la grosse caisse!
— A la porte l'insolent!
— A bas la musique !... ils ne savent pas jouer!...

Ces cris sont accompagnés de gestes menaçants, de juremens, de trépignemens; on entoure l'orchestre, on bat la semelle dessus. Charles a mis son violon sous son bras, l'aveugle tâtonne pour retrouver l'escalier; le petit Savoyard, que le bruit a éveillé, se cache derrière la contre-basse; Mongérand continue de taper sur son instrument en chantant :

V'là le bastringue qui va commencer!

Le bourgeois est venu, il se fait jour à travers la foule, s'approche de l'orchestre et crie à Mongérand :

— Je vous défends de continuer à jouer de cet instrument, et je vous ordonne de vous retirer.

— Ah! tu ne veux plus que je joue sur ta grosse caisse! répond Mongérand, eh bien! un autre n'en jouera pas non plus!

En disant cela, l'ancien hussard donne un si vigoureux coup de talon dans le gros tambour que la peau d'un côté est crevée; et presque au même instant, faisant volte-face, d'un second coup de pied il perce l'autre côté de l'instrument.

Un cri général s'élève dans le salon : les habitués du bal et le maître lui-même ne se possèdent plus; les uns veulent monter à l'assaut par le devant de l'orchestre, les autres essaient d'y pénétrer par le petit escalier de derrière; Mongérand fait face à tout par-devant, se servant de la carcasse de la grosse caisse comme d'une massue; il repousse et culbute ceux qui essaient de monter; il crie à Charles : — Défends l'autre côté! mets la contre-basse pour barricade et le père Duhaut pour cheval de frise!

Charles essaie bien de disputer le passage de l'escalier, mais le père Duhaut ne veut pas servir de cheval de frise. Les assaillans, culbutés par-devant, se portent en masse par derrière; la contre-basse est brisée; Mongérand saisit le père Duhaut par le bras, le pousse devant l'escalier en lui disant : — Soutenez le choc! L'aveugle crie, beugle en tapant indistinctement autour de lui; l'escalier est envahi, le père Duhaut repoussé, l'orchestre forcé, et Mongérand ainsi que Charles arrêtés au moment où le petit Savoyard, qui a enjambé par-dessus un des côtés de l'orchestre, se laisse couler en bas.

Les garçons marchands de vin avaient été requérir la force armée pour que l'on arrêtât les perturbateurs; la garde est arrivée, un caporal fait saisir Charles et Mongérand, on les entraîne au poste pendant que le petit Savoyard, se faufilant à travers la foule, gagne la porte et se sauve.

CHAPITRE XXIII. — Il vient trop tard.

Il n'était que neuf heures du soir : Léonie était couchée, mais elle ne dormait pas. La petite Laure voulait veiller encore, parce que son ami Justin était là, et que, tout en la faisant sauter sur ses genoux, il lui contait des histoires qui l'amusaient beaucoup.

Justin ne se lassait pas de conter pour amuser l'enfant et demeurer plus longtemps près de sa mère; Léonie écoutait d'un air distrait, souriait quelquefois, et plus souvent soupirait.

Le jeune homme, qui, tout en parlant à Laure, suivait tous les mouvemens de Léonie, lui dit bientôt :

— Est-ce que vous vous sentez plus mal ce soir, madame, vous semblez oppressée?

— Non... non, monsieur Justin, je suis bien... mais mon mari ne m'a pas dit dans quel quartier il allait... s'il lui arrivait quelque chose... je ne saurais pas!... — Eh! madame, pourquoi donc vous inquiéter d'avance?... il n'arrivera rien à votre mari... il est sage, raisonnable maintenant... il doit faire tous ses efforts pour vous rendre heureuse... Ah! il doit être si fier... si heureux, lui, de vous avoir pour femme!...

— Vous croyez, monsieur Justin, vous me jugez avec trop d'indulgence!... Vous ne savez pas qu'un mari trouve tout naturel chez sa femme ce que vous voulez bien nommer des qualités... leur présence ne le frappe pas, ce n'est que leur absence qu'il remarque... Quand vous serez marié, vous serez peut-être comme cela aussi.

— Je vous ai déjà dit, madame, que je ne me marierais jamais!...

— A votre âge c'est une folie de dire cela!... — Oh! non, car... je ne trouverai jamais une femme comme... une femme que...

Justin n'ose achever sa pensée; il baisse les yeux et garde le silence. Léonie s'écrie au bout d'un moment :

— Que mes forces reviennent lentement!... Mon Dieu! quand donc pourrai-je aller embrasser mon fils! Monsieur Justin, irez-vous bientôt à Gagny voir votre tante?...

— J'irai... quand vous le voudrez, madame. — Ah! je voudrais que ce fût bientôt alors! mais je crains de vous faire perdre votre temps!... — Il n'est pas perdu si je vous suis utile... Comment donc ai-je mérité un si entier dévouement?... il y a si peu de temps que vous me connaissez!... — Longtemps avant de vous parler, je vous connaissais, madame, du moins je vous voyais... par ma fenêtre... et il me semble qu'il y a des amitiés qui n'ont pas besoin d'être anciennes pour être fortes... — Oh! oui, le temps ne fait rien aux sentimens... car il y a beaucoup d'anciens amis sur lesquels on ne peut pas compter!... Laure, laisse notre voisin rentrer chez lui... voici l'heure de te coucher, ma fille... et je pense qu'il est inutile que j'attende ton père... il reviendra tard, sans doute!... — Maman, je n'ai pas envie de dormir... Encore une petite histoire, monsieur Justin?...

Justin ne demande pas mieux, il va commencer, lorsqu'on frappe à la porte.

— On a frappé! dit Léonie avec un sentiment d'effroi. Ce ne peut être déjà Charles!... d'ailleurs il a sa clef; voulez-vous voir, monsieur Justin?...

Le jeune ouvrier va ouvrir; un petit Savoyard se montre sur le carré.

— C'est un enfant, dit Justin. — Ah! c'est le petit qui se place toujours à notre porte! s'écrie Laure. — En effet, reprend Justin, je le reconnais... c'est le petit Savoyard d'en bas!... Eh bien!... que veux-tu?... Que demandes-tu?

— Je viens chercher mes dix sous! répond le petit sans avancer. — Ses dix sous! que veut-il dire?... voyons, entre et explique-toi!...

Le petit Savoyard se décide à entrer, et Léonie lui fait signe d'approcher d'elle.

— Tu demandes dix sous, qui donc te doit cela ici? — Dame... c'est moussia vot'mari... le portier m'a dit que c'était ici où que demeura moussia Charles... Je connais bien moussia Charles! je le vois tous les jours sortir et entrer!... — Oui, sans doute, M. Charles, c'est mon mari, et c'est ici qu'il demeure... S'il te doit, je vais te payer!... Mais pourquoi viens-tu si tard demander ton argent?... — Ah! c'est que je reviens de là-bas... d'où ce que votra mari m'avait emmené avec un autre moussia de ses amis, qui était le commandant de la musique du bal! — Que dit-il?... Mon mari t'avait emmené ce soir avec lui? — Oui, madame, et on devait me donner dix sous pour que je sois sur un gros instrument... une bassa qu'ils appellent ça!... je devais jouer jusqu'à minuit; mais comme on s'est battu au lieu de danser, je me suis sauvé pendant qu'ils se tapaient.

— Mon Dieu! monsieur Justin, quel malheur cet enfant vient-il encore m'apprendre!... — Calmez-vous, madame, ce petit ne sait ce qu'il dit peut-être... — Oh!... que si que je sais bien ce que je dis!... puisque j'ai manqué d'être battu aussi moi!... — On s'est battu! Mais d'où viens-tu? où as-tu laissé mon mari? — Je viens de la Courtille... après la barrière de Belleville... dans un bien joli endroit où il faisait bien chaud, et où l'on boit du vin, et où l'on dansa!... — Et mon mari faisait danser? — Oui, madame; il jouait du petit violon, un vieux qui ne voit pas clair faisa la flûte, le moussia ami de moussia Charles tapait sur un tambour, et moi je frotta les cordes d'un gros violon qui était bien dur!... — Et pourquoi s'est-on battu? — Ah! je sais pas! Mais mon mari ne se mêlait pas dans cette affaire au moins? — Oh! bien au contraire! c'est moussia Charles et son ami qui se battaient le plus! le vieux moussia de la flûte, il criait!... il voulait pas être tapé lui!... — Ah! grand Dieu!... qu'a-t-il donc fait encore!... Mais où as-tu laissé mon mari?... que faisait-il quand tu es parti?... parle, réponds!...

— Dame, quand je chercha à partir, la garde était venue, et on arrêtait moussia Charles comme je sortais!...

— Arrêté!... Charles!... ah, mon Dieu!... qu'avait-il donc fait?...

Léonie a laissé retomber sa tête sur son oreiller, elle semble avoir perdu tout sentiment; Laure prend le bras de sa mère, elle grimpe après le lit pour atteindre à son visage en s'écriant : — Maman! maman!... ne te fais donc pas de chagrin!...

Justin s'efforce de rassurer, de ranimer Léonie, et maudit le petit garçon qui vient d'apporter cette triste nouvelle. Le Savoyard reste immobile au milieu de la chambre en murmurant :

— Dame! je croyais que cette dame serait bien aise de savoir qu'on avait arrêté son mari!...

Léonie fait un dernier effort; elle rassemble ses forces et dit à Justin : — Encore un service! par grâce, allez avec cet enfant! qu'il vous conduise où était mon mari, vous saurez ce qu'il a fait... ce qui est cause qu'on l'a arrêté... vous tâcherez de le voir... de le délivrer... Allez... je compte les moments!...

— Ah! madame, je suis prêt à faire tout ce que vous voudrez! mais puis-je vous laisser seule en ce moment!... dans l'état où vous êtes... laissez-moi appeler quelqu'un! — Non, non, je n'ai besoin de rien, que d'apprendre des nouvelles de mon mari! Allez... ah! ne tardez plus!... — Vous le voulez!... je pars. Viens, petit; viens, conduismoi!...

Justin s'éloigne avec le petit Savoyard; Léonie reste seule avec sa fille, qu'elle serre dans ses bras en répétant : — O ma pauvre Laure! ton père est arrêté!... ce dernier malheur nous manquait... je ne pourrai le supporter!...

La petite Laure tâche de consoler sa mère, mais Léonie se livre aux conjectures les plus effrayantes; son esprit déjà malade a été tellement frappé de ce nouvel incident, qu'elle perd tout espoir, tout courage, et chaque instant qui s'écoule ajoute à ses terreurs.

Onze heures ont sonné, Justin n'est pas encore de retour. Léonie ne parle plus, elle écoute, elle attend... sa respiration est courte, oppressée... elle n'entend même plus les douces paroles de sa fille, qui combat le sommeil qui l'accable pour tenir compagnie à sa mère. Une demi-heure s'écoule encore dans cette cruelle situation, enfin on monte précipitamment l'escalier, on ouvre la porte.... c'est Justin... mais il est seul.

Léonie pousse un faible gémissement et laisse retomber sa tête en arrière.

— Rassurez-vous, madame, s'écrie Justin en s'approchant du lit, monsieur Charles ne court aucun danger! je l'ai vu... je lui ai parlé... Demain... demain matin il vous sera rendu, on me l'a juré!...

— Est-il bien vrai?... ne me trompez-vous pas? — Non, madame. Le sujet de cette affaire n'est pas de chose... ce monsieur Mongérand, qui était avec votre mari, a, de l'orchestre où il jouait, insulté, provoqué quelques danseurs, puis crevé le gros tambour!... de là dispute, bataille, mais rien de grave, rien d'alarmant. Je suis allé au corps de garde où l'on retient votre mari, j'en ai répondu, j'ai donné mon adresse, j'ai offert au marchand de vin de payer ce qu'on a brisé; le chef du poste m'a dit qu'il ne pouvait encore laisser sortir M. Charles ce soir, mais que demain il serait libre!...

— Et tout cela est bien vrai, n'est-ce pas, Justin? — Je vous le jure sur l'honneur! — O mon Dieu!... quel mal j'ai éprouvé!... Et ma fille, ma pauvre fille, qui ne s'est pas couchée pour essayer de me consoler! Va, chère enfant, va te mettre au lit... Attends, que je t'embrasse encore!... — Tu ne pleureras plus, maman? — Non, chère Laure. — Tu vas dormir aussi? — Oui.

Laure se couche, Justin aide la petite à se mettre au lit; puis il dit à Léonie, dont les traits sont bouleversés par les événements de la soirée : — Comment vous sentez-vous maintenant, madame? — Ah! j'ai bien souffert!... au cœur... à la poitrine... partout... mais cela se passera. — Vous souffrez encore, je le vois, madame!... voulez-vous à votre tour m'accorder une grâce? — Une grâce, moi... Justin!... — Hélas!... que puis-je donc pour vous? — Me permettre de veiller cette nuit près de vous, de rester là-bas... sur cette chaise!... Vous êtes malade, si je vous savais seule, sans secours, je ne goûterais aucun repos?... Ici, je serai plus tranquille... Je dois répondre de vous à votre mari!... Madame, vous ne refusez pas!...

Léonie est quelques instants sans répondre; enfin elle murmure d'une voix dont l'accent a quelque chose de solennel : — Eh bien! oui... cette nuit... restez près de moi.

Léonie semble accablée, elle referme les yeux. Justin, satisfait de ne pas s'éloigner d'elle, va s'asseoir sur une chaise à quelques pas du lit; il place la lampe de manière que la lumière ne puisse gêner la malade, et s'abandonne à ses réflexions, relevant quelquefois la tête pour écouter si l'on dort et cherchant à entendre la respiration de Léonie.

Il est trois heures du matin; le calme qui jusque-là a régné dans la chambre est interrompu par des gémissements sourds qui échappent à Léonie, Justin s'approche d'elle en lui disant :

— Qu'avez-vous?

— Je me sens bien mal, répond la jeune femme d'une voix éteinte, l'événement de ce soir m'a tuée... je n'ai pas eu la force de le supporter. — Ah! madame, vous vous trouvez mal!... je vais chercher du secours... un médecin... — N'y allez pas, Justin... il viendrait trop tard... restez près de moi... que je vous parle encore... tant que j'en

aurai la force... — Oh! vous n'allez pas mourir... ne pensez pas à cela... — Non, madame, non, vous ne mourrez pas... Oh! ne me dites pas cela!... — Justin... un médecin serait inutile... et tous les secours aussi... C'est ma vie qui s'éteint... je le sens bien... — Madame!... par pitié!... Oh! tenez... je saurai bien vous secourir, moi... vous donner tout ce qu'il vous faut... Oh! ce n'est rien... une faiblesse... mais mourir... vous!... Est-ce cela se peut!...

Et Justin court comme un fou dans la chambre, cherchant dans les fioles, dans les potions dont Léonie prenait habituellement; puis il revient se jeter à genoux devant le lit, baignant de ses pleurs la main de la jeune femme.

— Justin!... vous me pleurez, vous... Et ma fille... elle dort... Ah! il ne faut pas l'éveiller. Laure!... Félix!... vous ne les abandonnerez pas, n'est-ce pas, Justin?... — Mais, madame, vous n'allez pas mourir... Oh! dites-moi que vous n'allez pas mourir! — Charles reviendra trop tard!... Justin! je vous remercie de tout ce que vous avez fait pour moi... J'aurais bien voulu revoir, embrasser mon fils... mon pauvre Félix!... Il n'est plus malade... n'est-ce pas?... vous me l'avez dit... Pourtant... je veux encore prier Dieu pour lui...

La voix de Léonie s'éteignait; bientôt elle cesse d'être intelligible, puis nul son ne se fait entendre, et la main que tenait Justin devient immobile et glacée.

Le jeune ouvrier reste bien longtemps à genoux devant ce lit de douleur; il tient toujours dans ses mains la main de Léonie, il la presse, la couvre de baisers, de larmes, mais il ne peut la réchauffer; il appelait encore Léonie, que depuis longtemps elle ne pouvait plus l'entendre; enfin un sombre abattement se peint dans les yeux de Justin, il s'écrie :

— Elle est morte!... et morte malheureuse!... O mon Dieu! que ferai-je maintenant que je ne la verrai plus?

Justin frappe son front sur les barres du lit, il sanglote, il reste là jusqu'au jour; tandis que Laure, ignorant la perte qu'elle vient de faire, goûte, à quelques pas de lui, un sommeil paisible et doux.

Il fait jour depuis assez longtemps, lorsqu'on ouvre la porte du carré. C'est Charles que le chef du poste a enfin laissé libre. Il entre doucement, croyant que sa femme dort encore... Il aperçoit Justin à genoux, le front appuyé sur le bord du lit... et il voit enfin sa femme...

Charles doute d'abord de l'affreuse vérité; mais lorsqu'elle lui est prouvée, il se livre au plus violent désespoir, il éclate en reproches contre le destin, contre lui-même. Justin est obligé d'oublier sa propre douleur pour tâcher d'apaiser la sienne :

— Vous réveillez votre fille, dit-il, songez que la pauvre petite n'a plus que vous!

Laure ouvrait les yeux, et son premier mot est pour appeler sa mère. Justin prend la petite dans ses bras; il veut lui dérober un spectacle trop déchirant, il l'emporte chez lui; mais Laure demande toujours sa mère; elle entend les gémissements de son père, et sa raison, mûrie avant l'âge, lui fait comprendre l'étendue de la perte qu'elle a faite. Ne pouvant parvenir à la calmer, Justin va supplier Charles de rester près de sa fille, seul il veillera à côté de Léonie, seul encore il se chargera de lui faire rendre les derniers devoirs; car Charles n'en aurait ni le courage ni les moyens; mais l'amitié de Justin ne faiblit pas au jour du malheur; il semble au contraire qu'elle prenne de nouvelles forces, et cependant son cœur n'est pas le moins brisé.

Cinq jours se sont écoulés depuis la mort de Léonie. Charles et sa fille sont toujours restés chez Justin, ils n'ont pas encore eu le courage de rentrer dans cette chambre, où ils chercheront en vain l'une sa mère, l'autre une mère; cependant Charles, qui craint d'abuser de la complaisance du jeune ouvrier, se décide un matin à retourner dans son logement.

A l'aspect des lieux où il vit sa femme pour la dernière fois, Charles sent ses forces l'abandonner, il se laisse tomber sur une chaise. Laure, qui a suivi son père, marche avec précaution comme si elle craignait encore de réveiller sa mère; elle croit que le passé n'est qu'un songe; elle court au lit regarder derrière les rideaux... Alors seulement ses sanglots éclatent et elle s'écrie :

— Elle ne reviendra donc plus!

Justin n'a pas la force de les consoler; il ne peut parler, et cependant depuis la mort de Léonie il est venu tous les matins revoir les lieux qu'elle habitait.

On passe de bien tristes journées dans la mansarde qu'une femme douce et belle n'habite plus. La présence de la personne que nous aimons suffit pour jeter du bonheur, de la vie, de la lumière sur tout ce qui nous environne. C'est le fanal qui éclaire le voyageur; lorsqu'il s'éteint, tout est tristesse et obscurité. Charles se laisse aller à une morne apathie, lorsqu'il regarde sa fille, son front devient encore plus soucieux, il frémit pour l'avenir de son enfant. C'est Justin qui a soin du petit ménage, c'est lui qui travaille, nourrit, console; mais Charles se dit quelquefois :

— Cela ne peut toujours durer ainsi.

Il y a trois semaines que Léonie n'est plus, lorsqu'un matin on frappe fortement à la porte de Charles.

Il ouvre : c'est un homme jeune encore, mais dont le teint fortement basané semble brûlé par le soleil; sa physionomie un peu dure n'est cependant pas sans charme. Sa mise est simple, mais annonce l'aisance ; il entre brusquement dans la chambre en disant :

— N'est-ce pas ici que demeure madame Charles Darvillé ?

Charles regarde l'étranger avec surprise en murmurant : — Madame... Darvillé... vous demandez... Léonie...

— Eh ! oui, sans doute ! je demande Léonie, ma bonne Léonie, ma sœur, que je n'ai pas vue depuis bien longtemps !...

— Votre sœur... quoi ! monsieur... vous seriez... — Adrien Formerey... le frère de Léonie... dont elle a dû vous parler quelquefois, si, comme je le pense, vous êtes son mari... — Oh ! oui, monsieur... oui, elle me parlait souvent de vous !... elle ne vous avait pas oublié !... — Mais où donc est-elle ?... je brûle de l'embrasser... Eh bien !... pourquoi ce silence ?... — Léonie n'est plus... il y a trois semaines... que je l'ai perdue... — Ah ! mon Dieu !... morte !... ma pauvre sœur !

Adrien porte son mouchoir sur ses yeux, il garde quelques minutes le silence. Enfin il reprend en promenant ses regards autour de lui : — Léonie est morte... et de chagrin... de misère peut-être... car je suis tout, monsieur : en revenant en France, pour m'y fixer désormais, je me suis informé de ma sœur, de son mari... de tout ce qu'il avait fait ; et ce que j'ai appris n'est pas à votre louange !... le misérable réduit dans lequel on l'a trouvée morte me prouve qu'on ne m'a pas trompé... Monsieur Darvillé, vous ne vous êtes pas rappelé qu'on vous avait confié le bonheur, l'avenir d'une femme douée de toutes les vertus !... Mais à quoi bon les reproches ?... ma pauvre sœur !... je suis arrivé trop tard !... Vous aviez des enfants, m'a-t-on dit ?...

— J'ai perdu mon fils, répond Charles, qui n'ose plus lever les yeux sur Adrien, je n'ai plus qu'une fille qui a près de six ans. — Où donc est-elle ?

La petite Laure, que la présence de l'étranger avait effrayée, était allée se cacher dans un coin ; son père va l'y chercher et l'amène devant son oncle, qui la regarde, puis la prend dans ses bras, et la couvre de baisers en lui disant :

— Je suis ton oncle... je serai ton père aussi... Oui, tu as tous les traits de ma pauvre sœur... tu m'aimeras, n'est-ce pas ? car je t'aimerai bien, moi.

— Oui, monsieur... — Appelle-moi ton oncle. — Oui, mon oncle, répond Laure déjà rassurée et mieux prévenue pour l'étranger, car les enfants se laissent facilement séduire par des caresses.

Adrien, après avoir encore embrassé Laure, la pose à terre et dit à Charles en conservant toujours un ton vif et bref :

— Monsieur Darvillé, j'ai couru longtemps le monde ; je voulais faire une brillante fortune, je pensais qu'il fallait se donner quelque peine pour cela. Le sort m'a d'abord favorisé, puis le naufrage de mes marchandises a trompé mon espoir. Enfin, avec le dernier héritage de mon oncle, j'ai amassé en peu de temps cinq mille livres de rente ; c'est peu de chose... mais c'est de quoi exister sans avoir besoin des secours de personne. Craignant de nouveaux revers... moins ambitieux, et peut-être fatigué de cette vie errante, je reviens me fixer en France. J'espérais y trouver ma sœur... elle n'est plus... Je sais que depuis plusieurs années vous ne faites rien... ma pauvre Léonie est morte dans un grenier... Est-ce ici que vous comptez élever votre fille ?... — Monsieur... je vous parle durement peut-être, mais je n'ai jamais su faire des phrases, je viens au fait : avez-vous maintenant du travail... un emploi ? — Non, monsieur... Et cette enfant, que deviendrait-elle donc ? il ne faut pas cependant qu'elle soit malheureuse comme sa mère. Voici ce que je vous propose : vous allez me donner Laure... mais me la donner entièrement... m'abandonner tous vos droits sur elle... je n'en veux user, moi, que pour faire son bonheur. Je m'engage dès aujourd'hui à ce que, pour laisser à ma nièce tout ce que je possède, et à lui donner les deux tiers de mon bien en la mariant... — Ah ! monsieur, que de bontés !... — Je ne mets à cela qu'une condition... c'est que... vous ne viendrez pas même voir votre fille ; car, je ne veux le cacher pas, la vue de l'homme qui a rendu ma sœur si malheureuse me fait mal ; et je ne vois pas la nécessité de conserver aucune relation avec vous !... — Quoi ! monsieur, me priver pour toujours de ma fille... c'est là que je comptais me retirer, c'est là que je conduirai ma nièce et me livrerai entièrement aux soins de son éducation. Faites vos réflexions, je reviendrai ce soir connaître votre réponse.

Adrien presse encore la petite Laure dans ses bras, il fait un salut de tête à Charles, et sort brusquement en répétant :

— A ce soir.

Charles demeure triste et pensif sur sa chaise, son cœur se serre en regardant sa fille ; mais il se dit :

— C'est pour son bonheur... Justin ne peut pas toujours avoir soin de nous... et d'ailleurs, si en effet mon beau-frère me donne les moyens de faire quelque chose, je suis bien sûr que je m'enrichirai !... on n'a pas toujours du guignon... Alors je reviendrai réclamer ma fille, et il me la rendra... et je lui donnerai pour dot tout ce que j'aurai amassé... car je ne tiens pas à l'argent, moi ! que ma fille soit heureuse, c'est tout ce que je veux !

Dans l'après-diner Justin revient ; Charles lui fait part de la visite qu'il a reçue et de la proposition de son beau-frère. Le jeune ouvrier laisse échapper un cri de joie en apprenant un événement si heureux pour Charles ; il court la prendre dans ses bras, l'embrasse en disant : — Pauvre petite ! je ne te verrai plus, mais tu seras heureuse ; ton avenir est assuré, et il me semble que l'ombre de ta mère en tressaille de plaisir !... Monsieur Charles, vous avez consenti, n'est-ce pas ?...

— C'est ce soir que l'oncle de Laure viendra savoir ma réponse... Justin, croyez-vous qu'il ne m'en coûte pas de me séparer de ma fille ?... c'est tout ce qui me reste !... — Oh ! oui, monsieur, je sens que cela doit être cruel !... Pourtant l'idée qu'elle ne manquera plus de rien, qu'elle recevra une éducation... que vous ne pourriez lui donner, cette pensée doit adoucir votre chagrin. — Sans doute... et d'ailleurs comme mon beau-frère s'engage à me rendre ma fille dès que j'aurai de quoi l'établir, je me flatte que je la reprendrai bientôt.

La petite Laure écoutait ce qu'on disait, mais elle ne comprenait pas ce qu'on voulait faire ; son père l'appelle et lui dit : — Ma fille, tu vas me quitter pour aller demeurer avec ton oncle... et monsieur qui est venu ce matin...

— Je ne veux pas te quitter ! répond Laure en passant ses petits bras autour du cou de son père.

— Ma chère amie, tu seras bien heureuse... ton oncle te donnera tout ce que tu voudras... tu habiteras une jolie maison... il y aura un beau jardin où tu pourras courir et t'amuser.

— Je ne veux pas te quitter ! répète Laure en se serrant plus fort contre son père.

— Laure, dit Justin, vous êtes déjà raisonnable... et vous aimez beaucoup votre maman... si elle vivait, elle serait bien contente de vous voir aller avec votre oncle... mais d'où elle est maintenant elle doit le désirer aussi. — Ah !... ça fera donc encore plaisir à maman ?... — Oui.

La petite ne dit plus rien ; elle a le cœur gros et ne peut pleurer. Le soir est venu, et le frère de Léonie ne se fait pas attendre.

— Eh bien, dit-il à Charles, que décidez-vous ? — Emmenez-la, monsieur... j'y consens à tout. — C'est bien... soyez certain que je ferai tout pour lui assurer un sort heureux. Tenez, monsieur, prenez ce portefeuille... il y a trois mille francs dedans... je n'en avais pas tant quand j'ai commencé mes voyages... Si vous m'en croyez vous irez à New-York ou à Batavia ; c'est par là qu'on peut recommencer sa fortune... Allons, ma petite Laure, viens... nous allons partir.— Quoi ! monsieur, déjà ! s'écrie Charles. — Eh ! à quoi bon différer ? une voiture nous attend... Quel est ce jeune homme qui pleure là-bas ? — Un jeune ouvrier qui nous a témoigné le plus sincère attachement ; pendant la maladie de Léonie, c'est lui qui pourvoyait à tous nos besoins... Depuis sa mort, c'est encore lui à qui nous devons tout.

Adrien s'approche de Justin, il lui tend la main et serre la sienne avec force en disant : — Pour de tels services il n'y a pas de remerciements... Quand vous voudrez voir Laure, venez à Pierrefitte chez Adrien Formerey, vous y serez toujours bien reçu... Allons, ma nièce, partons.

Laure embrassait son père en pleurant ; elle ne pouvait se résoudre à s'en séparer. Justin va la prendre par le bras, il la conduit à son oncle en lui disant tout bas :

— Pensez à votre mère ! et la pauvre enfant se laisse emmener par Adrien.

Charles passe une partie de la soirée à gémir, puis à faire des projets pour l'avenir. Justin lui tient compagnie plutôt par souvenir pour sa femme que par amitié pour lui ; car Justin ne pouvait voir d'attachement pour l'homme qui avait rendu Léonie malheureuse.

Le lendemain Justin est parti pour son travail après avoir dit à Charles : — Croyez-moi, monsieur, suivez le conseil de votre beau-frère, passez aux Indes ou en Amérique... d'abord cela vous distraira de vos chagrins ; ensuite par là vous ne serez pas exposé à rencontrer des gens qui vous donneraient d'autres idées.

Charles sort bientôt en se disant : — Au fait, on ne doit pas toujours se désoler, ça mène à rien... il faut que je fasse une fortune honnête... Allons retenir une place pour le Havre, d'où je m'embarquerai pour les Indes.

Charles n'a pas fait deux cents pas hors de chez lui qu'il se sent saisi par le bras ; c'est Mongérand, qui a un chapeau à la mode, une redingote neuve, et qui s'écrie en l'arrêtant :

— Ah ! te voilà ! sacredié c'est bien heureux !... il y a huit jours que je te guette ; j'ai cru que tu voulais vivre comme les taupes, ne plus mettre le nez à l'air... — Ah ! Mongérand... j'ai éprouvé bien des chagrins depuis que nous ne nous sommes vus !... — Moi, c'est le contraire, je n'ai eu que des prospérités !... — Ma pauvre femme est morte !... — Ça t'afflige, je le conçois... mais la mienne est morte

aussi, et c'est ce qui me réjouit !... — Ah ! Léonie était si bonne !...
— C'est juste... vous vous conveniez... tu l'adorais, et tu avais raison ; mais enfin tu l'as rendue aussi heureuse que possible... tu as toujours bien agi avec elle, par conséquent tu n'as pas de reproches à te faire... et quand tu pleurerais dix ans, ça ne la ferait pas revenir. Moi, je détestais mon épouse, qui me le rendait bien... je ne peux donc pas la regretter... Ce que je regrette, c'est qu'elle ne soit pas morte quelques mois plus tôt, parce qu'alors j'aurais épousé Flore Tigré, qui aujourd'hui est femme d'un fabricant de chandelles... mais j'en trouverai !... et comme ma défunte a laissé une petite somme gentillette... deux cents louis qu'elle n'a pas eu le temps de donner à d'autres avant de mourir, c'est moi qui ai touché ce doux fruit de ses économies... Je suis en fonds, je suis veuf ! et si je n'étais pas content, j'aurais le caractère bien mal fait !

— Le frère de ma femme, qui est revenu en France, m'a offert de prendre ma fille avec lui... de la faire son héritière. J'y ai consenti.

— Tu as bien fait, te voilà libre comme l'air ; je t'associe à ma fortune. — Mon beau-frère, qui a voulu aussi me mettre à même de faire quelque chose, m'a forcé d'accepter mille écus... — Tu as mille écus !... moi deux cents louis !... Cher ami, nous voilà deux des plus beaux partis de France !... — Oh ! je veux absolument gagner de l'argent pour revenir réclamer ma fille... je veux quitter Paris... passer aux Indes...

— Ah, bigre !... comme tu y vas ! Voyageons, soit ; mais tout de suite aux Indes !... Il y fait un peu chaud !... Crois-moi, allons d'abord en Angleterre ; j'ai dans l'idée que je tournerai la tête à quelque lady ; elle aura un million, elle m'épousera, je t'en donnerai la moitié, et tu n'auras pas besoin de faire le saut du Niagara. — Mais... en Angleterre... que ferais-je là ?.. — Tu mangeras du plum pudding. — Pourtant... je voudrais... — Nous irons où tu voudras après... Un petit voyage en Angleterre, ça ne peut pas faire de mal !... Allons, Charles, tu vois que je suis bon enfant ; j'espère que tu le seras toujours, toi !... Viens, nous allons retenir nos places pour Calais.

Mongérand passe son bras sous celui de Charles, ils s'éloignent ensemble. Dans une rue voisine, un jeune homme passe près d'eux... il les a regardés, il s'arrête ; Charles a baissé les yeux et pressé le pas.

C'était Justin, qui, en voyant Charles donner le bras à Mongérand, était resté stupéfait.

CHAPITRE XXIV. — Huit ans. — Promenade au Père-Lachaise.

Le temps s'est écoulé, Adrien Formerey a tenu ses promesses ; il a consacré tous ses instants à sa nièce, qu'il chérit comme si elle était sa fille ; il lui a donné des maîtres ; elle étudie sous ses yeux, car il ne veut pas l'éloigner de lui.

Laure a d'abord été bien triste en se séparant de son père ; petit à petit les tendres soins, l'amitié de son oncle, le séjour d'une jolie maison, la jouissance d'un beau jardin ont ramené la joie dans son cœur et le sourire sur ses lèvres. Il est bien naturel à un enfant oublier ses premiers attachements !... nous y sommes si rarement fidèles dans l'âge mûr !... Cependant Laure prenait souvent des nouvelles de son père ; mais alors Adrien prenait un visage sérieux et répondait seulement : — Tu es bien quand il reviendra.

En revanche, le frère de Léonie aimait à entendre Laure lui parler de sa mère ; il faisait répéter à sa nièce les petites circonstances que sa mémoire lui rappelait, il l'écoutait avec attendrissement en s'écriant parfois : — Pauvre Léonie ! Puis il prenait Laure dans ses bras et l'embrassait en lui disant : Tu seras bonne et aimable comme elle !... mais je veux que tu sois plus heureuse.

Laure grandissait ; elle devenait de jour en jour plus jolie, sans cesser d'être douce, sensible, reconnaissante ; elle faisait le bonheur de son oncle ; elle était aimée de tous ceux qui la connaissaient. Dans l'agréable retraite que son oncle avait choisie, sa jeunesse s'écoulait paisiblement dans l'étude et d'innocents plaisirs ; rien ne troublait désormais la paix de ses jours, et Adrien disait souvent à la considérant : — Pauvre enfant ! j'étais bien sûr qu'il ne viendrait pas te réclamer !

Justin avait profité de la permission de l'oncle de Laure pour aller voir la fille de Léonie ; et Adrien Formerey accueillait toujours parfaitement le jeune ouvrier. Mais quand Justin fut certain que Laure était heureuse, qu'elle avait oublié les malheurs de ses premiers ans, il alla la voir moins fréquemment, puis ne fit plus que de rares visites ; car la vue de Laure rouvrait toujours les blessures du pauvre Justin.

Par une belle matinée de septembre, deux hommes allaient rentrer dans Paris par la barrière de Clichy ; ils étaient sales, mal vêtus, mal chaussés ; l'un, pâle et défait, avait les yeux constamment fixés vers la terre, ses traits annonçaient la souffrance et le découragement ; l'autre, quoique son costume ne fût pas plus riche, portait la tête haute, le nez au vent, avait son chapeau posé en tapageur, et faisait tourner dans sa main une mauvaise baguette de jonc.

Le premier s'arrête au moment de passer la barrière et s'écrie : — Non !... je ne veux pas rentrer dans Paris fait comme me voilà... en plein jour... si j'étais reconnu par quelque ancienne connaissance... Ah, Mongérand ! voilà donc le résultat de ces beaux projets que nous formions il y a huit ans, lorsque nous quittâmes Paris... Pourquoi t'ai-

je rencontré, t'ai-je écouté alors !... Si j'avais suivi les conseils du frère de Léonie, je reviendrais peut-être riche aujourd'hui !...

— Est-ce que tu vas recommencer tes jérémiades, Charles ? sacredié ! tu deviens bien ennuyeux. Nous n'avons pas fait fortune !... est-ce ma faute ?... en Angleterre j'ai manqué d'épouser vingt femmes... je ne sais pas pourquoi elles ont toujours changé d'idée au moment décisif. En Allemagne, ça n'allait pas mal ; mais ces entêtés d'Allemands sont querelleurs en diable ! j'étais sans cesse forcé de me battre !... moi qui n'aime que les duos... Ensuite nous avons parcouru l'Italie, les Alpes... une partie de la Bohème... oh ! nous avons vu bien du pays... c'est instructif de voyager... Si tu veux, nous écrirons nos voyages pour l'instruction de la jeunesse.

— Et ma fille... ma pauvre Laure !... il y a huit ans que je ne l'ai vue... ah ! elle ne doit plus penser à moi ! et je n'ai pas le droit de la redemander à son oncle.

— Il me semble que c'est bien heureux pour elle... que diable en ferais-tu de la fille ? Voyons, marchons.

— Je ne veux pas encore rentrer dans Paris. Je vais suivre les boulevards extérieurs... va où tu voudras... laisse-moi.

— Est-il drôle !... qu'est-ce qu'il a donc aujourd'hui ?... on dirait qu'il fait le méchant.

Charles ne répond pas. Il suit les boulevards neufs ; Mongérand continue de marcher à quelques pas de lui, en faisant seul les frais de la conversation :

— Nous ne sommes pas encore sans ressources... c'est d'abord ici sept francs dans ma poche... tu as toujours ton talent sur le violon... qui nous a été plus d'une fois utile en pays étranger... de plus, je possède cette jolie tabatière d'écaille à charnière d'or que m'a donnée ma dernière conquête, et cette paire de pistolets dont nous avons fait présent cet ancien militaire, pour avoir conduit l'orchestre de sa noce ; ce brave homme nous a dit : Ça pourra vous servir en route pour vous défendre ... Mon premier soin, à Paris, sera de vendre les pistolets ou la tabatière pour t'acheter un violon... ensuite je fonde un bal libre par souscription... six francs par mois, on dansera tous les jours... et on pourra fumer en dansant. Hein, que dis-tu de cela... Charles ?... Ah ! sacrebleu, si tu deviens sourd, tu ne conduiras pas bien mon bal.

Charles marchait toujours et ne répondait plus. En passant devant la barrière de Ménilmontant, Mongérand pousse un cri et va prendre le bras de Charles en lui disant :

— Oh, la bonne rencontre ! vois donc ce couple qui monte par ici... les reconnais-tu à leur air de mauvaise humeur ?... C'est Rozat... Rozat avec sa femme... ils s'étaient quittés, ils se seront repris... Eh ! que m'importent ces gens-là ?... Je veux leur dire deux mots, moi.

Mongérand s'arrête, Charles continue de marcher. M. Rozat et sa femme montaient à Ménilmontant. Toilette, fort simple, n'annonçait plus l'opulence. Monsieur s'appuyait sur une canne, madame tenait quelque chose enveloppé dans une serviette. Monsieur bougonnait de soutenir madame, et madame de porter un paquet.

Mongérand va se placer devant eux en s'écriant : — Bonjour, les vieux tourtereaux !

Monsieur et madame Rozat s'arrêtent, font un mouvement de surprise, puis veulent passer de côté.

— Laissez-nous donc aller, monsieur, nous ne vous connaissons pas, répond Rozat fort sèchement.

— Ah ! tu ne me reconnais pas, Beau-Blond ! eh bien ! je te reconnais, moi, quoique le nom de Beau-Blond ne te convienne plus ; car tu es devenu bien laid depuis huit ans !... et madame est bien changée aussi à son désavantage, c'est pas pour lui faire un compliment ! Dieu ! êtes-vous vieillis tous les deux !...

— Ah !... c'est, je crois, M. Mongérand... — Lui-même, cher ami, qui, comme Jocondo, a longtemps parcouru le monde. Vous vous êtes donc remis ensemble, tendres époux ?

— Oui, répond madame Rozat d'un air ironique. Monsieur est revenu à moi après avoir mangé tout ce qu'il avait avec des femmes... et il faut que je soigne ses rhumatismes à présent. — Vous êtes bien attendrissants tous les deux !... Écoutez, je vais ouvrir un bal par souscription, et comme vous me faites l'effet d'avoir besoin de danser, je vous offre un abonnement. — Que signifient ces mauvaises plaisanteries ? Laissez-nous aller, monsieur, nous sommes pressés... on nous attend. Allons, madame, suivons notre route. — Vous ne voulez pas souscrire ; adieu donc, aimable couple d'honneur, ça me fait de la peine que vous soyez devenus si vilains, ça passe la permission.

M. Rozat et sa femme s'éloignent en envoyant au diable Mongérand, celui-ci suit le chemin qu'a pris Charles ; il ne le rejoint que devant l'entrée du cimetière du Père-Lachaise, où Charles s'est arrêté et semble réfléchir sur ses réflexions.

— Que fais-tu là... devant ce cimetière ? — Je pense que c'est là... où sont ma femme et mon fils !... — Ah çà !... qu'est-ce donc ? — A quoi bon ?... il est temps d'entrer là quand on ne peut pas faire autrement... j'aime mieux aller chez ce marchand de vin que j'aperçois là-bas... — Et moi, je veux entrer dans le cimetière. — A toi, aise.

Mongérand se dirige vers la boutique d'un marchand de vin ; et Charles, le cœur serré, les yeux humides, entre lentement dans le champ du repos.

Il y a dans cette enceinte quelque chose qui vous impose, vous saisit, vous fait rêver. Qui pourrait ne rien éprouver à l'aspect de ces tombes, de ces croix, de ces cénotaphes? Pourquoi faut-il que des inscriptions quelquefois ridicules ou prétentieuses viennent jusque dans l'asile des morts rappeler la sottise ou la vanité des hommes?

Vous qui avez le cœur oppressé en marchant parmi ces tombes, et qui pourtant n'avez pas eu encore à pleurer quelque objet de vos affections, jugez de ce que l'on doit éprouver lorsqu'on y a conduit une épouse ou un fils; mais s'il est encore une douleur plus amère, c'est de ne point savoir où reposent leurs cendres, de ne pouvoir s'agenouiller devant leur tombeau et offrir quelques fleurs à leur mémoire.

Cette douleur, Charles l'éprouve en ce moment; ses yeux suivent avec envie ces femmes, ces jeunes époux qui vont visiter le dernier asile de l'objet de leur tendresse; les uns déposent une couronne sur la pierre tumulaire; d'autres cueillent une fleur qui a poussé dans l'enceinte grillée du tombeau, ou renouvellent celles que le temps a flétries.

— Hélas! ils sont moins malheureux que moi! se dit Charles. Dans ce triste séjour, je sens qu'il est encore possible de goûter quelques consolations... C'en est une de pouvoir se dire : Je suis près d'elle!... Mais moi!... je n'ai pu même leur avoir un tombeau... Ma femme, mon fils!... où êtes-vous?... Je ne puis reposer ma tête fatiguée sur la terre qui vous couvre... Ah! mon cœur est déchiré.

Et Charles marchait au milieu des tombes, la tête penchée sur sa poitrine, le cœur navré; il s'éloignait dès qu'il apercevait du monde, et cherchait les endroits les plus sombres pour s'y livrer sans contrainte à sa douleur.

Parvenu près de la hauteur du champ, il se trouve sous un massif d'arbres épais, dans une espèce d'enceinte où le jour pénètre à peine, et devant un modeste tombeau que des saules éplorés cachent presque entièrement. Charles s'assied; cet endroit sombre lui plaît; il appuie sa tête contre la grille qui entoure le tombeau près duquel il est assis, et il reste pendant assez longtemps dans la même position; il ne voit ni n'entend plus rien autour de lui, il est comme anéanti dans ses souvenirs.

Enfin il revient à lui; il se sent mieux : un peu de calme est rentré dans son âme. Il porte ses regards sur ce qui l'entoure, il veut savoir quelle est la personne qui repose dans le tombeau qui lui a servi d'appui, et il lit sur la pierre que protège la grille : *Ici reposent Léonie et son fils Félix.*

— Léonie!... Félix!... s'écrie Charles en tombant à genoux devant le tombeau. Ma femme! mon fils! ce doit être vous... Oh! oui... ce doit être vous... je le sens au charme que j'éprouvais en ce lieu. Ce calme est rentré dans mon âme... c'est vous qui me l'aviez envoyé... Mais un tombeau... des fleurs... des fleurs que l'on soigne, que l'on entretient... Comment se peut-il! qui donc a fait pour vous ce que j'aurais dû faire?

Un léger bruit se fait entendre à travers les arbres. Charles lève les yeux; un homme se dirigeait vers le tombeau, il s'approche... Charles pousse un cri en le reconnaissant.

— Justin!... Justin en ces lieux... Ah! c'est encore à lui que je dois cette dernière consolation... Elle est là? n'est-ce pas, Justin, c'est ma femme et mon fils qui sont près de nous?

— Oui, monsieur, répond Justin, qui vient de reconnaître Charles et semble touché de l'état de dénûment dans lequel il le retrouve. Oui, votre femme et votre fils reposent là : j'avais acheté d'abord cette petite enceinte... plus tard je leur ai fait ériger ce tombeau. Il est bien modeste... mais pour pleurer ceux qu'on aime, une simple pierre suffit. Toutes les semaines je viens visiter cette tombe... j'entretiens des fleurs dans ce petit espace. Venez... entrez avec moi... il vous semblera comme à moi que vous êtes encore près d'elle.

Justin ouvre la porte de la grille qui sert d'enceinte au tombeau; là est encore un petit espace dans lequel sont plantées les fleurs qu'aimait Léonie.

Charles s'appuie au front sur la pierre, il la baise à plusieurs reprises en murmurant :

— Ma femme!... mon fils! Il reste là longtemps, ses pleurs coulent en abondance, et à sa douleur, c'est obligé de le consoler.

— Ah, monsieur Justin! s'écrie Charles, ici vous devez trouver dans vos souvenirs la récompense de tout le bien que vous nous avez fait... mais moi j'y suis accablé par mes remords!... Je sens que j'ai par ma conduite causé la mort d'une femme qui n'a pas cessé un seul jour de me témoigner le plus tendre attachement.

— Monsieur Charles, si elle peut vous entendre, soyez sûr qu'elle vous pardonne et ne veut pas que vous vous abandonniez au désespoir.

Justin s'aperçoit que Charles n'a pas la force de supporter sa douleur; il lui fait quitter le tombeau, dont il referme la grille, puis il entraîne Charles loin de là; mais avant de perdre de vue le dernier asile de Léonie, tous deux tournent souvent la tête pour l'apercevoir encore.

Après avoir marché quelque temps, Charles, qui a repris sur lui-même, dit à Justin :

— J'arrive seulement après huit ans d'absence... j'ignore si le ciel ne m'a pas tout enlevé... Savez-vous si Laure?...

— Elle respire, monsieur; elle est devenue presque aussi belle que sa mère; je l'ai vue il n'y a pas bien longtemps. Elle est toujours près de son oncle, qui la chérit tendrement, qui lui donne les plus grands soins à son éducation.

— Elle existe!... ah! je respire... mais, hélas! elle n'existe plus pour moi!... Vous savez les conditions que son oncle m'a imposées... J'espérais qu'un jour... mais, non... je reviens pauvre, misérable... je ne puis aller redemander mon enfant... N'importe! je la verrai!... oh! je la verrai.

— Vous ne pouvez être fâché de savoir votre fille heureuse, monsieur; vous ne pouvez désirer troubler son bonheur!

— Je vous entends, Justin! vous pensez que la vue de son père... dans un état si misérable... déchirerait le cœur de ma pauvre Laure!... En effet... vous avez raison.

— Je ne dis pas cela, monsieur, mais si vous attendiez un peu?

— Elle est toujours à Pierrefitte, n'est-ce pas?

— Oui, monsieur.

— Il suffit; adieu, Justin!...

Ils étaient revenus près de l'entrée du cimetière, Justin court après Charles et l'arrête en lui disant :

— Monsieur, pourquoi me quitter si vite?... Je n'avais pas pu vous offrir... vous proposer... Je n'ai pas beaucoup d'argent sur moi... mais... si j'osais!...

Justin avait tiré sa bourse, il la tournait dans ses mains, et ses yeux suppliaient Charles de l'accepter; celui-ci repousse l'argent qu'on lui présente en disant : — Je vous remercie, Justin, je n'ai besoin de rien!... — Ah! monsieur, vous me refusez!... — Je vous le répète, je n'ai pas besoin... vous avez déjà assez fait pour moi! — Si vous refusez cet argent, promettez-moi, monsieur, jurez-moi qu'à Paris vous viendrez me voir; tenez, voici mon adresse, je suis établi maintenant; j'ai un magasin; la fortune a favorisé mes travaux, mais je suis toujours seul, toujours garçon et par conséquent maître de mon bien... Vous viendrez chez moi, n'est-ce pas, monsieur?...

Charles prend l'adresse, la met dans sa poche et serre la main de Justin en lui disant : — Oui, j'irai vous revoir... quand j'aurai vu ma fille!

Puis il sort du cimetière à pas précipités.

CHAPITRE XXV. — Fin du voyage.

— Eh bien! où diable vas-tu comme ça? s'écrie Mongérand, qui était sorti du cabaret au moment où Charles sortait du cimetière. Voyons, sacredié, me répondras-tu! Est-ce que la société des morts doit rendre impoli avec les vivants? Tu vas comme un beau poursuivait... et tu remontes les boulevards extérieurs au lieu de rentrer dans Paris!...

— Quelle heure est-il? dit Charles sans s'arrêter.

— Mais... maintenant il doit être près de midi. — Ah! j'ai le temps... j'arriverai bien avant la nuit!... — Tu arriveras... et où donc? — A Pierrefitte! — Que vas-tu faire là? — Voir ma fille. — Ta fille!... rien ne presse!... viens donc auparavant te reposer quelques jours à Paris!... — Non... — Je te dis que cela n'a pas le sens commun... Tu n'iras pas maintenant!

Mongérand prend le bras de Charles et veut le retenir, celui-ci se dégage avec violence en s'écriant avec l'accent de la colère : — Laisse-moi!... laisse-moi!... je ne t'ai que trop écouté! Ne me suis pas!... Débarrasse-moi pour toujours de ta présence!...

Mongérand est demeuré tout saisi du ton avec lequel Charles vient de lui répondre; il a lâché son bras, et Charles continue sa route en doublant le pas et sans regarder une seule fois derrière lui pour voir ce que devient Mongérand. Une seule pensée occupe Charles, il veut revoir sa fille; le séjour qu'il vient de faire dans le cimetière, la présence de Justin, la vue du tombeau de sa femme et de son fils, lui rappelant tous les événements passés, lui ont en même temps retracé toutes ses fautes; et maintenant, loin de chercher à se les cacher, il s'accuse, se maudit; la situation misérable dans laquelle il revient après huit ans d'absence ne lui laisse plus la ressource des illusions; le riche s'en procure avec son or, mais pour le pauvre il n'y a plus que la triste réalité.

Charles est parvenu à la route de Saint-Denis; il sait que c'est le chemin le plus direct pour se rendre à Pierrefitte. Il arrive à Saint-Denis, qu'il traverse sans s'arrêter, et, de crainte de se tromper, il se fait encore enseigner le chemin de Pierrefitte : parfois ses forces le trahissent, il est obligé de s'appuyer contre un arbre pour reprendre haleine; enfin les premières maisons du village apparaissent à ses yeux, et il oublie sa fatigue en se disant :

— Ma fille est là!

Parvenu à l'entrée du village, Charles ralentit le pas; il cherche quelqu'un qui puisse lui dire où est située la maison d'Adrien. Il s'adresse à la première paysanne qu'il aperçoit.

— Pourriez-vous m'indiquer la demeure de M. Formerey? — M. Formerey... c'eat-i' pas un monsieur qui a une fille de treize à quatorze ans, qu'est ben jolie? — Une fille... c'est une nièce que vous voulez dire. — Ah ben! fille, nièce, je sais pas, moi!... mais croyais que c'était sa fille !... — Eh bien, sa demeure ? — Suivez le chemin, puis la première ruelle à gauche, puis la route au bout... vous verrez une maison avec des jalousies vertes, c'est là.

Charles remercie et prend le chemin qu'on lui a indiqué, en se disant tristement : — On croit que c'est sa fille, à lui... c'est de ma Laure que cette femme parlait... Elle est donc bien belle !... Mais comment la voir ?.... car je ne veux que la voir... Puisque je ne puis la redemander à son oncle, pourquoi irais-je troubler le bonheur, le repos de ma fille en lui montrant son père misérable et accablé de remords ! Non, ma pauvre Laure, je ne veux pas te faire verser des larmes !... j'en ai fait assez répandre à ta mère... Mais je veux te voir, je veux te contempler à mon aise !... que je goûte au moins cette dernière jouissance !

Et Charles marchait toujours. Tout à coup il s'arrête, il est au bout de la ruelle, il vient d'apercevoir la maison qu'on lui a indiquée. Son cœur bat avec force et ses genoux sont prêts à se dérober sous lui.

— C'est là... oh ! oui, ce doit être là !... voilà bien la demeure qu'on m'a indiquée... Ce mur qui en dépend... c'est le jardin sans doute... il doit être bien grand... la maison est belle aussi... Si je savais seulement où est la fenêtre de sa chambre... Mais en ce moment ma fille est peut-être à se promener dans le jardin... Que faire ?... je n'oserai jamais frapper... Eh bien ! s'il le faut, je resterai là-bas... sous ces arbres... j'y passerai la nuit... j'y resterai jusqu'à ce que ma fille sorte... jusqu'à ce que j'aie pu la voir.

Charles suit le mur en se retournant souvent pour regarder aux fenêtres de la maison si quelqu'un s'y montrera ; mais personne ne paraissait. Charles ne sent plus la fatigue qui l'accablait quelques instants auparavant, tant il est ému, agité ; il cherche une ouverture ou du moins une porte grillée par laquelle il pourrait voir dans le jardin, et en avançant il écoute ; il lui semble qu'il reconnaîtrait la voix de sa fille, et il tressaille au moindre bruit.

Après avoir suivi le mur assez longtemps, il trouve une petite porte ; elle est entr'ouverte, il la pousse doucement et peut voir à son aise dans le jardin : dans sa joie, il va faire quelques pas dans l'intérieur, lorsqu'à peu de distance il aperçoit un jardinier occupé à travailler. Charles s'arrête et n'ose plus avancer ; le jardinier a levé la tête, il a regardé la personne qui est à la porte, puis a continué son travail.

Charles parcourt des yeux le jardin, qui est vaste et bien entretenu ; l'idée que sa fille se promène là, que ces arbres, ces bosquets ont été les témoins de sa joie, lui cause une émotion qui l'oblige à s'adosser au mur : il reste en contemplation et ne bouge pas.

Le jardinier, étonné qu'un homme restât si longtemps à la même place et sans rien dire, se retournait de temps à autre pour voir ce qu'il faisait ; mais Charles ne changeait pas de place, il regardait du côté de la maison en se disant :

— Elle va venir peut-être...

— Eh ben, mon pauvre homme, il paraît que vous trouvez ce jardin à vot' goût ? dit enfin le jardinier en se tournant vers Charles.

— Oui, monsieur, oui.... Je vous demande pardon de je suis resté là, mais... — Oh ! il n'y a pas de mal... pardi ! vous ne m'empêchez pas de travailler... Si vous voulez entrer pour mieux voir dans le jardin, ne vous gênez pas... — Je vous remercie... mais je craiss... si les maîtres de cette maison venaient... — Oh ! ils ne trouveraient pas mauvais que je vous aie dit d'entrer... mamzelle est bonne, c'est une petite fille qu'est ben fine ben gentille... vous avez l'air fatigué, je suis sûr que si elle vous voyait elle vous donnerait de quoi vous rafraîchir. — Vous croyez ?...

Charles fait quelques pas dans le jardin, il a presque envie de se présenter à sa fille ; il est persuadé qu'elle ne le reconnaîtra pas, car depuis huit ans ses traits ont bien changé et le costume misérable qui le couvre doit achever de le rendre méconnaissable aux yeux d'une enfant qui n'avait pas encore six ans lorsqu'il s'en est séparé.

Mais une réflexion l'arrête, il dit au jardinier :

— Et le maître de cette demeure ? — M. Formerey... ah ! c'est un brave homme aussi... Dame ! il n'est si agréable que sa nièce... il est un brin brusque.., vif ; mais c'est tout de même un honnête homme ! — Et en ce moment... est-il sorti de chez lui ?... — Non... pardi ! il se promenait là tout à l'heure... il est, je crois, à présent du côté de la maison.

Charles recule, et regagne la porte du jardin ; le jardinier sourit en reprenant :

— Eh ben !... est-ce que M. Formerey vous fait peur ?... Puisque je vous dis que, malgré son air dur, il n'est pas méchant du tout...

— Oh ! ce n'est pas cela... mais... je ne voulais que voir... qu'apercevoir sa nièce... car on la dit si bonne... — Si vous ne voulez que la voir, ça vous sera ben facile, la v'là qui se met justement à sa fenêtre... qui donne sur la ruelle.

Le jardinier n'a pas achevé que Charles a porté ses regards sur la maison... il vient d'apercevoir sa fille ; aussitôt, sans répondre au jardinier, sans le remercier même, il est sorti du jardin, il a vu que de la ruelle il serait plus près de sa fille, et il court, il suit le mur, il se rapproche de la maison.

Mais, à mesure qu'il voit diminuer la distance qui le sépare de sa

fille, il ralentit ses pas, comme quelqu'un qui, au moment de jouir du bonheur le plus doux, en recule l'approche, de crainte que ce ne soit qu'un songe.

— Enfin il est presque sous la fenêtre où est sa fille, et il peut la contempler tout à son aise ; en ce moment Laure regarde au loin dans la campagne, et ne voit pas la personne qui est arrêtée si près d'elle.

Charles n'a pas assez d'yeux pour regarder sa fille, ou plutôt il la regarde aussi avec son âme, avec son cœur ; car c'est de toutes les facultés de son être qu'un père contemple son enfant. Charles retrouve dans Laure, à quatorze ans, l'air gracieux, la douceur naïve que sa fille avait dans son enfance, et que le temps, loin de l'affaiblir, n'a fait que développer ; puis c'est déjà le maintien, la pose, l'ensemble de sa mère : en revoyant sa fille, c'est aussi sa femme que Charles croit retrouver.

Tout à coup Laure baisse les yeux : elle aperçoit cet homme qui est arrêté dans la ruelle, sous sa fenêtre, et dont les yeux sont fixés sur elle avec une expression si singulière ; la jeune fille en éprouve d'abord un sentiment d'effroi, mais bientôt sa crainte se dissipe et fait place à la compassion : elle croit voir des pleurs dans les yeux de l'étranger ; le regardant alors plus attentivement, voyant ses mains se joindre et se tendre vers elle, Laure ne doute plus que ce ne soit un malheureux qui implore sa pitié.

— Attendez !... attendez !... lui crie-t-elle, et elle quitte vivement la fenêtre.

— Hélas ! elle est partie ! se dit Charles ; mais elle m'a dit d'attendre... que veut-elle faire ?... la reverrai-je encore !... Pauvre petite !... elle aussi semblait émue, attendrie en me regardant... pourtant elle ne me reconnaît pas...

Ses yeux ne quittent pas la fenêtre où était sa fille. Laure ne tarde pas à reparaître : elle tient à sa main un gros morceau de pain et une pièce de dix sous ; elle jette cela à son père en disant : — Tenez... je voudrais pouvoir faire plus !

Charles s'est senti comme frappé au cœur en recevant l'aumône de sa fille ; cependant il ramasse le pain et la pièce de monnaie, il la porte à ses lèvres, la baise à plusieurs reprises en l'inondant de larmes et en balbutiant :

— Merci... merci, chère enfant !

— Mon Dieu ! pourquoi pleurer ainsi, pauvre homme ? dit Laure tout émue. Il ne faut pas vous désoler... on n'est pas toujours malheureux... vous me faites de la peine... Adieu... je prierai le ciel pour vous !

Laure a quitté la fenêtre, qu'elle a refermée ; Charles reste à la même place, les yeux attachés sur la croisée où il a vu sa fille. Une demi-heure s'écoule, il est encore là, seulement sa tête s'est baissée, et maintenant ses yeux regardent la terre ; une sombre expression se ranime depuis que ses pleurs ont cessé de couler.

Faisant un effort sur lui-même, il s'arrache de cette place en se disant : — Pauvre enfant !... si elle savait que c'est à son père qu'elle vient de faire l'aumône !... ah ! qu'elle ne le sache jamais !... qu'elle ne me revoie plus !... je pourrais me trahir... ne troublons plus son bonheur !...

Charles marchait lentement, sans savoir où il allait ; il était dans un chemin bordé d'arbres et qui s'éloignait du village, lorsqu'il s'entend appeler : il frémit, car il a reconnu la voix de Mongérand. L'ancien luissard était adossé à un arbre, et regardait venir Charles en ricanant :

— Eh bien ! tu ne t'attendais pas à me rencontrer par ici, n'est-ce pas ?... que veux-tu... je t'ai suivi justement parce que tu m'avais défendu d'aller avec toi... j'ai pour habitude de faire toujours ce qu'on me défend.

— Ne me laisserez-vous pas enfin libre de me livrer à ma douleur ! répond Charles avec impatience ; il me semble que je vous ai que trop souvent rencontré sur mon chemin !

— J'ai mis dans ma tête de te tenir compagnie. — Et moi, je ne puis plus supporter votre présence... elle augmente mon désespoir ! C'est vous qui êtes cause de mes malheurs ! sans vous entraîné à faire sottise sur sottise.... — Ah ! ah ! elle est bonne, celle-là !... c'est moi qui suis cause que monsieur aimait le plaisir, les femmes, la table... — Sans vos conseils j'aurais écouté ma femme... je n'aurais pas causé sa mort !... — Ah çà ! sais-tu que je commence à m'ennuyer furieusement ? — Et savez-vous ce que je viens d'éprouver, moi !... ma fille vient de me jeter ce morceau de pain... de me prendre pour un mendiant... et je n'ai pu la nommer !... je ne pourrai jamais la presser dans mes bras en l'appelant ma fille !... Ah ! cette po.... be désespère... me tue !... Encore une fois, laissez-moi... Monsieur, je vais de ce côté... prenez l'autre et ne reparaissez plus devant mes yeux !

— Dis donc, Charles, tu prends un ton que depuis longtemps j'aurais châtié dans un autre !...

En disant ces mots, Mongérand s'est placé devant Charles pour lui barrer le passage ; celui-ci le repousse rudement avec son bras et continue de marcher.

— Insolent ! s'écrie Mongérand, si je n'avais pitié de toi !...

— Pitié ! s'écrie Charles, qui revient vivement sur ses pas et jette sur Mongérand des regards furieux ; tu as pitié de moi, misérable !... il ne me manquait plus que cet opprobre !... Ah ! prends garde que je ne venge la mort de ma femme et de mon fils !

— Charles ne m'irrite pas davantage !...

— Tu as des armes... voyons si tu sais réparer les insultes que tu profères... donne-moi un de tes pistolets!...

— Charles... va-t'en... je ne te retiens plus... va-t'en... je ne te suivrai pas...

— Eh quoi, lâche! tu n'es donc bon qu'à commettre des bassesses!...

— Lâche! s'écrie Mongérand dont les yeux deviennent étincelants, ah! tu m'y forces, Charles... eh bien! sacredié, battons-nous puisque tu le veux!

Mongérand sort deux pistolets de sa poche, il s'assure qu'ils sont chargés, puis en présente un à Charles en lui disant : — Recule dix pas et tire.

— Tirez le premier! répond Charles après avoir reculé de quelques pas.

— Allons, sacrebleu! tirons ensemble et que ça finisse! Charles fait signe qu'il y consent. Les deux adversaires se visent à peine, les deux coups partent en même temps : Mongérand a entendu la balle siffler à son oreille, Charles a reçu celle de son adversaire dans le cœur; il tombe et expire presque au même moment en balbutiant le nom de Laure.

Mongérand s'est approché de Charles, il veut d'abord lui porter secours; mais, s'apercevant qu'il est mort, il se contente de remettre les pistolets dans sa poche et s'éloigne en disant :

— C'est dommage... c'était un bon enfant!

Mongérand s'aperçoit que Charles est mort. — C'est dommage, dit-il, c'était un bon enfant!

FIN DU BON ENFANT.

www.ingramcontent.com/pod-product-compliance
Lightning Source LLC
LaVergne TN
LVHW022120080426
835511LV00007B/926